PLOETZ BildGeschichte

Bilder erzählen nicht nur Geschichten – sie können auch, wenn es gelingt, ihre Sprache zu entziffern und sie zum »Sprechen« zu bringen, auf anschauliche Weise *Geschichte* erzählen. Die Geschichte der Entdeckung und Eroberung der »neuen Welt« als »BildGeschichte«, das ist nicht nur die Schilderung eines ereignisreichen halben Jahrhunderts, das von den ersten Entdeckungsfahrten des Christoph Kolumbus bis zur Eroberung des Aztekenreiches durch Hernán Cortés und des Inkareiches durch Francisco Pizarro reicht. Es ist auch die Geschichte der »Bilder«, die sich Entdecker und »Entdeckte«, Eroberer und Eroberte voneinander gemacht haben. Diese Bilder beider Seiten – die Illustrationen, die den Reiseberichten der Entdecker hinzugefügt wurden, und die Darstellungen der Chroniken der Azteken und der Inka – stehen im Mittelpunkt der Darstellung. Sie zeigen, wie die Europäer die neue, fremde Welt durch ihre europäische Brille sahen, ja sehen mußten, weil sie nur mit Hilfe ihrer kulturellen Normen und Vorstellungen die beunruhigend fremden Völker und Kulturen fassen und einordnen konnten. Die Bilder zeigen aber auch die andere Seite, die Sicht der Betroffenen: In den reich illustrierten Chroniken der Indios wird der tiefe und verhängnisvolle Eindruck faßbar, den die Entdecker und Conquistadoren auf die Eingeborenen machten. So wird die Geschichte der »Entdeckung« Amerikas als doppelseitiger Prozeß erkennbar.

Hans-Joachim König

Die Entdeckung und Eroberung Amerikas

1492 – 1550

Verlag Ploetz Freiburg · Würzburg

Die Deutsche Bibliothek – CIP-Einheitsaufnahme

König, Hans-Joachim:
Die Entdeckung und Eroberung Amerikas : 1492 – 1550 /
Hans-Joachim König. – Freiburg (Breisgau) ; Würzburg : Ploetz, 1992
(Ploetz BildGeschichte ; 5)
ISBN 3-87640-362-6
NE: GT

Schutzumschlag und graphische Gestaltung: Jan Neuffer, Freiburg
Satz: Barbara Herrmann, Freiburg
Belichtung: Johannes Schimann, Ingolstadt
Repro: rete repro, Freiburg
Druck und Einband: Freiburger Graphische Betriebe 1992
ISBN 3-87640-362-6

Inhalt

Kolumbus und die Entdeckung Amerikas

> »Das Gold ist überaus vortrefflich; aus Gold macht man Schätze, und wer es hat, der macht mit ihm alles, was er in der Welt nur will; selbst die armen Seelen kann er ins Paradies bringen.«
> Christoph Kolumbus, 7. Juli 1503

Seit Marco Polo 1298/99 seinen viel gelesenen Reisebericht über seinen Aufenthalt in den Reichen des Groß-Khans, über Cathay (China) und über die an Gold reiche Insel Zipangu (Japan) verfaßt hatte, waren die Phantasie und die Begierden der Europäer von den Schätzen und Gewürzen des Fernen Ostens beflügelt worden. Durch Jahrhunderte hindurch hatte der Weg zu den Reichtümern Asiens über die Seidenstraße geführt. Doch seit im 15. Jahrhundert die Osmanen ihren Machtbereich im östlichen Mittelmeer auszudehnen begannen, blockierten sie auch die Handelswege nach China. Besonders die Einnahme Konstantinopels im Jahre 1453 brachte eine Zäsur im bisherigen Handelsgefüge. Venedig und vor allem Genua sahen sich durch die Blockade in ihren wirtschaftlichen Interessen in hohem Maße beeinträchtigt. An die Stelle der bis dahin politisch und wirtschaftlich dominierenden italienischen Kaufleute und Seefahrer, die das östliche Mittelmeer beherrscht hatten, traten immer mehr Portugal und Spanien (Kastilien), deren politisches und wirtschaftliches Gewicht durch die Rückeroberung der Iberischen Halbinsel von den Arabern und vom Islam (Reconquista) ständig zunahm. Als Küstenländer verfügten sie selbst über seefahrerische Traditionen, sie konnten sich aber auch die Kenntnisse und Erfahrungen der italienischen Seefahrer und Kaufleute sowie das Kapital italienischer Banken zunutze machen, die sich aus dem östlichen Mittelmeer zurückzogen und im ausgehenden 15. Jahrhundert ihre Aktivitäten auf das westliche Mittelmeer und die Nordlandfahrten verlagerten. Italienische und besonders genuesische Seefahrer, Kaufleute und Finanziers waren in den Hafenstädten Aragóns, Kastiliens und Portugals vertreten und nahmen Einfluß auf die wachsenden Handelsinteressen der iberischen Staaten, denen sich als Küstenländern des Atlantiks die Möglichkeit bot, die Handelsbeziehungen zum Fernen Osten, zu »Indien« – das als Synonym für Asien galt und mit dem bisweilen auch das christliche Äthiopien des legendären Priesterkönigs Johannes gemeint sein konnte – auf dem Seeweg herzustellen. Im Laufe der Zeit öffneten sich dabei zwei konkurrierende Wege, der östlich-südliche um Afrika herum und der westliche über den Atlantik.

Portugal und die östliche Route nach Indien

Portugal ging bei dem Ausgriff auf den Atlantik voran. Es hatte schon um die Mitte des 13. Jahrhunderts die Reconquista, die Rückeroberung der von den Mauren besetzten Gebiete, beenden können und eine politische Einigung und Zentralisierung erlangt, die es ihm erlaubte, erste – sporadische – Entdeckungsfahrten zu unterneh-

Abb. 1: Karavelle »Oceanica Classis«
(Holzschnitt aus dem Kolumbus-Brief, Baseler Ausgabe, 1493/94)

men. 1341 wurden die westlichen Kanaren – Gran Canaria, Teneriffa und Gomera – erobert, nachdem bereits 1312 die östlichen Inseln des Kanarischen Archipels wiederentdeckt worden waren, die schon in der Antike als *Fortunatae Insulae* bekannt waren; ab 1402 besetzten dann die Spanier die Inseln, und es kam zu dauernden Auseinandersetzungen. Ab 1415 wurden die portugiesischen Entdeckungsfahrten in den atlantischen Raum, nach Nordafrika und an die westafrikanische Küste durch den Prinzen Heinrich (1394–1460) aus dem portugiesischen Königshaus gezielt gefördert. Er hatte 1415 am Kreuzzug gegen die moslemische Festung Ceuta teilgenommen, die auf der afrikanischen Seite der Meerenge von Gibraltar lag und ein bedeutendes Handelszentrum war. Denn hier endeten die Karawanen aus dem Inneren Afrikas und von jenseits der Sahara aus dem Sudan, beladen mit wertvollen Waren und Gewürzen sowie mit dem begehrten Gold. Portugal war bestrebt gewesen, mit der Eroberung Ceutas die christliche Missionierung im islamischen Bereich voranzutreiben, zugleich aber auch die Kontrolle über die Karawanenwege und damit die Versorgung mit lebenswichtigen Importen wie Getreide, aber auch den Erwerb des für den Außenhandel notwendigen Goldes sicherzustellen. Allerdings verlegten die Afrikaner nach der Eroberung Ceutas die Karawanenstraßen, so daß Portugal seine Versorgung auf anderen Wegen sichern mußte: Durch die Erfor-

Abb. 2: Astrolabium

schung der afrikanischen Küste sollten neue Zugänge zu den afrikanischen Reichtümern gefunden werden.

So begann unter der Förderung und Organisation des Prinzen Heinrich die Erforschung der afrikanischen Küste zwischen Kap Bojador und Sierra Leone sowie die Kolonisierung der Azoren, Madeiras und der Kapverdischen Inseln. Die Portugiesen konnten sich dabei auf ihre seemännischen Erfahrungen und nautischen Kenntnisse stützen, die sie als Fischer und Hochseefischer gewonnen hatten. Sie waren in der Schiffbautechnik erfahren und entwickelten mit der Karavelle einen neuen hochseetüchtigen Schiffstyp, der im Hafen von Lagos gebaut wurde (Abb. 1). Die Karavelle war zwanzig bis dreißig Meter lang, fünf bis sieben Meter breit und besaß eine Wasserverdrängung von circa fünfzig bis sechzig Tonnen. Im Unterschied zu den früheren, dickbauchigen und schwerfälligen Segelschiffen mit nur einem einzigen großen Rahsegel trug die Karavelle nun an zwei oder sogar drei Masten dreieckige Lateinsegel bzw. eine Kombination aus Rah- und Lateinsegeln, und sie besaß ausfallende Seitenwände und ein kleines Achterkastell. Dank dieser Konstruktion war sie schnell, flachgehend und durch die besondere Takelage unabhängig von der Windrichtung, also sehr manövrierfähig, da sie mit ihren beweglichen Segeln auch gegen den Wind ankreuzen konnte. Sie war deshalb sowohl für seichte Küstengewässer als auch für die hohe See geeignet. Zusätzlich erlaubten neue Navigationsinstrumente wie der Seekompaß und das Astrolabium (Abb. 2) nun auch offene Atlantikfahrten. Mit dem Astrolabium, einem astronomischen Meßinstrument, konnte man mittels Visiereinrichtungen die Winkel bestimmen, in denen Sonne und Sterne am Himmel standen und daraus die Position des Schiffes ableiten. Damit war man nicht mehr auf Küstensicht angewiesen. Aufgrund seiner ideellen und materiellen Unterstützung der Schiffsentwicklung und der Entdeckungsfahrten von seinem Schloß in Sagres aus erhielt Prinz Heinrich den Beinamen der »Seefahrer«, obwohl er selbst nicht zu See gefahren ist (Abb. 3).

Nachdem die Portugiesen im August 1415 die nordafrikanische Stadt Ceuta erobert hatten, unternahmen sie Entdeckungsfahrten entlang der afrikanischen Westküste, die eine Verbindung zu den Goldreichen im Süden und auf lange Sicht auch den Weg zu den Reichtümern Indiens herstellen sollten. Zunächst bewegten sie sich noch im Bereich der Atlantikinseln: Von 1418 bis 1420 begannen sie, die unbewohnten Inseln der Madeira-Gruppe zu besiedeln; 1429 wurden die Azoren entdeckt. Doch bald wagten sie sich entlang der Küste weiter in bislang unbekannte Regionen vor, besonders nachdem es 1434 – nach fünfzehn vergeblichen Expeditionen – gelungen war, das berüchtigte, auf der Höhe der Kanarischen Inseln liegende

Kap Bojador zu umsegeln, das seit der Antike als Grenze der bewohnbaren Welt gegolten und deshalb für die Seefahrer eine psychologische Barriere bedeutet hatte. Jenseits dieser Zone schien wegen der großen Hitze Leben unmöglich zu sein; man hielt die Meere für unbefahrbar und glaubte, die Schiffe würden in geronnenem Wasser festgehalten und nur gefährliche Monster oder merkwürdige Fabelwesen wie Kopflose, Einäugige, Langohrige, Brustgesichter oder Hundsköpfige könnten dort am Rande der Welt hausen. Antike und mittelalterliche Autoritäten wie Augustinus oder Isidor von Sevilla hatten in ihren Schriften solche Vorstellungen als glaubwürdig weiterverbreitet, und auch die mittelalterliche Kartographie hatte solche Fabelwesen Afrika zugeordnet. So waren auf der berühmten Ebstorfer Weltkarte von etwa 1235 aus dem Kloster Ebstorf in der Nähe Hannovers – einer beispielhaften Weltkarte für das mittelalterliche, christlich geprägte Weltbild, das die von Wasser umgebene Erdscheibe T-förmig in drei Kontinente (Asien, Europa und Afrika) teilte und die Stadt Jerusalem als geistiges Zentrum der Christenheit im Zentrum der Karte plazierte – zahlreiche Fabelwesen am Südrand Afrikas aufgereiht (Abb. 4).

Die Portugiesen machten natürlich andere Erfahrungen: Sie entdeckten mit ihren Fahrten auch, daß der Kontinent eine viel größere südliche Ausdehnung besaß, als man bisher angenommen hatte und als es auf den bisherigen Weltkarten verzeichnet war, die sich an den Überlegungen des griechischen Naturforschers Claudius Ptolemäus aus dem zweiten nachchristlichen Jahrhundert orientierten. Ptolemäus hatte in Alexandrien eine achtbändige Abhandlung über die Geographie verfaßt und in deren achtem Band die Möglichkeiten kartographischer Erddarstellungen beschrieben. Zu Beginn des 15. Jahrhunderts war diese Schrift aus Byzanz nach Italien gelangt, wo sie 1409 ins Lateinische übersetzt worden war und seitdem die Grundlage für die kartographischen Darstellungen und das Weltbild der damaligen Zeit bildete. In den Ausgaben der »*Geographia*« fügten die europäischen Verleger nach den Angaben des Ptolemäus Weltkarten in sphärischer oder gerundeter Form hinzu. Damit wurde zwar die mittelalterliche Vorstellung von der Scheibenform der Erde überwunden und die Kugelgestalt angenommen – und das war eine wichtige theoretische Voraussetzung für die Entdeckungsfahrten im 15. und 16. Jahrhundert –, aber das Gesamtbild der damals bekannten Welt war noch eher unzutreffend. Die Weltkarten umfaßten das Gebiet von den Kanarischen Inseln bis Ostasien bzw. vom nördlichen Polarkreis bis zum Wendekreis des Steinbocks. Afrika knickte unterhalb des Äquators in östlicher Richtung ab und verband sich mit der Küste Südostasiens, so daß der Indische Ozean zu einem Binnenmeer wurde und der indische Subkontinent keine

Abb. 3: Nuno Gonsalves, Porträt Heinrichs des Seefahrers

Halbinsel darstellte, sondern einen Teil des asiatischen Festlandsblocks bildete (Abb. 5). Mit ihrem schrittweisen Vordringen an der afrikanischen Küste erfuhren die Portugiesen die tatsächlichen Ausmaße des Kontinents.

Seit 1434 entdeckten die Portugiesen nun Kap um Kap und drangen an der afrikanischen Küste Stück für Stück weiter nach Süden vor. 1441 entdeckte Nuño Tristão das noch auf der Höhe des Sahara-

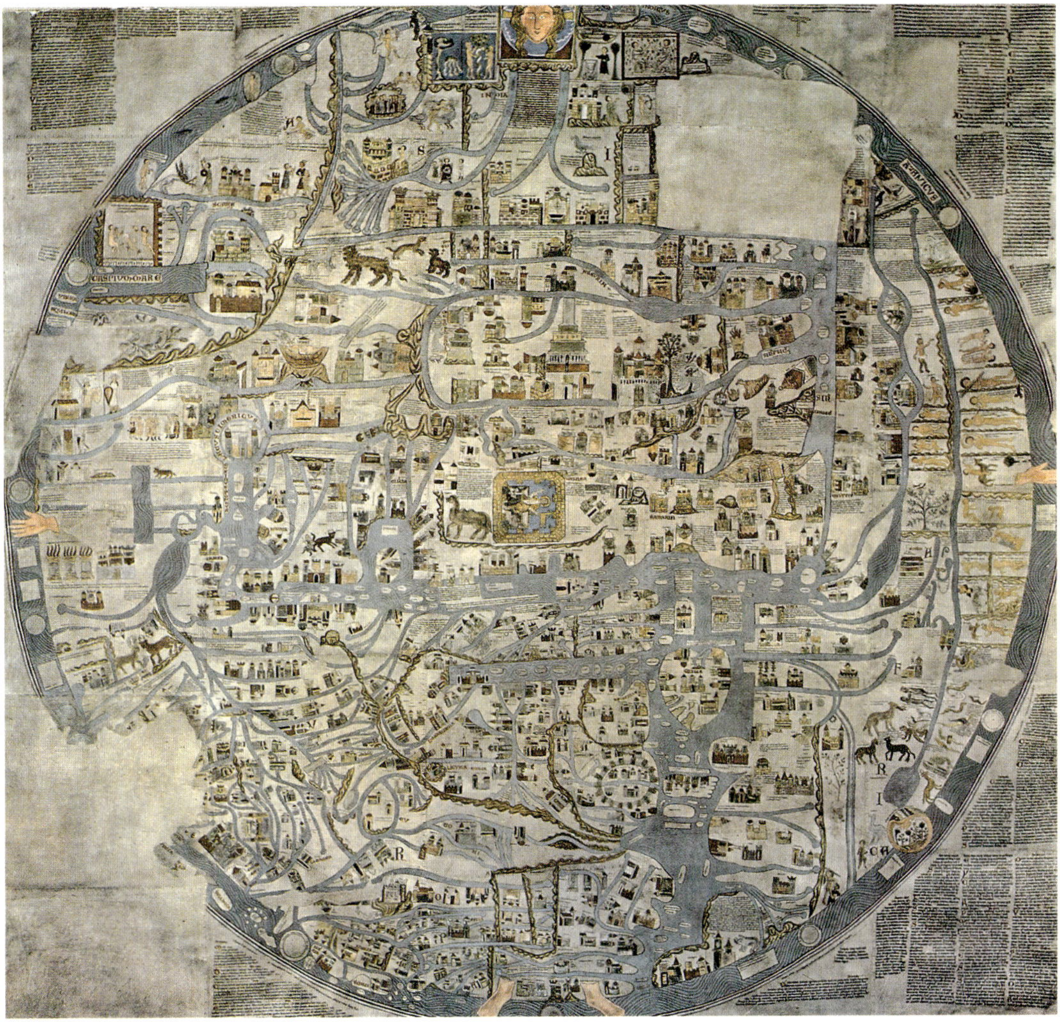

Abb. 4: Ebstorfer Weltkarte: Die Welt als Scheibe mit Jerusalem im Mittelpunkt (Pergament, um 1283)

gürtels liegende Kap Blanco, das Weiße Kap, und erreichte 1443 die Bai von Arguim. 1444 fuhr Dinis Dias über den Senegal hinaus bis zum Kap Verde, dem Grünen Kap, in der Nähe des heutigen Dakar, wo die Küste anfing, nach Osten abzubiegen: Das reiche Indien schien in greifbarer Nähe zu liegen. Von hier aus wurden die ersten Negersklaven nach Portugal gebracht. 1446 war die Gambiamündung erreicht. Vorerst aber nutzen die Portugiesen die wirtschaftlichen Möglichkeiten der Entdeckungs- und Eroberungsfahrten, die seit 1444 lohnende Gewinne abzuwerfen begannen. Wirtschaftlich attraktiv war der Tauschhandel von europäischen Handelswaren wie Salz, Metallwerkzeugen, Pferden, Eseln, Seife, Farbstoffen, Tuchen und Schmuck gegen afrikanische Güter wie Felle, Wachs, Elfenbein und Gewürze sowie seit 1441 gegen Sklaven und Gold. Gerade der Sklavenhandel wurde zu einem lukrativen Geschäft. Zur Sicherung ihres Handels und angesichts der Schwierigkeiten, ins Landesinnere vorzudringen, legten die Portugiesen an der Küste lediglich Handelstützpunkte, Faktoreien *(feitorias)*, an, so etwa 1448 in Arguim; noch gründeten sie keine Siedlungen. 1455 und 1456 unternahmen der venezianische Kaufmann Alvise Cadamosto und der Genuese Antoniotto Usodimare im Auftrag des Prinzen Heinrich zwei Reisen, auf denen sie erneut bis zum Gambia vorstießen und 1456 die östlichen Kapverdischen Inseln entdeckten.

Obwohl Spanien politisch noch nicht geeinigt war und Kastiliens monarchische Gewalt erst seit 1469 gefestigt war, hatten Seefahrer der Küstenstädte zahlreiche Erkundungsfahrten unternommen, waren Kastiliens Ansprüche auf Inseln im Atlantischen Ozean und auf Afrika ein ständiger Störfaktor für die portugiesischen Unternehmungen und für den gewinnträchtigen portugiesischen Guineahandel gewesen. Nord- und Westafrika hatten seit jeher zum Wirtschaftsraum der spanischen Reiche gehört; die 1402 von Kastilien besetzten Kanarischen Inseln, deren Rückeroberung Heinrich vergeblich betrieb, boten ein ideales Sprungbrett zur afrikanischen Westküste. Deshalb hatte die portugiesische Krone zur Sicherung ihrer Ansprüche auf Afrika und zur Abwehr des lästigen Rivalen sich der Hilfe der damals höchst geachteten Instanz, der Päpste, zu versichern gewußt, indem sie sich die Besetzung der Inseln im Atlantik, die Entdeckung, Inbesitznahme und Umschiffung Afrikas und die erhoffte Kontaktaufname mit den Christen des Ostens ausdrücklich als Heilswerk geradezu im Sinn eines Kreuzzugs bestätigen ließ. Die Päpste Nikolaus V. (1447–1455) und Kalixtus III. (1455–1458) autorisierten in ihren Bullen »*Dum diversas*« vom 18. Juni 1452, »*Romanus Pontifex*« vom 8. Januar 1455 und »*Inter Cetera*« vom 13. März 1456 den portugiesischen König Alfons V. zur Entdeckung und Eroberung Afrikas sowie zur Unterwerfung und Versklavung von Moslems und Heiden, legitimierten das Vorgehen und bestätigten damit Portugals ausschließlichen Anspruch auf die bisher entdeckten und noch zu entdeckenden Gebiete »bis zu den Indern«. Zuwiderhandelnden wurde mit Exkommunikation gedroht. Portugals Krone besaß mit diesen Privilegien, mit denen die Missionierung und Christianisierung in den Dienst der europäischen Expansion gestellt wurde, eine rechtliche Handhabe gegen unliebsame

Eindringlinge, vor allem gegen den Konkurrenten Kastilien. Gestützt auf dieses Monopol hatte Prinz Heinrich die Fahrten entlang der Küste weiter gefördert. Als er im Jahr 1460 starb, waren die Portugiesen bis in den Golf von Guinea vorgedrungen, 1461/62 war Sierra Leone eingenommen.

Nach Heinrichs Tod gingen aus verschiedenen Gründen die portugiesischen Entdeckungsfahrten entlang der Küste langsamer voran. Über Jahre hinweg war König Alfons V. durch militärische Aktivitäten in Nordwestafrika gebunden. Deshalb verpachtete er das Entdeckungsunternehmen und das Guineageschäft für die Jahre 1469 bis 1475 an den Unternehmer Fernão Gomes aus Lissabon, der sich jedoch verpflichten mußte, jährlich 100 *leguas*, das waren ungefähr 550 Kilometer afrikanische Küste entdecken zu lassen. Tatsächlich erkundete er den weiteren Verlauf der gesamten Guineaküste, in deren späteren Namen – Pfefferküste (heutiges Liberia), Elfenbeinküste, Goldküste (heutiges Ghana), und Sklavenküste (die heutigen Staaten Togo, Dahomey und Niger) – die jeweiligen Hauptexporte auftauchen; unter Gomes überquerten die Portugiesen sogar den Äquator und drangen bis zum Kap Santa Caterina (1475) im heutigen Gabun vor. Dabei hatten sie feststellen müssen, daß in der Bucht von Biafra die Küste wieder nach Süden umbog und diese Richtung auch beibehielt. Ein Ende der westafrikanischen Küste war nicht abzusehen. Afrika weitete sich immer weiter nach Süden aus: Der Zugang zum Indischen Ozean rückte in weitere Ferne. Indien schien nur auf einem großen Umweg erreichbar zu sein.

Der Wettlauf um den Seeweg nach Indien

Zweifel an der südlichen bzw. östlichen Route ließen die portugiesische Krone, die seit der Mitte des 15. Jahrhunderts bereits verschiedene Konzessionen für Fahrten zur Entdeckung von Inseln und Ländern im westlichen Atlantik jenseits der Azoren verliehen hatte, ernsthaft die Möglichkeit prüfen, auf westlicher Fahrt über den atlantischen Ozean die Ostküste Asiens zu erreichen. Im Jahr 1473 ließ König Alfons V. den Florentiner Arzt und Kosmographen Paolo del Pozzo Toscanelli über den kürzesten Weg nach Indien befragen. Toscanelli vertrat in seinem Antwortschreiben vom 25. Juni 1474 an den Lissaboner Kanonikus Fernão Martins de Roriz die Auffassung, daß der Seeweg nach Indien in westlicher Richtung kürzer sei als der, den die Portugiesen auf der Route über Guinea suchten. Nach seinen Berechnungen, denen allerdings eine zu groß angesetzte West-Ost-Ausdehnung Asiens zugrunde lag, wie sie auf seiner Weltkarte von 1457 angedeutet ist (Abb. 6), machte die Entfernung zwischen

Abb. 5: *Weltkarte nach Ptolemäus (aus »Geographia«, Ulm 1482)*

AQVILO·VEL·BOREAS
CECIAS·APELIOTES
SVBSOLANVS
ASIA
ARIA
MARE·INDICVM
MARE·INDICVM
PRASODVM
MARE
EVRNOTVS
VLTVRNVS·EVRVS

der Stadt Lissabon und China 6 500 Seemeilen – die wirkliche Entfernung beträgt in Luftlinie 10 600 Seemeilen – und die zwischen den Kanarischen Inseln und der goldreichen Insel Zipangu ungefähr 3 000 Seemeilen aus. Seinem Schreiben hatte Toscanelli eine eigenhändig gezeichnete und wohl als Navigationshilfe gedachte Seekarte beigefügt: Auf ihr waren in einem Gitternetz mit Längsgraden à 250 Seemeilen der ganze Westen der bewohnten Welt von Irland bis Guinea sowie Asien mit den vorgelagerten Inseln wie Zipangu und mit dem dazwischenliegenden Ozean in Umrissen dargestellt (Abb. 7). Zumindest in den 1470er Jahren führten Toscanellis Vorstellungen jedoch nicht zu Westfahrten. Unter anderem erforderten die Auseinandersetzungen mit dem Rivalen Kastilien die Aufmerksamkeit der portugiesischen Krone. Alfons V. mischte sich nämlich in die kastilischen Thronstreitigkeiten ein, die 1474 nach dem Tod des kastilischen Königs Heinrich IV. zwischen seiner Schwester Isabella und seiner Tochter Johanna ausgebrochen waren, indem er sich um die Hand Johannas bewarb. Vier Jahre dauerte dieser Erbfolgekrieg, der zunehmend zu einem Land- und Seekrieg zwischen Portugal und Kastilien wurde. Isabella von Kastilien und Ferdinand von Aragón, die seit dem 19. Oktober 1469 miteinander vermählt waren und den politischen Einigungsprozeß Spaniens unter kastilischer Führung vorantrieben, erwehrten sich der von einem großen Teil des kastilischen Adels unterstützten portugiesischen Invasion unter anderem in der Weise, daß sie Portugal durch die Störung des Guineahandels finanziell zu schwächen versuchten sowie ihrerseits neuerliche Ansprüche auf Afrika und das lukrative Guineageschäft erhoben und mit Entdeckungsfahrten an die afrikanische Küste und nach Guinea auch demonstrativ in die Tat umsetzten. Erst 1479 wurde der Krieg zwischen Portugal und Kastilien dadurch beendet, daß Königin Isabella, die noch mit innenpolitischen Auseinandersetzungen beschäftigt war, im Vertrag von Alcáçovas-Toledo auf ihre Ansprüche südlich der Linie Kanarische Inseln – Kap Bojador verzichtete und Afrika, Guinea, die Inseln im Atlantik, Madeira, die Azoren und die Kapverdischen Inseln als rechtmäßigen portugiesischen Besitz anerkannte. Immerhin wurden im Gegenzug die Kanarischen Inseln, die eroberten und die noch zu erobernden, nun endgültig spanisch.

Während Kastilien – zumindest vorerst – den Wettlauf nach Indien verloren zu haben schien und für den Moment auf die Eroberung und Kolonisierung der Kanarischen Inseln beschränkt blieb, begann in Portugal unter seinem neuen König Johann II. (1481–1495) die letzte, entscheidende Phase der Erkundung entlang der afrikanischen Küste bis zur Südspitze. Gestützt auf die Bestimmungen von Alcáçovas trieb Johann II. die weitere Entdeckung und Inbesitznahme energisch voran, nachdem er Entdeckung und Handel mit den entdeckten und noch zu entdeckenden Gebieten wieder seiner zentralen Führung unterstellt hatte. 1482 ließ er zur Sicherung der schon entdeckten Küstenabschnitte und als Zwischenstation für die weiteren Südfahrten die Festung São Jorge da Mina – das spätere El Mina – an der Guineaküste bauen. Überhaupt wurde die weitere Inbesitznahme nun auf Dauer geplant: Steinerne Wappenpfeiler mit einem Kreuz, die *padraos*, markierten eine dauerhafte Besitzergreifung. In Johanns Auftrag unternahm der Seefahrer Diogo Cão zwei Entdeckungsreisen; auf der ersten (1482–1483/84) entdeckte er die Kongomündung und gelangte bis in das Gebiet des heutigen Angola; seine zweite Reise (1485–1486/87) führte ihn weiter südlich bis an das Kreuzkap im heutigen Namibia. Auch diese Entdeckungsfahrt endete, ohne die erhoffte und seit Jahren erwartete Südspitze Afrikas erreicht zu haben. Erst 1488 umschiffte Bartolomeu Dias die Südspitze Afrikas, endlich bog die afrikanische Westküste nach Osten, nach Indien um. Deshalb erhielt die Südspitze den Namen Kap der Guten Hoffnung, weil nun der Weg nach Indien, das Ziel aller Hoffnung, offenstand. Damit war für die Portugiesen der östliche bzw. südliche Seeweg nach Indien auf der Afrikaroute vorgezeichnet. Ein anderer Weg, die Westroute, die in Portugal auch diskutiert worden war und für die der Genuese Christoph Kolumbus weiterhin warb, stand für die Portugiesen nun nicht mehr zur Debatte. Allerdings kamen die portugiesischen Indienfahrten erst Jahre später – nachdem Kolumbus seine Westfahrt nach »Indien« realisiert hatte – in Schwung. Im Juli 1497 segelte Vasco da Gama im Auftrag des portugiesischen Königs Manuel I. (1495–1521) mit vier Schiffen nach Indien ab und erschloß den östlichen Seeweg.

Christoph Kolumbus und die westliche Route nach Indien

Die Aussichten, eine Westfahrt zu realisieren, waren in den 1480er Jahren und besonders nach der ersten Umfahrung Afrikas durch Bartolomeu Dias äußerst ungünstig, obwohl Christoph Kolumbus sich für sie einsetzte. Cristoforo Colombo (Abb. 8), 1451 in Genua als Sohn einer einfachen Weberfamilie geboren, war schon in jungen Jahren zur See gefahren und hatte vermutlich schon früh an den üblichen Mittelmeerfahrten italienischer Handelsschiffe teilgenommen und sich als Kaufmann betätigt. In den 1470er Jahren hatte er als Seemann und Handelsvertreter in Diensten des genuesischen Bank- und Handelshauses Centurione gestanden, das sich vor allem um die Erschließung neuer Goldvorräte aus Afrika bemühte und daher auch enge Handelsbeziehungen zu Portugal unterhielt. In Lis-

Abb. 6: Weltkarte des Toscanelli von 1457

sabon, einer der damaligen führenden Handelsstädte Europas, wo auch eine Kolonie genuesischer Kaufleute und Seefahrer lebte, war Kolumbus mit den neuen Entdeckungen näher bekannt geworden und hatte hier zweifellos für sich bessere wirtschaftliche und gesellschaftliche Aufstiegsmöglichkeiten als in Italien gesehen: So hatte er seinen Wohnsitz nach Portugal verlegt. Cristovão Colom, wie er in Portugal hieß, war nun am Ort des Geschehens. Er heiratete Ende 1479 die Tochter des italienischstämmigen Bartolomeo de Perestrella, eines ehemaligen Seefahrers im Dienste des Prinzen Heinrich und ehemaligen Gouverneurs der kleinen Insel Porto Santo bei Madeira. Diese Heirat mit der 25 Jahre älteren Doña Felipa, die ihm seinen Sohn Diego gebar, öffnete Kolumbus nicht nur den Zugang zu portugiesischen Hofkreisen, sondern gab ihm auf Porto Santo auch Einblicke in die Unterlagen seines Schwiegervaters, vor allem aber in die aktuellen portugiesischen Entdeckungs- und Handelsaktivitäten.

Nach dem frühen Tod seiner Frau zog er im Jahr 1481 wieder nach Lissabon, wohin auch seine jüngeren Brüder Diego und Bartolomeo übergesiedelt waren, letzterer war ein gefragter Kartenzeichner, in dessen Werkstatt Kolumbus zeitweilig auch tätig war. In den Jahren zwischen 1481 und 1483 nahm er an einer oder mehreren Afrikafahr-

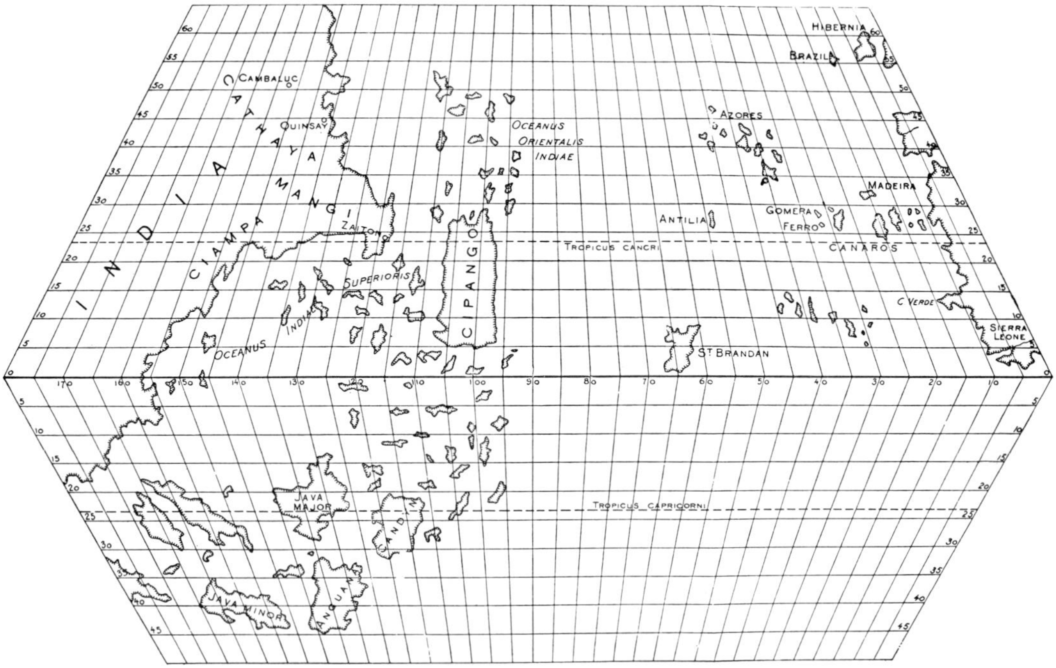

Abb. 7: Rekonstruktion einer von Toscanelli an den portugiesischen König geschickten Seekarte (1474)

ten nach Guinea bis Fort Mina teil; dabei konnte er sich selbst von den portugiesischen Entdeckungen überzeugen und zugleich die portugiesischen Navigationskünste sowie das System der Handelsstützpunkte, der Faktoreien, kennenlernen. Bei dieser Fahrt erlebte er auch die enorme südliche Ausdehnung Afrikas, also die Weite des Weges nach Indien, und es scheint so, als ob im Gefolge dieser Fahrt der Gedanke einer Westfahrt nach Indien in ihm konkretere Gestalt annahm. Jedenfalls hatte er in Lissabon von Toscanellis Brief an Martins vom Juni 1474 Kenntnis erhalten und sich selbst an Toscanelli mit der Bitte um Auskunft und Bestätigung gewandt. Toscanelli hatte ihm in zwei wahrscheinlich zwischen 1480 und Mai 1482, dem Monat seines Todes, zu datierenden Schreiben geantwortet. Im ersten Brief erhielt Kolumbus Kopien des Schreibens von 1474 und der Seekarte; durch das zweite Schreiben mußte er sich in seinem Plan, auf dem Westwege nach Asien oder Indien zu segeln, auch mit dem Hinweis auf materiellen Erfolg bestärkt sehen: »Der geschilderte Weg ist nicht nur möglich, sondern wahr und sicher .... Eine derartige Reise führt zu mächtigen Königreichen, berühmten Städten und Provinzen, die alles im Überfluß besitzen, was wir benötigen, auch alle Art von Gewürzen in reicher Fülle sowie Edelsteine in großer Menge aufweisen«. Kolumbus war wie Toscanelli von der Möglichkeit und Machbarkeit einer Atlantiküberquerung überzeugt, nicht nur weil er nach der Lektüre der kosmographischen Werke solcher Autoritäten wie Petrus Alliacus (»*Tractatus de imagine mundi*«, 1410) oder Aeneas Silvio Piccolomini (»*Historia rerum ubique gestarum locorumque descriptio*«, 1461) geographisch korrekt von der Kugelgestalt der Erde und damit von einer Küste des Ozeans im Westen ausging, sondern auch weil er aufgrund fehlerhafter mathematischer Berechnungen die Ausdehnung des Atlantischen Ozeans zwischen Europa bzw. den Kanarischen Inseln und Asien bzw. Japan (Zipangu) irrtümlich nur mit 2400 Seemeilen ansetzte. Diese geringe Entfernung machte jedoch nur rund ein Viertel der tatsächlichen Entfernung aus; sie war durch eine unkorrekte Zuteilung der 360 Längengrade auf Festland bzw. Ozean sowie durch einen zu klein angesetzten Abstand zwischen den Längengraden zustandegekommen.

1484 erhielt Kolumbus die Gelegenheit, König Johann II. von Portugal den Plan seiner Westfahrt vorzutragen. Dieser leitete das Projekt an eine Kommision von Sachkennern und Gelehrten weiter, die *Junta dos Mathematicos*, und lehnte nach deren genaueren Entfernungsberechnungen die Reise als unrealistisch ab. Überdies schien zu dieser Zeit nach der Rückkehr des Diogo Cão von seiner Reise in südliche Regionen der afrikanischen Küste die Umschiffung Afrikas nur noch eine Frage der Zeit zu sein, so daß eine Umorientierung nach Westen oder parallele Unternehmungen auch aus finanziellen Gründen nicht in Frage kamen. Alle Anstrengungen und Mittel mußten sich deshalb weiterhin auf die Südspitze Afrikas und den dortigen Zugang nach Indien konzentrieren. Auf finanzielle Unterstützung war Kolumbus jedoch angewiesen. Deshalb verließ er Ende 1484/Anfang 1485 Portugal und bot seine Dienste nun dessen politischen Gegner und Konkurrenten im Atlantik, dem erstarkenden Kastilien an. Doch auch hier mußte Kolumbus über sieben Jahre vergeblich antichambrieren, bis ihm endlich eine Westexpedition finanziert wurde. Während dieser Jahre des Wartens lebte er an verschiedenen Orten wie Palos, La Rábida, Córdoba, Salamanca und machte die Bekanntschaft wichtiger Personen, die er einerseits für seine Vorstellungen gewann und von denen er andererseits Anregungen, Bestärkungen und Ermutigung erhielt. Zu diesem Personenkreis gehörten u.a. Martín Alonso Pinzón aus Palos, ein erfahrener Schiffskapitän, der selbst zahlreiche Atlantikfahrten im Bereich der Kanarischen Inseln und der afrikanischen Küste bis Guinea unternommen hatte; im Franziskanerkloster von La Rábida, wo er und und sein Sohn Diego zeitweilig wohnten, lernte er durch Vermittlung des Priors Juan Pérez den Provinzialoberen Antonio de Marchena, einen gelehrten Astronomen und Kosmographen, kennen.

Luis de la Cerda, der Herzog von Medinaceli, erwärmte sich soweit für seine Pläne, daß er fast eine Expedition organisiert hätte. Rückhalt – auch finanzieller Art – fand Kolumbus ab 1487 in der jungen Frau Beatriz Enríquez de Harana in Córdoba, die ihm August 1488 seinen zweiten Sohn Fernando gebar. Durch die Fürsprache der Geistlichen und des Herzogs von Medinaceli erhielt Kolumbus schließlich im Mai 1486 die Gelegenheit, seine Vorstellungen von einer Westfahrt dem spanischen Königspaar in Córdoba vorzutragen (Abb. 9). Zu einer eigenen Entscheidung konnten sich die Monarchen angesichts der finanziellen Tragweite des Unternehmens nicht durchringen, waren sie doch zu dieser Zeit noch mit der Eroberung von Granada, dem letzten Königtum der Mauren auf spanischem Boden, ausreichend beschäftigt und finanziell in Anspruch genommen. Wie der portugiesische König vor ihnen leiteten sie die Angelegenheit an eine Expertenkommission von Theologen und Kosmographen zur Überprüfung weiter. Erst Ende des Jahres 1490 kam diese Kommission, die verschiedentlich getagt und dabei auch Kolumbus vorgeladen hatte, zu einem negativen Urteil. Sie lehnte die Vorschläge des Kolumbus weniger aus theoretischen Bedenken als vielmehr aus Gründen der praktischen Undurchführbarkeit ab. Anders als Kolumbus gingen sie von korrekten Berechnungen und demzufolge von einem mit damaligen logistischen Möglichkeiten unüberbrückbaren Abstand zwischen Europa und »Indien« aus. Dieser abschlägige Bescheid schien das endgültige »Aus« für Kolumbus zu bedeuten, der sich ab 1491 nach Vorarbeiten seines Bruders Bartolomeo nach Unterstützung an anderen europäischen Höfen, Frankreich und England, umzusehen begann.

In dieser Zeit, in der Granada zwar noch nicht gefallen war, ein kastilischer Sieg aber immer wahrscheinlicher wurde, trat eine entscheidende Wende ein. Kolumbus hatte noch einmal La Rábida aufgesucht, wohl um seinen Sohn Diego abzuholen. Hier machten ihm die Franziskaner, besonders der Prior Juan Pérez, ehemals Beichtvater und geistlicher Lehrer von Königin Isabella, noch einmal Hoffnung, indem dieser sich erneut für ihn verwandte und die Königin um ein zweites persönliches Gespräch mit Kolumbus bat. Diese Unterstützung ist insofern nicht verwunderlich, als die Franziskaner ein Orden mit ausgeprägtem Missionseifer waren und mit der Westfahrt nach Indien die Hoffnung verbanden, ihre seit der Blockade durch das Osmanische Reich unterbrochene Missionstätigkeit in Asien wiederaufnehmen zu können. Mit Kolumbus, der sich zur Rechtfertigung seiner Westfahrt mit biblischen Aussagen und Prophezeiungen beschäftigte und bei dem zunehmend ein religiöser Eifer zutage trat, schien ein großes Missionswerk in Gang zu kommen. Tatsächlich erhielt er eine Einladung an den Hof nach Santa Fé

Abb. 8: Sebastiano del Piombo, Porträt des Christoph Kolumbus (Ölgemälde, 1519)

in der Nähe Granadas, Isabella schickte ihm sogar eine größere Geldsumme. Allerdings schätzten die Monarchen das Unternehmen nüchterner ein als die Franziskaner, vor allem hinsichtlich der finanziellen Dimensionen, obwohl sie mit der Eroberung Granadas am 2. Januar 1492 auch in diesem Teil der Iberischen Halbinsel die Reconquista abgeschlossen hatten und sich nun atlantischen Unternehmungen widmen konnten. Abgesehen von der noch nicht geklärten Durchführbarkeit des Projekts erschienen ihnen jedoch einerseits die Forderungen von Kolumbus hinsichtlich seiner Belohnung – Erhebung in den Adelsstand, Verleihung hoher Ämter und Gewinnbeteiligung – unannehmbar, andererseits die Kosten für das Unternehmen trotz der von Kolumbus in Aussicht gestellten Gewinne untragbar. So wären die Verhandlungen ergebnislos verlaufen, wenn nicht in letzter Minute durch König Ferdinands Sekretär und Verwalter der Privatschatulle, Luis de Santángel, in Erwartung zukünftiger Gewinne die erforderliche Finanzierung durch private Mittel interessierter Kaufleute und Kredite bereitgestellt worden wäre. Nun gingen die Monarchen auf die Bedingungen von Kolumbus ein.

Am 17. April 1492 schlossen sie vertragliche Abmachungen mit Kolumbus über dessen Verpflichtungen hinsichtlich der Entdeckung von Inseln und Ländern im »Ozeanischen Meer« in Richtung Indien sowie über entsprechende Belohnungen bzw. von seiten der Krone gewährte Privilegien. Mehrere Dokumente geben Auskunft über die Art dieser Abkommen. Besonders wichtig sind die sogenannten Vereinbarungen *(Capitulaciones)* von Santa Fé vom 17. April, die für die Könige von Juan de Coloma, dem Sekretär des Königs, und von Fray Juan Pérez, dem Abt von La Rábida, als Vertreter für Kolumbus redigiert und anschließend von Isabella und Ferdinand genehmigt und unterzeichnet wurden (Abb. 10). Sie bilden die Antwort auf die von Kolumbus in einem nicht erhaltenen Memorial gestellten Forderungen für seine Entdeckungsfahrt in die »Ozeanischen Meere«, die damalige spanische Bezeichnung für den Atlantischen Ozean. Die Könige, die sich entgegen den Bestimmungen des Vertrages von Alcáçovas noch vor der Fahrt »Herren über die genannten Ozeanischen Meere« bezeichnen, stimmen den Bedingungen von Kolumbus zu *(Plaze a Sus Altezas)*: Erstens ernennen sie Kolumbus auf Lebenszeit zum Admiral über alle jene Inseln und Länder, die durch ihn und durch seine Bemühungen in den genannten Meeren entdeckt und eingenommen werden, nach seinem Tod soll das Amt auf Dauer an seine Erben und Nachkommen übergehen. Zweitens ernennen sie Kolumbus zu ihrem Vizekönig und Generalgouverneur für die genannten, zu entdeckenden Länder und Inseln und übertragen ihm das Recht, den Königen für jedes Verwaltungsamt in den neuen Gebieten drei Personen zur Auswahl vorzuschlagen. Drittens gewähren sie ihm Gewinnbeteiligung, nämlich den zehnten Teil aller in seinem Admiralsbereich gehandelten und verkauften Waren und Produkte nach Abzug aller Unkosten – die übrigen neun Teile behalten sich die Könige selbst vor. Viertens erkennen sie Kolumbus die Befugnis zu, kraft seines Admiralsamts bei Streitigkeiten, die sich aus dem Handel ergeben, selbst Recht zu sprechen. Fünftens räumen sie ihm die Möglichkeit ein, sich an der Ausrüstung der Handelsfahrten in die entdeckten Gebiete mit einem Achtel der Kosten zu beteiligen und auch entsprechenden Gewinn zu entnehmen. Von Machtbefugnissen, finanziellen Einnahmen, insgesamt von Handelsinteressen ist die Rede, nicht aber von detaillierten Entdeckungsplänen.

Während in diesen offiziellen vertraglichen Abmachungen, die im formalrechtlichen Sinn eigentlich keinen Vertrag zwischen Rechtsgleichen, sondern königliche Privilegien, Übertragungen hoheitlicher Befugnisse darstellten, keine direkten Entdeckungsaufträge enthalten waren und das Ziel der Entdeckungsfahrt mit dem Hinweis auf »Inseln und Länder in den Ozeanischen Meeren« möglicherweise aus Sorge vor portugiesischen Interventionen nur vage angegeben wurde, nannte der am selben Tag in Granada ausgestellte Reisepaß konkret Asien bzw. Indien und dem asiatischen Kontinent vorgelagerte Inseln und Länder als Reiseziel. In einem offenen Schreiben, einer Art Empfehlungsbrief an alle Könige und Fürsten in Asien, denen er auf seiner Westfahrt begegnen würde, beschrieben Isabella und Ferdinand Person und Auftrag des Kolumbus und erbaten Unterstützung für ihn. In diesem auf Lateinisch, der damaligen Diplomatensprache verfaßten Schreiben bekundeten die Könige, daß sie Christoph Kolumbus »mit drei wohlgerüsteten Karavellen durch die ozenanischen Meere in einigen Angelegenheiten und Aufträgen nach den Gegenden Indiens *(ad partes Indie)* schicken«. Ganz dezidiert wurde hier – ebenso wie in dem Kolumbus am 30. April 1492 ausgestellten Beglaubigungsschreiben an den Groß-Khan, d.h. den Kaiser von China – die Absicht dargelegt, auf dem Seeweg nach Asien, nach Indien und China zu gelangen. Daß Handelsinteressen zu den erwähnten Aufträgen gehörten, versteht sich von selbst; interessant ist aber, daß in dem Reisepaß vom 17. April 1492 zum ersten Mal als Zweck der Reise die Missionierung, d.h. der »Dienst an Gott und die Verbreitung des rechten Glaubens«, genannt wird. Damit taucht ein Argument auf, das schon früher die Portugiesen mit Geschick zur Rechtfertigung ihrer Entdeckungs- und Eroberungsfahrten eingesetzt hatten und das auch für die Spanier bei ihren weiteren Unternehmungen entscheidende Legitimationsfunktion erhielt.

Der Erfolg eines Irrtums – Die Entdeckung »Indiens«

Die Vorbereitungen für die Reise sowie die Ausrüstung der drei Schiffe, die Kolumbus für seine Expedition bewilligt wurden, erfolgten im Hafen von Palos de la Frontera, wo Kolumbus auch mit der Unterstützung des nahen Klosters La Rábida rechnen konnte. Die Stadt Palos mußte auf Befehl der Könige für die Bereitstellung von zwei Karavellen aufkommen; als geeignete Schiffe wurden die »Pinta«, deren Eigentümer Cristóbal Quintero aus Moguer war, und die »Niña«, die Juan Niño gehörte, Kolumbus zur Verfügung gestellt. Als drittes Schiff charterte Kolumbus ein etwas größeres und schwerfälligeres Schiff, eine sog. Nao, die »Santa María«, von dem Basken Juan de la Cosa, der möglicherweise identisch mit dem Kartographen der ersten Karte von Amerika aus dem Jahr 1500 ist. Wichtige Hilfe erhielt Kolumbus bei der Ausrüstung und vor allem bei der Anheuerung der Schiffsmannschaften durch die begüterte Kauffahrerfamilie Pinzón aus Palos; die Brüder Martín Alonso, Francisco Martín und Vicente Yáñez Pinzón waren erfahrene Seeleute und nahmen selbst an der Expedition teil: Martín Alonso als Kapitän der »Pinta«, Francisco Martín war sein zweiter Offizier, Vicente Yáñez Pinzón kommandierte die »Niña« mit Juan Niño, dem Eigentümer, als zweitem Offizier. Überhaupt kam der größte Teil der neunzig Besatzungsmitglieder, von denen 87 namentlich bekannt sind, aus den umliegenden Städten Moguer, Huelva, Vejer, Ayamonte und Palos, also aus Andalusien; zehn Nordspanier hatte Juan de la Cosa angeheuert; fünf Ausländer gehörten ebenfalls zur Mannschaft, außer Kolumbus ein weiterer Genuese sowie Personen aus Venedig, Kalabrien und Portugal, ferner vier begnadigte Kriminelle.

Am 3. August 1492 lichteten bei Tagesanbruch die drei Schiffe die Anker und fuhren durch die Flußmündung des Tinto ins offene Meer. Die kleine Flotte schlug nicht sogleich westlichen Kurs in den Atlantik ein, sondern bewegte sich in bekannten Gewässern und steuerte zunächst die Kanarischen Inseln an. Nach einigen Ausbesserungsarbeiten ging die Fahrt am 6. September von der Insel Gomera auf dem 28. Breitengrad nach Westen weiter, so daß entsprechend dem ausdrücklichen Befehl der Könige ein Eindringen in die südlich von Kap Bojador beginnende portugiesische Interessenssphäre vermieden wurde. Kolumbus begann seine Westfahrt so weit südlich, in der Höhe der Kanaren, weil er von den hier für Atlantikfahrten günstigen, nach Westen wehenden Passatwinden wußte, die die Schiffe gleichsam über den Atlantik schoben; überdies war auf der Seekarte des Toscanelli die Insel Zipangu auf dieser geographischen Breite eingezeichnet. Nach 37 Tagen Fahrt – von La Gomera aus ge-

Abb. 9: Porträt des spanischen Königspaars Ferdinand und Isabella (Ölgemälde, Ende des 15. Jahrhunderts)

rechnet –, während derer der Unmut seiner Mannschaft angesichts der langen Reise immer mehr zunahm und der ständig westwärts wehende Wind eine Rückkehr nach Spanien unmöglich zu machen schien, erreichte Kolumbus endlich am 12. Oktober 1492 eine kleine Insel in der Bahama-Gruppe – die heutige Watlingsinsel – und ging mit den beiden anderen Kapitänen an Land. Sie fielen auf die Knie und küßten den Boden unter Tränen. Kolumbus gab der Insel den Namen San Salvador zu Ehren Gottes, der sie beschützt hatte. Das Recht der Inbesitznahme leitete sich unter anderem aus dem schon im Mittelalter praktizierten Rechtsgrundsatz der ersten Entdeckung ab. Entsprechend der seit dem Mittelalter geltenden und in den nächsten Jahrzehnten geübten Praxis erfolgte die Inbesitznahme durch einen förmlichen Rechtsakt. Dabei war eine mehr oder weniger festumrissene Zeremonie vorgesehen, in deren Verlauf der jeweilige Anführer im Namen seiner Herrscher von dem Land förmlich

Abb. 10:
Die Capitulaciones vom April 1492

Besitz ergriff, die königliche Fahne aufpflanzte und einige hoheitliche Akte vornahm, wie beispielsweise Bäume abschlagen, Wasser trinken, Gras mähen oder – falls es sich um Meere handelte – im Wasser waten. Der Rechtsakt wurde sorgfältig protokolliert und anschließend durch das Errichten von Steinhaufen oder Kreuzen belegt. In dieser Weise verfuhr auch Kolumbus. Mit entrolltem kastilischen Banner nahm er inmitten der Inselbewohner, die sich versammelt hatten, im Beisein des Schreibers, der als Notar fungierte, für die spanischen Könige formal Besitz von der Insel (Abb. 11). Die anwesenden Spanier grüßten Kolumbus als Admiral der »Ozeanischen Meere«. Kolumbus schien »Indien«, zumindest eine der Inseln des asiatischen Indien gefunden zu haben, stimmte ihre Lage doch weitgehend mit den kartographischen Einzeichnungen der Toscanelli-Karte überein. Aufgrund dieses Irrtums nannte er die Bevölkerung »Indier« oder »Indios«, eine Benennung, die auch nach der geographischen Klärung als Sammelbezeichnung für die verschiedenartigen Völker der neuen Regionen fortlebte. Obwohl sich die Entdekkung von »Indien« später als Irrtum herausstellte, bezeichneten die Spanier die neuentdeckten Gebiete weiterhin als »Indien«, als *»Reinos de las Indias«*.

Über die erste Begegnung mit der eingeborenen Bevölkerung und die Einschätzung ihrer Kultur, wie überhaupt über den Ablauf der ersten Entdeckungsreise und die nautischen Beobachtungen, hat Kolumbus selbst berichtet. Denn während dieser ersten Schiffsreise nach »Indien« hat er ein ausführliches Bordbuch oder Tagebuch geführt, in dem er alle Ereignisse sowie seine Eindrücke und Einschätzungen festhielt. Die angetroffenen Menschen machten auf ihn einen positiven Eindruck; allerdings enthält schon die erste Schilderung der Indios und ihrer Kultur deutliche Hinweise auf das wirtschaftliche Interesse an den neuen Regionen. »Da sie uns gegenüber freundlich gesonnen waren und weil ich erkannte, daß es Leute waren, die sich eher durch Sanftmut und Überzeugung als durch Gewalt zu unserem heiligen Glauben bekehren lassen würden, gab ich einigen von ihnen bunte Mützen und Glasperlen, die sie sich um den Hals hängten und viele andere wertlose Dinge, die ihnen großes Vergnügen bereiteten und wodurch wir ihre Freundschaft derart schnell gewannen, daß es ein wahres Wunder war. Sie kamen darauf an unsere Schiffe geschwommen, brachten Papageien, Garnknäuel, hölzerne Lanzen und viele andere Dinge, die sie gegen das tauschten, was wir ihnen gaben, wie kleine Glasperlen und Schellen. Kurz und gut, sie nahmen alles und gaben freizügig von dem, was sie hatten .... Sie gehen alle nackt herum, wie sie ihre Mutter geboren hat, auch die Frauen, obwohl ich nur eine gesehen habe – und die war noch sehr jung. Sie waren gut gewachsen, hatten schöne Körper und angenehme Gesichtszüge .... Sie haben die gleiche Hautfarbe wie die Kanarier, weder schwarz noch weiß .... Sie tragen keine Waffen, sie kennen sie auch nicht, denn ich zeigte ihnen Schwerter, die sie an der Schneide faßten, und sie schnitten sich aus Unwissenheit. Sie haben überhaupt kein Eisen .... Sicherlich sind sie gute Dienstboten *(servidores)* und auch sehr anstellig, denn ich sehe, daß sie sehr schnell das nachsprechen können, was man ihnen sagt. Ich glaube auch, daß man sie ohne Schwierigkeiten zu Christen machen kann, denn sie scheinen keinen Götzendienst *(secta)* zu praktizieren«.

Kolumbus sah bei den Indios auch das begehrte Gold und versuchte, mehr über dessen Herkunft wie überhaupt über den allgemeinen Reichtum zu erfahren: »Ich war sehr aufmerksam und tat alles, um zu erfahren, ob sie Gold haben. Ich bemerkte, daß einige ein kleines Stückchen Gold in einem Loch tragen, das sie sich in die Nase machen, und es gelang mir, durch Zeichen zu erfahren, daß ich, wenn ich ihre Insel umschiffen und mich nach Süden wenden würde, einen König finden werde, der große goldene Gefäße und viel Gold besitze. Ich versuchte, sie dazu zu bringen, mich dahin zu führen, begriff aber bald, daß sie nicht wollten .... Das Gold, das sie in den Nasenlöchern tragen, ließe sich wohl im Landesinneren finden, aber um keine Zeit zu verlieren, will ich versuchen, auf der Insel Zipangu landen zu können«. Am 14. Oktober verließ Kolumbus die kleine Insel und machte sich auf die Suche nach Zipangu, der von Marco Polo beschriebenen Schatzinsel. Er fuhr von Insel zu Insel, und überall wiederholte sich die Begegnung mit friedfertigen Indios und die Frage nach dem Gold. Er entdeckte eine zweite Insel, die er Santa Maria de la Concepción nannte, eine dritte, die den Namen Fernandina – das heutige Long Island –, dann eine vierte, die den Namen Isabella – das heutige Crooked Island – erhielt (Abb. 12). Überall begegneten ihm die Indios mit scheuer Freundlichkeit, Ängstlichkeit, ja Bewunderung und Verehrung. Sie hielten, wie Kolumbus selbst berichtet, die Fremdlinge für Götter oder Halbgötter, die vom Himmel gekommen seien. Kolumbus sah darin eher Naivität und Einfältigkeit. Wie hätte er auch erkennen können, daß sich im Verhalten der Indios ein in ganz Amerika verbreiteter, uralter Mythos von der Wiederkehr göttlicher Wesen aus dem Osten ausdrückte, eine Erwartungshaltung, die – wie sich dann später auch in Mexiko zeigte – einen organisierten und planvollen Widerstand gegenüber den »Söhnen der Sonne« erschwerte.

In den Antworten auf seine Fragen nach Gold und Goldvorkommen war immer wieder von einem großen Herrscher – Kolumbus benutzt den ihm vertrauten Begriff König – die Rede, der über immense Goldreichtümer verfüge. Wer damit gemeint war, ist ungewiß. Es ist jedoch nicht auszuschließen, daß die Bewohner der kleinen Karibik-Inseln möglicherweise auf einen Herrscher im Westen, nämlich den aztekischen Herrscher Ahuitzotl hinwiesen, der in den achtziger und neunziger Jahren des 15. Jahrhunderts das Reich der Azteken bis in die Golfregion ausdehnte. Für Kolumbus allerdings waren diese Erzählungen von einem großen Herrscher Bestätigungen für seine Überzeugung, Indien gefunden zu haben: Der Herrscher konnte nur der Groß-Khan sein. Auf südwestlichem Kurs stieß er Ende Oktober auf die Nordküste von Kuba. Er glaubte, das asiatische Festland, Cathay, erreicht zu haben und im Reiche des Groß-Khans zu sein. Er ließ die Küste auskundschaften, entsandte auch zwei Botschafter, die dem Groß-Khan das königliche Schreiben überreichen sollten. Natürlich ohne Erfolg. Die Ausbeute an Gold war ebenfalls gering. Immerhin stellte Kolumbus, der von den Naturschönheiten sehr beeindruckt war, eine Palette von Produkten und Früchten als Beleg für den landwirtschaftlichen Reichtum des Lan-

Abb. 11: Die Ankunft von Kolumbus auf Guanahani (kolorierter Kupferstich von De Bry, 1594)

des zusammen. Zusätzlich nahm er einige Indios und Indias als Schauobjekte für das spanische Herrscherpaar mit. Er plante, diese Indios mit nach Spanien zu nehmen und sie bei erneuten Eroberungsfahrten als Dolmetscher auch bei der Christianisierung einzusetzen, nachdem sie in Spanien die Sprache erlernt hätten. Am 12. November gab er seinen Westkurs entlang der Nordküste Kubas auf, erreichte also nicht das westliche Kap, das keine 200 Kilometer von der Ostspitze Yucatáns entfernt liegt, und segelte nun Ost-zu-Süd. Anfang Dezember gelangte er auf der Suche nach lohnenden Goldfunden an die Nordwestspitze der Insel Haiti, die er Hispaniola (Española) nannte (Abb. 13).

Bei seiner Fahrt entlang der Nordküste Hispaniolas hörte er wie schon auf anderen Inseln von kriegerischen Eindringlingen, von den wilden, menschenfressenden »Kariben«, die von der Insel »Karib« und anderen entfernteren Inseln – den Kleinen Antillen, auch die

Inseln über dem Wind genannt – bis nach Kuba und Haiti vorstießen und die friedlichen Einwohner dieser Inseln drangsalierten und verschleppten. Weil Kolumbus überall nach Belegen für Asien suchte, verstand er den Namen »Kariben« als »Kaniben« und deutete ihn als Namen der Völker des Groß-Khans. Seither bürgerte sich der mißverstandene Name der menschenfressenden Kariben in latinisierter Form »Kannibalen« als Bezeichnung für Menschenfresser ein. Im Unterschied zu diesen Wilden erschienen ihm die Bewohner Hispaniolas als besonders friedliche Menschen, die sich deshalb hervorragend als Arbeitskräfte eignen würden. Im Bordbuch heißt es unter dem 16. Dezember, nachdem er die Schönheit, Freundlichkeit und Freigiebigkeit der zu den Arawaks gehörenden Bewohner hervorgehoben hatte: »Eure Hoheiten können davon überzeugt sein, daß diese Gegenden großartiger und fruchtbarer sind – vor allem diese Insel Hispaniola –, als irgend jemand beschreiben kann. Niemand mag das glauben, der es nicht selbst gesehen hat. Wißt, daß diese Insel wie auch alle anderen Euch ebenso untertan sind wie Kastilien. Lediglich eine Niederlassung und richtige Anweisungen sind dazu erforderlich; ich z.B. befahre nur mit dieser kleinen Mannschaft, die mich begleitet, diese Inseln ohne irgendeine Bedrohung, und ich habe gesehen, wie drei dieser Seeleute allein an Land gegangen sind, wo sehr viele Bewohner weilten; alle flohen, ohne den dreien ein Leid zuzufügen. Sie haben keine Waffen, gehen alle nackt, haben keinen Sinn für Waffen und sind so furchtsam, daß Tausende von ihnen es nicht mit drei (Spaniern) aufnehmen können. Also kann man ihnen gut Befehle erteilen, und sie arbeiten, säen und alles sonst Notwendige verrichten lassen, daß sie Dörfer anlegen und unterwiesen werden, Kleider zu tragen und unsere Sitten anzunehmen«.

Hier hörte Kolumbus von den Goldminen in der Gegend von Cibao, das er wiederum für Zipangu hielt, und fand endlich auch Gold in größeren Mengen, das ihm der König Guacanagari, einer der einheimischen Herrscher, im Austausch für wertlose Kleinigkeiten bereitwillig herbeischaffte. Diese Begegnungen fanden an der Nordküste statt, wo Kolumbus nach der Strandung der »Santa Maria« am Weihnachtstag, dem 25. Dezember 1492, mit dem geborgenen Holz des gestrandeten Schiffes die erste spanisch-europäische Niederlassung, das Fort »La Navidad« oder »Natividad«, gründete. Er hat diese Begebenheiten in seinem Bordbuch detailliert geschildert. Seine Ausführungen sind u.a. deshalb so interessant, weil sie einen der frühesten Belege für die besonderen Maßnahmen darstellen, mit denen die zahlenmäßig unterlegenen Spanier diesen Nachteil zu kompensieren vermochten und zugleich die Eroberung als berechtigte Einmischung bzw. Hilfe gegen Unrechtshandlungen erscheinen ließen. Obwohl sich solche Maßnahmen wie Machtdemonstration und

Abb. 12: Inselwelt der Karibik
(Holzschnitt aus dem Kolumbus-Brief, Baseler Ausgabe, 1493/94)

Gewaltanwendung erst im Verlauf der weiteren Eroberungen und in der Handhabung besonders von Cortés und Pizarro als regelrechte Eroberungs- und Einschüchterungstaktiken herausbildeten, sind sie in der Grundstruktur schon bei Kolumbus zu erkennen, allerdings ohne die später angewendete direkte Grausamkeit und Gewalt. Unter dem 26. Dezember schrieb er: »Heute bei Sonnenaufgang kam der König jener Gegend ... zur Karavelle ›Niña‹, wo sich der Admiral befand, und sagte ihm fast weinend, er möge nicht traurig sein, denn er wolle ihm alles geben, was er besitze .... Sie sind, sagt der Admiral, ehrlich und ohne jede Habgier, und so war es vor allem jener tugendhafte König. Und wie der Admiral mit ihm sprach, kam ein anderes Kanu von einem anderen Dorf mit einigen Goldstücken, um sie gegen Glöckchen einzutauschen, die man über alles begehrte .... Nachdem diese Kanus aus den anderen Siedlungen wieder abgefahren waren, rief man nach dem Admiral und bat ihn, er möge ihnen eines der Glöckchen bis zum nächsten Tag aufheben lassen; der König werde ihm dafür vier Goldstücke so groß wie die Faust bringen. Der Admiral war erfreut, dies zu hören .... Der König war sehr erfreut, den Admiral so gutgelaunt anzutreffen, und er begriff, daß dieser viel Gold haben wollte; deshalb gab er ihm durch Zeichen zu verstehen, er wisse eine Stelle nicht weit von hier, wo es viel Gold gebe; er solle sich freuen, denn er werde ihm soviel Gold verschaffen, wie er sich wünsche .... Und dann zeigte er ihm einige Pflanzungen in der Nähe der Hütten, und mit ihm gingen an die tausend Personen, alle nackt. Der König trug bereits ein Hemd und Handschuhe, die ihm der Admiral geschenkt hatte: Über die Handschuhe war er mehr als über alles andere geschmeichelt, was er ihm geschenkt hatte. An seiner Art zu essen, seinem Anstand und an seiner Reinlichkeit sah man, daß er von edler Herkunft war .... Nach Abschluß des Essens begleitete der König den Admiral zum Strand, und der Admiral schickte nach einem türkischen Bogen und einem Bündel Pfeile und ließ einen seiner Männer, der sich darauf verstand, damit schießen; und der Herr, der nicht wußte, daß es Waffen waren, weil sie selbst solche nicht besitzen und verwenden, hielt dies für etwas ganz Besonderes; der Ausgangspunkt, sagte er, war übrigens der, daß von den Caniba die Rede war, die sie Kariben nennen und die bei ihnen einfallen, um Gefangene zu machen .... Der Admiral gab dem König durch Zeichen zu verstehen, das Königspaar von Kastilien würde Befehl geben, die Kariben niederzuwerfen, und sie alle mit gebundenen Händen vorführen zu lassen. Der Admiral befahl, eine Lombarde und eine Feldschlange abzufeuern, und als der König sah, was für eine Wirkung und Durchschlagskraft jene Geschütze hatten, war er höchst verwundert. Und als seine Leute die Schüsse hörten, fielen sie zu Boden. Sie brachten dem

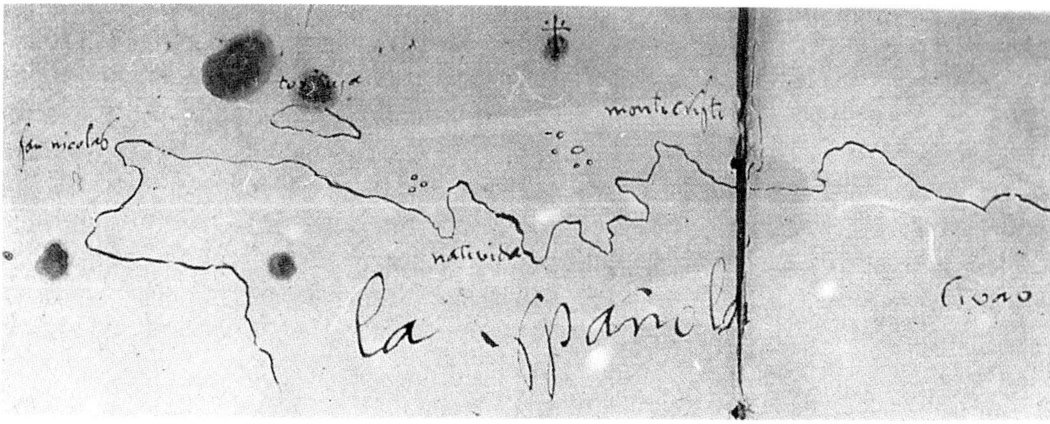

Abb. 13: Kolumbus' eigenhändige Federskizze der Nordwestküste von Hispaniola (Haiti) (1492)

Admiral eine große Maske mit großem Gold in den Ohren und Augen und an anderen Stellen; der König schenkte sie ihm zusammen mit anderem Goldschmuck, den er dem Admiral an Kopf und Hals angelegt hatte; auch den anderen Christen aus seiner Begleitung schenkte er zahlreiche Schmuckgegenstände. Der Admiral empfand große Freude und Tröstung angesichts dieser Dinge, und Sorge und Kummer über den Verlust des großen Schiffes ließen nach; und er erkannte, daß Gott der Herr das Schiff eben da hatte auflaufen lassen, damit er an jenem Ort eine Niederlassung gründete«.

So begann Kolumbus schnell mit dem Bau der Siedlung und ließ 38 Mann als Besatzung unter dem Kommando von Diego de Arana zurück, darunter zahlreiche Freiwillige, die hofften, bis zur Rückkehr von Kolumbus die angeblich im Osten gelegenen Goldgruben von Cibao gefunden und viel Gold angehäuft zu haben (Abb. 14). Er selbst stach am 4. Januar 1493 in See, steuerte entlang der Küste einen östlichen Kurs und traf zwei Tage später die »Pinta« wieder, die sich unter Pinzón seit Ende November selbständig gemacht hatte. Am 16. Januar nahmen dann beide Schiffe Kurs in Richtung Spanien, nachdem sie zuvor noch vergeblich nach der Insel der Menschenfresser, der Kariben oder Kaniben, und nach einer nur von Frauen – den legendären Amazonen – bewohnten Insel gesucht hatten.

Die Rückkehr – Berichte aus einer neuen Welt

Auf der Rückfahrt schlug Kolumbus einen nördlicheren Kurs ein, bis er auf der Höhe der Bermudas auf günstigere, ostwärts wehende Winde traf, die die beiden Schiffe rasch über den Atlantik trieben. In der Nähe der Azoren gerieten die »Pinta« und die »Niña« in einen gefährlichen Sturm und wurden voneinander getrennt. Nach einem kurzen Aufenthalt auf den Azoren setzte Kolumbus auf der »Niña« die Heimreise nach Kastilien fort, doch zwang ihn ein erneuter Sturm vor der andalusischen Küste, mit der »Niña« in den Tejo einzulaufen und am 4. März in Portugal zu landen, während Pinzón mit der »Pinta« einen galicischen Hafen ansteuerte. Es gehört zu den Merkwürdigkeiten der ersten Entdeckungsfahrt, daß Portugal, dessen König Jahre zuvor auf die Pläne des Kolumbus nicht eingegangen war, zuerst von den Ergebnissen der Atlantikfahrt erfuhr. König Johann II. zitierte Kolumbus zu einem Bericht auf sein Schloß bei Lissabon; am portugiesischen Hof wurden Ansprüche auf seine Entdeckungen laut, da sie gemäß der Gebietsaufteilung von Alcáçovas in den portugiesischen Einflußbereich zu gehören schienen. Kolumbus konnte diese Ansprüche vorerst damit entkräften, daß er entsprechend den Instruktionen der spanischen Könige nicht nach Guinea gefahren sei. Am 15. März 1493 lief er mit der »Niña« im Hafen von Palos ein und reiste von dort aus nach Sevilla weiter, wo er am 31. März eintraf. In einigen Briefen hatte er das Königspaar schon über seine Entdeckungen informiert, die ihn daraufhin mit einem Schreiben vom 30. März an den Hof nach Barcelona einluden und um Eile baten. Sie wollten natürlich nähere Einzelheiten erfahren und das weitere Vorgehen besprechen, damit »das, was er begonnen habe, mit Gottes Hilfe fortgeführt werde«. In einem wahren Triumphzug, anders als bei seiner Ausreise, durchzog Kolumbus Spanien. Ein Teil seiner Mannschaft und die mitgenommenen »Dolmetscher« von den neu gefundenen Inseln begleiteten ihn. Diese federgeschmückten Indios ebenso wie die mitgeführten Papageien und andere unbekannte Tiere, Pflanzen und Goldschmuckstücke machten ungeheuren Eindruck auf die Bevölkerung. Ende April erreichte Kolumbus Barcelona und wurde dort von den spanischen Königen mit großen Ehren empfangen. Die Könige bestätigten ihm erneut die in den Kapitulationen verliehenen Rechte, fügten neue Gunsterweisungen hinzu und beauftragten ihn mit einer neuen Reise.

Das Bordbuch oder Tagebuch hatte Kolumbus nach seiner Landung in Palos an die Monarchen zur Kenntnisnahme geschickt, um seinen Auftraggebern Rechenschaft über das Unternehmen zu geben. Es ist im Original nicht überliefert und wurde auch seinen Zeitgenossen nicht zugänglich. Abschnitte von einer Kopie, die Kolumbus zurückerhalten hatte, bzw. Zusammenfassungen finden sich zuerst in der Biographie, die Fernando Colón, der zweite Sohn von Kolumbus, verfaßte und die 1571 in Venedig auf Italienisch erschien, und dann in der »*Historia de las Indias*« des Dominikaners Bartolomé de las Casas, die jedoch erst 1825 erstmals veröffentlicht wurde.

Zugänglich für die Zeitgenossen war jedoch der in Briefform verfaßte Kurzbericht über die Entdeckungen, der als *der* Kolumbus-Brief schlechthin bekannt und berühmt geworden ist und schon wenige Wochen nach der Rückkehr zuerst auf Spanisch in Barcelona (April 1493) und kurz danach Anfang Mai 1493 in Rom in drei vom Aragonesen Leandro Cosco ins Lateinische übersetzten Ausgaben sowie in einer italienischen und in Versform gesetzten Ausgabe erschien. Danach folgten in wenigen Monaten lateinische Ausgaben in Antwerpen, eine Ausgabe mit vier Holzschnitten in Basel, drei Ausgaben in Paris und zwei auf Italienisch in Versform in Florenz; ferner erschienen noch 1497 in Valladolid eine Neuausgabe der ersten Spanischen Ausgabe von Barcelona und eine deutschsprachige Ausgabe in Basel mit dem Titel *»Eyn hübsch lesen von etlichen insslen ...«*, jeweils im Quartformat im Umfang von acht bis zwölf Seiten.

Über die Echtheit des Briefes, von dem kein Originalmanuskript existiert, ist viel diskutiert worden. Denn die Erstausgaben von Barcelona und Rom weisen unterschiedliche Adressaten auf, einmal den Hofschreiber und Finanzverwalter Luis de Santángel, der das Entdeckungsunternehmen sehr gefördert hatte, bzw. den Schatzmeister Rafael (korrekt: Gabriel) Sánchez. Die an die Katholischen Könige gerichteten Briefe sind nicht vorhanden, und die beiden Briefe geben unterschiedliche Abfassungsdaten, den 15. Februar bzw. den 14. März an – korrekt müßte es ohnehin der 4. März heißen. Nach neueren Untersuchungen kann man davon ausgehen, daß der an Santángel gerichtete Brief in Barcelona am Hof Ferdinands vom Adressaten selbst, einem Vertrauten des Königs, auf der Basis der von Kolumbus im Bordbuch sowie in Schreiben an die Katholischen Könige gegebenen Informationen verfaßt worden ist. Dafür sprechen Formulierungen und spezielle Angaben. So wurde wohl die Ortsangabe »geschrieben am 15. Februar auf der Höhe der Kanarischen Inseln« ergänzt, um die Nähe zu spanischen Inseln anzudeuten, obwohl Kolumbus die Azoren passierte, und die Möglichkeit zukünftiger Missionierung wurde besonders betont. Ziel dieser Eingriffe und der abschließenden schnellen Veröffentlichung war es, Ansprüche Portugals auf die entdeckten Inseln, auf »Indien«, das als portugiesisches Expansionsgebiet galt, zurückzuweisen und in Rom beim Papst eine Zuweisung der entdeckten Gebiete als spanische Missionsgebiete zu erlangen. Noch im April wurde deshalb der fiktive, aber inhaltlich korrekte Kolumbus-Santángel-Brief nach Rom geschickt, wo der ursprünglich als Absender fungierende Schatzmeister Gabriel Sánchez als Adressat eingesetzt wurde. Da der portugiesische König Johann II., der zur Sicherung seiner vermeintlichen Besitzansprüche eine Gesandtschaft an das spanische Königspaar geschickt hatte, nicht mehr weiter insistierte, konnte in

Abb. 14: Bau von La Navidad auf Hispaniola
(Holzschnitt aus dem Kolumbus-Brief, Baseler Ausgabe, 1493/94)

De Insulis nuper in mari Indico repertis

Abb. 15: Begegnung mit den friedlichen Indios
(Holzschnitt aus dem Kolumbus-Brief, Baseler Ausgabe, 1493/94)

den römischen Ausgaben der Bezug auf die Kanarischen Inseln entfallen.

Trotz dieser »Manipulationen« darf der Brief, weil er inhaltlich, teilweise wörtlich mit dem Bordbuch übereinstimmt, weiterhin als *der* Kolumbus-Brief gelten. Er fand in Europa schnell Verbreitung, wurde in zahlreichen späteren Werken, in Chroniken und Kosmographien rezipiert und verarbeitet, weil er erste Informationen über bisher unbekannte Regionen und Menschen lieferte. Seine Bedeutung besteht auch darin, daß er die Möglichkeit belegte, den Atlantischen Ozean zu überqueren, zurückzukehren und auf der gewonnenen Route neue Ausfahrten zu unternehmen, also die ersten Begegnungen fortzusetzen. Insofern darf Kolumbus ungeachtet früherer europäischer Amerikafahrten als derjenige gelten, der die Inseln als eine *für die Europäer neue* Region *entdeckt* hat, obwohl die Inseln sowie das Festland längst vorher von den Ureinwohnern entdeckt und besiedelt worden waren, und deren *»Entdeckung«* die wechselvolle Geschichte der Beziehungen zwischen Alter und Neuer Welt einleitete. Kolumbus selbst war sich des *Neuen* jedoch gar nicht bewußt. Aus seinen Beschreibungen geht das *Neue* nicht hervor. Im Brief ist – ebenso wie im Bordbuch – von den Inseln im Indischen Meer, von den Inseln jenseits des Ganges die Rede, also von solchen Inseln, von denen die Europäer durch Marco Polo oder durch Sir John de Mandeville so abenteuerliche Dinge erfahren hatten. Überhaupt liegen der Beschreibung von Kolumbus ein europäisches »Vorwissen« und altbekannte Erwartungen zugrunde, wie aus seinen Bemerkungen über Monster und Amazonen hervorgeht. Ausdrücklich betonte er, auf den Inseln keine Monster oder Ungeheuer getroffen zu haben; von wilden Menschenfressern, von Amazonen, von Menschen mit Schwänzen oder Kahlköpfigen, die angeblich auf anderen Inseln lebten, habe er nur gehört. Wie sehr man solche Wesen aber jenseits des Äquators eigentlich immer noch erwartete, zeigt beispielsweise die deutsche Fassung des Kolumbus-Briefs von 1497, die an den entsprechenden Textstellen Ptolemäus, Strabo und Plinius als Autoritäten für das Vorhandensein solcher Merkwürdigkeiten ergänzt.

Kolumbus schilderte die bei seiner ersten Begegnung angetroffenen Inselbewohner als schöne, freigiebige, friedliche, sanftmütige, fast furchtsame Menschen ohne Waffen, die kein Eisen kannten. Diese friedliche Haltung, die die Inselbewohner, die Tainos oder Arawaks, im Unterschied zu den kriegerischen Stämmen der Kariben auf den Inseln über dem Wind auszeichnete, hat der Drucker der Baseler Ausgabe in einem entsprechenden Holzschnitt, der die erste Begegnung zwischen Europäern und Indios zeigt, wiedergegeben (Abb. 15). Kolumbus erwähnte lobend die Vernunft der Inselbewohner, er hielt sie zur Annahme des Christentums würdig und fähig, da sie keinen Götzendienst pflegten. Ihre Nacktheit – sie seien übrigens eher weißhäutig, also nicht afrikanisch-schwarz – erscheint noch nicht in einem negativen Licht, vielmehr ist der paradiesische Naturzustand ein Hinweis auf das in »Indien« vermutete irdische Paradies, mit dessen zeitgenössischen Vorstellungen Kolumbus durch die Lektüre des Traktats des französischen Kardinals Petrus Alliacus (Pierre d'Ailly) »*Imago Mundi*«, der wohl zwischen 1480 und 1483 veröffentlicht wurde, vertraut war. Ein Bild des »Paradieses« vermittelt auch die Schilderung der Landschaft hinsichtlich ihrer Schönheit, Fruchtbarkeit und des Reichtums an Pflanzen und Edelmetallen. Die ideale und positive Beschreibung von Natur und Menschen läßt auf den ersten Blick den Eindruck von Achtung und Objektivität des Entdeckers gegenüber den Indios entstehen. Doch darf nicht übersehen werden, daß Kolumbus ebenso wie seine Auftraggeber ein ganz handfestes Interesse hatten: Das Entdeckungsunternehmen, das vor allem ein Handelsunternehmen sein sollte, mußte sich lohnen; zumindest mußten die Aussichten dazu bestehen. So wird bei genauem Hinsehen deutlich, daß auch die Art, wie Friedfertigkeit und Waffenlosigkeit – d.h. nicht zu erwartender Widerstand – als besondere Merkmale der Indios beschrieben wurden, ferner wie ihr Nutzen als Arbeitskräfte und der Reichtum an Früchten und Bodenschätzen erwähnt wurde, dazu diente, zukünftige Entdeckungsfahrten als lohnend erscheinen zu lassen. Und dem Hinweis auf die Möglichkeit, das Christentum zu verbreiten, ist trotz allen vorhandenen Glaubenseifers bei Kolumbus und beim spanischen Königspaar die Legitimationsfunktion für Eroberung deutlich anzumerken. Diesem Aspekt von Entdeckung und Mission hat der Herausgeber des deutschen Kolumbus-Briefs Rechnung getragen, indem er den Text mit zwei identischen Holzschnitten einrahmte, die den Missionsauftrag darstellen (Abb. 16).

Die »Teilung« der neuen Welten

Der Kolumbus-Brief – natürlich unterstützt von diplomatischen Aktivitäten und weiteren Informationen von seiten der Spanier – hat auch in Rom seine Wirkung nicht verfehlt. Die spanischen Könige wiesen ihren Botschafter in Rom an, beim Papst darauf hinzuwirken, daß er ihnen den Besitz der neuentdeckten Regionen bestätige, so wie frühere Päpste die portugiesischen Entdeckungen und Eroberungen an der afrikanischen Küste legitimiert hatten. Sie erreichten es, daß Papst Alexander VI., ein Spanier, die spanischen Entdekkungsunternehmen über das traditionelle Recht der Erstentdeckung

Eyn ſchön hübſch leſen von etlichen inßlen die do in kurtzen zyten funden ſynd durch dē künig von Hiſpania. vnd ſagt vō großen wunderlichen dingen die in dē ſelbē inßlen ſynd.

Abb. 16: »Missionsauftrag« (Holzschnitt aus dem Kolumbus-Brief, Straßburger Ausgabe, 1497) Dieser Holzschnitt war ursprünglich für einen anderen Druck entworfen worden: für die ebenfalls 1497 erschienene »Prognosticatio« des Johann Lichtenberger. Das Motiv erwies sich für beide Texte als geeignet.

hinaus sanktionierte. In mehreren Bullen des Jahres 1493, besonders in der auf den 4. Mai rückdatierten »*Inter Cetera*«, der zweiten dieses Namens, der sogenannten Schenkungs- oder Teilungsbulle, die zeitlich mit der römischen Veröffentlichung des Kolumbus-Briefs zusammenfällt, bestätigte der Papst *(donamus, concedimus et assignamus)* der Krone von Kastilien und León die Besitzrechte über die neuentdeckten und noch zu entdeckenden Inseln und Länder, die jenseits einer hundert Meilen westlich der portugiesischen Azoren und der Kapverdischen Inseln in Nord-Süd-Richtung verlaufenden Linie, dem 38. Grad westlicher Länge liegen würden. Zugleich wird denjenigen göttliche und päpstliche Indignation angedroht, die gegen die päpstliche Zuerkennung verstoßen und die spanischen Monarchen am Erwerb oder Besitz der entdeckten und noch zu entdekkenden Gebiete jenseits der gezogenen Linie hindern oder widerrechtlich diese Gebiete betreten. Der Papst begründete die Verleihung an die spanischen Monarchen mit ihrem schon bei der Einnahme Granadas bewiesenen Missionseifer, den christlichen Glauben zu verbreiten, und erwähnte in diesem Zusammenhang ausdrücklich auch den Glaubenseifer von Kolumbus. Entsprechenden Missionseifer und Sorge für das Seelenheil der Heiden erwartete der Papst auch für Indien; in einer besonderen Bulle vom 25. Juni betraute er Bernardo Boil mit den Missionsaufgaben in den neuen Regionen. Mit den Papstbullen hatten die Spanier eine rechtliche Handhabe nicht nur gegenüber dem portugiesischen Rivalen, sondern auch gegenüber anderen europäischen Mächten, die durch die »Teilung« von Aktivitäten in den neuen Regionen ausgeschlossen wurden. Zugleich erhielt das ursprünglich wirtschafts- und handelspolitisch motivierte Entdeckungs- und Eroberungsunternehmen nachträglich und zusätzlich eine religiöse Motivierung. Das Missionsargument bewirkte, daß in den weiteren Unternehmungen der religiöse Aspekt immer deutlicher zum Tragen kam. Seither begleiteten Priester die Entdeckungsfahrten und anschließenden Eroberungszüge, die als Missionierungszüge sanktioniert waren. So wurde von Beginn an die katholische Kirche zu einem wichtigen Partner der Krone bei der Eroberung und der späteren Kolonisation des neuen Erdteils. Einerseits war sie ein Herrschaftsinstrument – besonders nachdem die spanischen Könige 1508 das volle Patronatsrecht, d.h. die weitreichende Oberaufsicht über die Kirche in ihrem Reich erhalten hatten –, andererseits entwickelte sie sich zu einer Institution, aus der heraus die Methoden der Eroberung immer wieder kritisch reflektiert wurden. Der aus den Papstbullen abgeleitete Missionsauftrag, die für die damalige Zeit selbstverständliche Missionsidee überhaupt, lieferte Argumente zur Rechtfertigung von Eroberung und Kolonialherrschaft, bewirkte aber auch heftige Diskussionen über die Gestaltung des Lebens in den neuen Gebieten und hat der Eroberung den Charakter einer bloßen kolonialen Ausbeutung genommen.

Um seinen Ostindien-Flotten um Afrika herum ungehinderte Fahrten zu sichern, weil sie wegen ungünstiger Küstenwinde und -strömungen in weitem Bogen auf den Atlantik ausgreifen mußten, bemühte sich Portugal darum, die »Teilung« nachzubessern und auf der Basis der päpstlichen Urkunden eine neue, weiter westlich verlaufende Trennungslinie der beiden Interessensgebiete festlegen zu lassen. Im Vertrag von Tordesillas vom 7. Juni 1494 einigten sich Spanien und Portugal auf den 46. Grad westlicher Länge als neue Trennungslinie, eine Grenze, die 370 Meilen westlich der Kapverdischen Inseln verläuft. Die östlich hiervon liegenden Regionen wurden Portugal, die westlich davon gelegene Zone Spanien zugesprochen. Damit erhielt Portugal, ohne es zu wissen, Anteil an den neuen Inseln und Ländern im Westen, denn der östliche Vorsprung des neuen Kontinents fiel in den Portugal zugewiesenen Einfluß- und Aktionsbereich. Diese Aufteilung wurde in den nächsten hundert Jahren von den übrigen europäischen Mächten, deren innere Konsolidierung noch nicht abgeschlossen war, nicht ernsthaft angefochten.

Die zweite Fahrt des Kolumbus

Nachdem die Besitzrechte weitgehend geklärt waren, konnten die spanischen Monarchen ab Mai 1493 ungehindert aktiv werden. Sie übertrugen die Reisevorbereitungen dem Erzdiakon von Sevilla, Juan Rodríguez de Fonseca, der bald zum Bischof von Badajoz ernannt wurde und in den nächsten Jahrzehnten bis in die ersten Regierungsjahre Karls V. (1515/1519–1555) für die Indienangelegenheiten verantwortlich war. Im Unterschied zur ersten Fahrt ins Ungewisse wurde die zweite Fahrt von Kolumbus nun gründlich vorbereitet und großzügig ausgestattet. Mit zahlreichen Erlassen regelten Isabella und Ferdinand unter anderem durch Anleihen die Finanzierung des Unternehmens, die Ausrüstung der Schiffe, die Verproviantierung, die Rekrutierung der Besatzung, die Ernennung bestimmter Beamter, die Bereitstellung von Saatgut und Pflanzen. Die religiöse Frage, die auch in Spanien selbst ein wichtiger Bestandteil ihrer Politik war, weswegen ihnen Alexander VI. im Jahr 1496 den Ehrentitel »Katholische Könige« verlieh, vernachlässigten sie ebenfalls nicht und sorgten für die Mitreise von Mönchen unter der Leitung von Padre Bernardo Boil. Sie erließen spezielle Instruktionen, Anweisungen und allgemeine Grundsätze für das weitere Vorgehen in den neuen Gebieten und gingen damit zu einer auch in der Folgezeit geübten Praxis über, den Unternehmungen einen gleichsam öffentlich-rechtlichen Charakter zu verleihen und damit rechtliche Grundlagen für spätere gerichtliche Untersuchungen bis hin zur Amtsenthebung von Conquistadoren zu schaffen. In einer ausführlichen Instruktion an Kolumbus vom 29. Mai 1493 stand die Bekehrung der Indios zum Christentum an erster Stelle. Die Könige verpflichteten ihn und die Expeditionsteilnehmer dazu, den Indios ein christliches Vorbild zu sein, sie gut und liebevoll zu behandeln, sie durch Geschenke zu gewinnen und mit ihnen Handel auf freundschaftlicher Basis zu treiben. Das Handelsmonopol blieb der Krone bzw. Kolumbus und seinen Vertretern vorbehalten; zusätzlich zu seinen früheren Ämtern erhielt der Entdecker die Würde eines Generalkapitäns der Expedition.

Am 25. September 1493 segelte eine Flotte von siebzehn, meist kleineren Schiffen von Cádiz in Richtung Kanarische Inseln ab. Die ungefähr 1200 bis 1500 Mann starke Besatzung bestand aus einigen Bauern und Handwerkern, aber zumeist Soldaten, deren Rekrutierung angesichts der angeblich mühelos zu erwerbenden Reichtümer keine Schwierigkeiten gemacht hatte. Zu den Teilnehmern der Expedition gehörten auch Kolumbus' jüngerer Bruder Diego; ferner Alonso de Hojeda, Diego Velázquez, Juan Ponce de León, selbst zukünftige Entdecker; Juan de la Cosa, der Autor der ersten Karte der neuen Regionen, und Francisco de las Casas, der Vater des späteren Indioprotektors Bartolomé de las Casas. Auf der Insel Gomera wurden noch einmal die Vorräte ergänzt, und am 7. Oktober stach die Flotte wieder in See. Diesmal nahm Kolumbus einen etwas südlicheren Kurs, auf dem er die Passatwinde noch besser ausnutzen konnte, und erreichte ohne Zwischenfälle in nicht ganz vier Wochen am 2. November 1493 eine Insel, der er den Namen Dominica gab. Auf einer weiteren Insel, nach dem Wallfahrtsort in der Estremadura, den er vor seiner Abreise noch besucht hatte, Guadalupe benannt, fand man Hinweise auf die Kariben, die wilden Menschenfresser, von denen Kolumbus schon auf seiner ersten Fahrt gehört hatte. Weitere Inseln innerhalb der Inselgruppe der Kleinen Antillen wurden entdeckt und in Besitz genommen; auf der Jungferninsel Santa Cruz kam es sogar zu gewaltsamen Auseinandersetzungen mit den Kariben. Am 19. November stießen die Schiffe auf die von friedlichen Arawaks bewohnte Insel Boriquén, der er den Namen San Juan Bautista gab, das spätere Puerto Rico, und liefen dann Hispaniola an, das sie am 22. November erreichten.

Bei seiner Ankunft in La Navidad am 28. November mußte Kolumbus feststellen, daß alle Spanier, die er hier auf der ersten Reise zurückgelassen hatte, von Indios unter der Führung des Kaziken Caonabó getötet worden waren. Guacanagaris hatte sich nicht eindeutig verhalten. Da Kolumbus seine Position noch für zu schwach hielt, aber auch weil er erfahren mußte, daß die Spanier bei ihren Erkundungszügen auf der Insel durch ihr habgieriges und lüsternes Verhalten die Auseinandersetzung mit den Indios provoziert hatten, unterließ er Vergeltungsmaßnahmen. Er suchte einen neuen und günstigeren Standort, der sich zugleich als Faktorei für den Handel eignen und nah genug bei den Minen von Cibao gelegen sein sollte. Einen entsprechenden Platz glaubte er an der Küste weiter ostwärts gefunden zu haben – ein ungünstiger Platz, wie sich später herausstellte. Am 6. Januar 1494 gründete er die Stadt La Isabella und begann mit den Aufbau- und Sicherungsarbeiten. Gleichzeitig schickte er unter dem Kommando von Alonso de Hojeda einen Trupp von zwanzig Mann ins Landesinnere, um die Situation und das Verhalten der Indios zu erkunden, vor allem aber um die Goldminen von Cibao zu suchen. Als die Männer nach knapp drei Wochen wieder nach La Isabella zurückkehrten, konnten sie von Goldfunden, von Flußgold oder Goldsand in den Bergflüssen des Landesinneren berichten. Die Insel schien also tatsächlich die erhofften Goldschätze bereitzuhalten. Die erträumten Goldadern mußten nur noch ausgebeutet werden.

Allerdings war das erhoffte Gold nicht so leicht zu erlangen, wie sich das Kolumbus und vor allem die Expeditionsteilnehmer gedacht hatten. Unmut machte sich breit. Hinzu kam, daß die Reiseanstrengungen, der Klimawechsel, die ungewohnte Nahrung – das mitgeführte Saatgut hatte noch nicht geerntet werden können –, die zunehmenden Versorgungsschwierigkeiten für die vielen Menschen, Krankheit und Tod sowie die Arbeitsverpflichtungen beim Bau der Stadt die Situation in La Isabella immer gespannter werden ließen, so daß Kolumbus sich genötigt sah, Hilfe aus Spanien zu erbitten und unzufriedene Expeditionsteilnehmer nach Hause zurückkehren zu lassen. Unter dem Befehl von Antonio de Torres schickte er die Unzufriedenen deshalb im Februar 1494 auf zwölf Schiffen, beladen mit Produkten der entdeckten Inseln und mit Nachrichten über die bisherigen Ereignisse und die Goldvorkommen in Cibao, nach Spanien zurück, von wo er weiteren Nachschub für die neue Ansiedlung anforderte. Er bat auch um die Entsendung von Goldwäschern und Bergleuten mit entsprechender Ausrüstung, um die Goldvorkommen fachmännisch und systematisch abbauen zu lassen, da von den Indios nur wenig Gold eingetauscht werden konnte. In einer für die Könige bestimmten Denkschrift vom 30. Januar, in der er das geringe Ausmaß der bisherigen Ausbeute an Gold und Gewürzen zu erklären versuchte, schlug Kolumbus als Entschädigung für die entstehenden Kosten den Handel mit Sklaven vor. Nun war nicht mehr von den Indios als Arbeitskräften die Rede, wie noch auf der ersten Reise, jetzt sah Kolumbus in ihnen lediglich eine Handelsware, mit der er die Weiterführung der Entdeckungen zu finanzieren hoffte. Den Sklavenhandel rechtfertigte er mit der Sorge um das Seelenheil der Indios und der Vermittlung von Zivilisation: Die Sklavenjagden sollten sich lediglich auf die wilden Kariben, die Menschenfresser, konzentrieren, die in der Sklaverei umerzogen werden könnten. Schon Kolumbus verwendete hier Argumente, die auch bei den späteren Eroberungsunternehmungen und in der Frage ihrer Legitimation eine Rolle spielten. Sein Vorschlag ging dahin, privaten Kaufleuten den Handelsaustausch zwischen europäischen Waren und indianischen Sklaven zu gestatten, damit die Schiffe nicht leer nach Europa zurückfahren müßten. »Zum Heil der Seelen besagter Kannibalen und auch der hier lebenden Bewohner, kam mir der Gedanke, daß es sehr gut sei, so viele wie möglich hinüberzuschicken, und dabei kann Euren Hoheiten in dieser Weise gedient sein: In der Einsicht, wie erforderlich Vieh und Arbeitstiere für den Unterhalt der Leute hier und für die Inseln überhaupt sind, könnten Eure Hoheiten Lizenz und Erlaubnis für eine hinreichende Zahl von Karavellen erteilen, jedes Jahr hierher zu kommen und Vieh und andere Versorgungsgüter mit sich zu führen .... Und dies zu vernünftigen Preisen und auf Kosten der Kaufleute, wofür man sie mit Sklaven von diesen Kannibalen bezahlen könnte. Diese sind körperlich gut gebaut, haben einen klugen Verstand, und ich halte sie, wenn sie ihre unmenschlichen Sitten abgelegt haben, für besser als alle anderen«. Noch vor einer diesbezüglichen Entscheidung der spanischen Könige, die die Angelegenheit eine Zeitlang vor sich herschoben, schickte Kolumbus verschiedene Male Indios zum Verkauf als Sklaven nach Spanien; teilweise sollten sie während ihres »Arbeitsaufenthaltes« in Spanien die Sprache erlernen, um bei weiteren Entdeckungsfahrten dann als Dolmetscher dienen zu können.

Im März brach Kolumbus selbst mit einem Expeditionstrupp in das Landesinnere in Richtung Cibao auf, gelangte durch Goldfunde bzw. durch kostbare Geschenke von den Indios zu der Überzeugung, daß es dort tatsächlich lohnende Goldvorkommen gäbe, und ließ das Fort Santo Tomás als Stützpunkt für den Erzabbau und zum Schutz gegen Angriffe von Indios bauen. Überfälle der Indios machten die Entsendung einer stärkeren Truppe nach Santo Tomás erforderlich; unter dem Kommando von Alonso de Hojeda konnten die Angriffe zurückgewiesen werden. Kolumbus seinerseits stach am 24. April 1494 mit drei Schiffen von Isabella aus zu einer weiteren Entdeckungsfahrt in See, um die Suche nach Cathay fortzusetzen. Zuerst segelte er in Richtung Kuba, erreichte die Ostspitze der Insel und entdeckte dann die Insel Jamaika. Da man hier kein Gold fand, segelte er nach Kuba zurück, an dessen Küsten er viele Tage entlangfuhr, um festzustellen, ob sich es sich um eine Insel oder eine Halbinsel des asiatischen Festlandes, von Cathay, handelte. Er war der Überzeugung, in Kuba eine Verlängerung des asiatischen Festlands erreicht zu haben, und ließ seine Gefährten unter Eid aussagen, daß das entdeckte Land wirklich das Festland von Indien sei.

Bei der Rückkehr nach Isabella fand Kolumbus recht schwierige Verhältnisse in der spanischen Siedlung vor. Die meisten Kolonisten waren infolge des ungesunden Klimas und der unzureichenden und ungewohnten Ernährung erkrankt. Viele waren darüber enttäuscht, daß sie, anstatt mühelos in den Besitz des erhofften Goldes zu kommen, anstrengende Arbeiten für den Aufbau und Schutz einer neu gegründeten Stadt verrichten mußten, und sehnten sich deshalb nach Spanien zurück. In einer derart gespannten Situation einigermaßen Ordnung und Zucht aufrechtzuerhalten, war für Kolumbus als Ausländer doppelt schwer, zumal er seine Landsleute bevorzugte und höchste Verwaltungsstellen seinen Brüdern Diego und Bartolomeo übertrug. Da er selbst seine angeschlagene Autorität durch Strenge behaupten zu können glaubte, geriet er bald in Streitigkeiten mit anderen angesehenen Teilnehmern der Expedition. So kam es zum Zerwürfnis mit dem päpstlichen Vikar und Leiter der Heidenmission, Pater Boil, und mit Pedro Margarit, einem erfahrenen und von den Katholischen Königen sehr geachteten Offizier. Sie kehrten beide im Jahre 1494 nach Spanien zurück und brachten am Hofe Klage gegen Kolumbus vor. Zunächst waren die Katholischen Könige nicht geneigt, die unerfreulichen Verhältnisse auf Hispaniola nur Kolumbus zur Last zu legen, und befahlen ihren Untertanen, seinen Anordnungen zu folgen. Dennoch sahen sie sich veranlaßt, den zahlreichen Beschwerden auf den Grund zu gehen.

Hinzu kam, daß sich auch zwischen den Herrschern und ihrem Vizekönig unterschiedliche Auffassungen in der Behandlung der Indios herausgebildet hatten. Kolumbus sah im Sklavenhandel mit Indios eine einträgliche Einnahmequelle für die Entdeckungsfahrten und die Aufrechterhaltung der Faktorei in Hispaniola und ließ dementsprechend mehrere Male Indios als Gefangene nach Spanien transportieren. Zunächst hatten die Katholischen Könige deren Verkauf in Andalusien auch zugelassen, bald aber einen Aufschub in dieser Angelegenheit verfügt, um prüfen zu lassen, ob man diese Indios guten Gewissens versklaven dürfe. Im Jahre 1500 ordneten sie – vorerst – einen völligen Stopp an. Bei den Monarchen hatte sich auch Enttäuschung über die spärliche Lieferung von Produkten und besonders von Gold aus den entdeckten Ländern eingestellt, die weder den Erwartungen noch den hohen laufenden Kosten für die Unternehmungen entsprach. Zur Senkung der Kosten für die Kolonie Isabella beschränkten sie deshalb die Einwohnerzahl auf 500 Personen. Als weitere Maßnahme entsandten sie ihren Kämmerer Juan Aguado zu einer Überprüfung nach Hispaniola. Aguado scheint bei der Visitation der Kolonie allerdings recht anmaßend aufgetreten und über seine Instruktionen hinausgegangen zu sein, so daß er mit Kolumbus und seinen Brüdern aneinandergeriet. Daraufhin entschloß sich Kolumbus, zur Klärung der Angelegenheiten mit Aguado nach Spanien zurückzufahren; seine Brüder ließ er als Stellvertreter zurück. Am 11. Juni 1496 landete er nach einer Abwesenheit von über zweieinhalb Jahren wieder im Hafen von Cádiz, von wo er sich zur Berichterstattung an den Hof in Burgos begab.

Die dritte Fahrt des Kolumbus

Im August 1496 traf er mit den Monarchen in Burgos zusammen, und mit seinem Bericht über seine zweite Entdeckungsreise gelang es ihm, das erschütterte Vertrauen der Herrscher wiederzugewinnen. Er erhielt sogar den Auftrag, sofort eine neue Entdeckungsfahrt nach Indien vorzubereiten, allerdings aus Kostengründen nur 330 Personen anwerben zu lassen. Doch Verzögerungen traten ein. Es war nicht nur schwierig, die notwendigen finanziellen Mittel aufzubringen, sondern diesmal brauchte es auch Zeit, genügend Teilnehmer zusammenzubekommen. Man drängte sich nicht mehr wie vor der zweiten Reise zur Teilnahme an einer Expedition, die statt mühelosen Reichtums nur Krankheiten und Entbehrungen einbrachte. So gelang es nicht einmal, die genehmigte Zahl durch Anwerbung von Freiwilligen zu erreichen. Da machte Kolumbus den Vorschlag, die zu harten Strafen verurteilten Verbrecher zu begnadigen und ihnen zu erlauben, in seine Dienste zu treten. Die Herrscher folgten diesem Vorschlag und ordneten die Entsendung von Strafgefangenen an. Mit Verbannung verurteilte Verbrecher sollten in die neue Kolonie verbannt und dort zur Arbeit in den Bergwerken geschickt werden; zur Todesstrafe verurteilte Schwerverbrecher wurden zu zweijähriger Zwangsarbeit auf Hispaniola begnadigt. Solche kriminellen Reiseteilnehmer füllten drei Schiffe der Expedition – eine Ausnahme, denn in den späteren Jahren war Kriminellen die Einreise in die Kolonien verboten. Schon 1495 hatten die Katholischen Könige Überlegungen angestellt, das wenig ertragreiche System staatlich dirigierter Handelsunternehmungen und der staatlichen, auf Tauschhandel ausgerichteten Handelsfaktoreien aufzulockern und gegen entsprechende Gewinnbeteiligung auch privater Initiative Raum zu geben. Sie gestatten daher nun auch die Ansiedlung und Kolonisierung in den neuen Regionen, und so waren an der dritten Reise auch Siedler beteiligt. Das bedeutete gleichzeitig eine erste Einschränkung des bisherigen Entdeckungsmonopols von Kolumbus.

Als Kolumbus im Mai 1498 nach fast zweijähriger Vorbereitungszeit die Reise antrat, hatte er von den Monarchen gezielte Anweisungen darüber erhalten, wie die neuen Gebiete lohnend zu erschließen wären. Er sollte auf der Insel Hispaniola eine neue Niederlassung in der Nähe des Golderzlagers gründen. In der Umgebung der Städte sollten Ackerbau und Viehzucht betrieben werden, um die Verpflegung dieser Orte kostengünstiger als durch Nachschub aus Spanien zu gewährleisten. Deshalb wurden auf der dritten Reise auch europäische Kulturpflanzen und Haustiere, also Saatgetreide, Zucht- und Zugtiere mit den notwendigen Gerätschaften mitgeführt. Sie sollten den Bestand der ersten Siedlungen sowie die Fortführung der Entdeckung und Eroberung, vor allem aber den Abbau der Edelmetallvorkommen sichern. Gewaschenes oder geschürftes Gold sollte sofort den Münzstätten zur Prägung von Barren zugeleitet werden. Kolumbus wurde ermächtigt, den Siedlern das notwendige Land zuzuweisen.

Kolumbus stellte die Reise unter den besonderen Schutz der Heiligen Dreieinigkeit. Er segelte am 30. Mai 1498 mit sechs Schiffen aus San Lúcar de Barrameda ab. Während er nach der Ankunft auf den Kanarischen Inseln, der üblichen Zwischenstation, drei Schiffe auf der Fahrtroute der zweiten Reise, die sich als die kürzeste Verbindung herausgestellt hatte, unmittelbar nach Hispaniola schickte, fuhr er mit den übrigen drei Schiffen zu den Kapverdischen Inseln weiter. Von dort nahm er am 4. Juli einen südwestlichen Kurs, da er glaubte, daß das Goldland weiter im Süden zu suchen sei. In dieser Meinung hatte ihn das Gutachten des Kosmographen und Juweliers Mosén Jaime Ferrer bestärkt, der in Kairo und Damaskus gelebt, dort nach der Herkunft des Goldes und der Edelsteine geforscht und in einem Schreiben an Kolumbus vom 5. August 1495 »heiße Gegenden«, also die Äquatorgegend als Ursprungsland des Goldes und der Gewürze bezeichnet hatte. Der südwestliche Kurs hätte Kolumbus an die Küste Brasiliens geführt; doch er bog dann, als nach mehrtägiger Flaute wieder kräftiger Wind aufgekommen war, etwa auf dem 10. Breitengrad nach Westen ab. Am 31. Juli sichtete er eine Insel mit drei Bergen, die er als Dank an die Dreieinigkeit »Trinidad« nannte. Er war höchst überrascht, als er auf Trinidad keine Neger antraf, sondern noch hellhäutigere Menschen als auf den früher entdeckten Westindischen Inseln.

An der gegenüberliegenden Küste berührte Kolumbus zum ersten Mal, ohne sich dessen bewußt zu sein, amerikanisches Festland und befuhr das Mündungsdelta des Orinoco. Er erkundete die Arme, Strömungen und Gewässer dieses Golfes von Paria, wie die Bewohner das Land nannten, und kam aufgrund der Süßwasserströmungen zu der Überzeugung, daß hier ein gewaltiger Strom ins Meer fließe. Er fuhr nordwärts längs der Küste aus dem Golf von Paria heraus, dessen Anblick, die vogel- und tierreichen Wälder, die üppige Vegetation, das wundervolle Klima und die freundlichen Menschen ihn bezauberten. Diese Bewunderung hinderte ihn aber nicht daran, Indios gefangenzunehmen, um sie als Dolmetscher bei der weiteren Erkundung einsetzen zu können. Er segelte durch eine Meerenge, die er »Drachenschlund« nannte, folgte dann der südamerikanischen Küste nach Westen und gelangte in einen Meeresabschnitt mit zahlreichen Inseln, deren Bewohner nicht nur Gold, sondern auch Perlen besaßen, schöne, echte und große Perlen, die sie aus dem Meer fischten. Überall nahm er das Land feierlich in Besitz und handelte den Bewohnern wertvollen Schmuck und Perlen ab – gerade die eingetauschten kostbaren Perlen und die Kunde von ausgedehnten Bänken mit Perlenaustern vor den Inseln Margarita, Cubagua und vor der Nordküste des späteren Venezuela lockten bald Seefahrer und Händler an. Kolumbus selbst konnte den Hinweisen nicht nachgehen; da die Lebensmittel knapp wurden, sah er sich genötigt, von weiteren Entdeckungsfahrten Abstand zu nehmen. Am 15. August verließ er die Insel Margarita mit Kurs auf Hispaniola, wo er nach einer Fahrt quer durch das Karibische Meer am 31. August 1498 in der neu gegründeten Stadt Santo Domingo eintraf.

Sein Bericht über die Reise von der Abfahrt bis zur Ankunft auf Haiti Ende August, den er bald danach abfaßte und zusammen mit einer leider verlorengegangenen Karte über Route und Küstenverläufe am 18. Oktober 1498 an die Katholischen Könige schickte, enthält einige Hinweise darauf, daß er die von ihm entdeckten ausgedehnten Küsten als Regionen eines eigenen, bisher unbekannten Kontinents ansah. Zumindest scheinen ihm wohl Zweifel daran gekommen zu sein, daß es sich um Inseln handele; Festland – allerdings mit Asien verbunden – schien ihm nun viel wahrscheinlicher zu sein. Wenn er an die Katholischen Könige schrieb: »Eure Hoheiten gewannen diese vielen Länder, die eine andere Welt *(otro mundo)* sind und wo die Christenheit so viel Gefallen und unser Glaube mit der Zeit eine so große Ausdehnung finden wird«, dann klingt darin zwar die Ahnung von der Größe seiner Entdeckungen an, nicht aber die Erkenntnis, eine Neue Welt entdeckt zu haben. Kolumbus vermochte es nicht, seine eigenen empirischen Erfahrungen auszuwerten und sie den überkommenen geographischen oder religiösen Vorstellungen entgegenzusetzen. Dies zeigt sich in seinen Ausführungen über das irdische Paradies. Die Milde des Klimas, die Üppigkeit der Vegetation und der Reichtum an Bodenschätzen, die Freundlichkeit der Bewohner des Landes erweckten in ihm den Glauben, sich dem irdischen Paradies genähert zu haben. Den Süßwasserfluß, den Orinoco, hielt er für einen der vier großen Ströme, die nach Ansicht von Kirchenvätern und Geographen aus dem Paradies fließen. Nach zeitgenössischen Paradiesvorstellungen, die noch zu Beginn des 16. Jahrhunderts lebendig waren, lokalisierte man das irdische Paradies auf einer schönen, heiteren, wolkenlosen und dem Himmel benachbarten Höhe (Abb. 17). Jener Strom nun rauschte mit so ungeheueren Wassermassen und mit solch ungewöhnlicher Gewalt ins Meer, so daß Kolumbus das Paradies am Oberlauf dieses Flusses vermutete, denn das Land steige an dieser Stelle zu einer gewaltigen Erhebung an. Aus diesen religiösen Phantasien leitete er sogar Überlegungen über eine neue Gestalt der Erde ab. Diese, so glaubte er erkannt zu haben, sei

Abb. 17: Die Fahrt ins Paradies (Holzschnitt aus »Copia der Newen Zeytung...«, Augsburg um 1514)

nicht sphärisch oder kugelrund, wie die Astronomen bisher angenommen hätten, sondern vielmehr birnenförmig, mit einer Spitze oben – die von ihm gefundenen Regionen – und mit einem bauchigen dicken Ende unten – Europa, Afrika und das westliche Asien. Nichts zeigt deutlicher, wie sehr Kolumbus noch von religiösen Vorstellungen beherrscht war und seine geographischen Entdeckungen dementsprechend falsch einordnete.

Von Santo Domingo aus plante er, seinen Bruder in die Gegend des Orinoco zu senden, um dort eine Niederlassung zu gründen. Aber die Zustände, die er auf Haiti antraf, verhinderten weitere Entdeckungsfahrten. Bartolomeo Kolumbus, der für die Zeit der Abwesenheit von Kolumbus von den Katholischen Königen als Gouverneur der Insel bestätigt worden war, hatte nicht die erforderlichen Fähigkeiten für dieses Amt besessen. Er war energisch und entschlossen, zugleich auch hochfahrend, hatte aber die allgemeine Versorgungslage nicht verbessern können, obwohl er gnadenlos gegen die Indios vorgegangen war, um sie zu den Tributverpflichtungen zu zwingen. Ein Aufstand der Indios war die Folge gewesen. Seine Strenge machte ihn vor allem auch bei den Spaniern verhaßt, die ihren Arbeitsverpflichtungen nicht nachkommen wollten. Schließlich erhoben sich in offener Rebellion zahlreiche Spanier unter der Führung des von Kolumbus eingesetzten *alcalde mayor* Francisco Roldán und verschanzten sich im Westteil der Insel. Von dort aus unternahmen sie ihre Streif- und Beutezüge, eigneten sich zu Lasten der königlich-kolumbischen Handelsinteressen heimlich Gold an und ließen die Indios für sich arbeiten. Es herrschte völlige Anarchie auf Haiti, als Christoph Kolumbus eintraf. Erst nach langwierigen Verhandlungen mit Roldán, die unter anderem den Rückkehrwilligen die Reise nach Spanien ermöglichen sollten, konnte die Ordnung zumindest zeitweise wiederhergestellt werden, indem den Rebellen Amnestie und Roldán die Wiedereinsetzung in sein Amt zugesichert wurden. Eines der schwerwiegendsten Zugeständnisse, das Kolumbus machen mußte, bestand darin, den Anhängern Roldáns Land mit einer bestimmten Anzahl von indianischen Arbeitskräften zuzuteilen. Damit wurde zum ersten Mal ein Zwangsarbeitssystem eingeführt, das später als *Repartimiento* oder *Encomienda* eine weitere Ausformung erfuhr, den Tod Tausender von Indios verursachte und erst 1542 in ein weniger gewaltsames Tributsystem umgewandelt wurde. Befriedet wurde die Insel jedoch nicht.

Kolumbus selbst gab den Katholischen Königen einen pessimistischen Lagebericht und bat um die Unterstützung eines Untersuchungsrichters mit besonderen Vollmachten. Die Monarchen entsandten Francisco de Bobadilla nicht nur zur gerichtlichen Untersuchung der Vorgänge auf der Insel Haiti, sondern übertrugen ihm unter Mißachtung der Kolumbus verliehenen Rechte bis auf Widerruf das eigentlich Kolumbus zustehende Amt des Gouverneurs von Indien und statteten ihn mit besonderen Vollmachten aus. Da sich Kolumbus als Gouverneur ungeeignet erwiesen hatte, ergriffen die Monarchen die Gelegenheit, die im »Ozeanischen Meer« entdeckten und zu entdeckenden Insel und Länder nun unter die unmittelbare Verwaltung der Krone zu bringen und seine selbständige Stellung als Vizekönig und Gouverneur, die sie ihm im April 1492 in den Kapitulationen zugestanden hatten, weitgehend einzuschränken. Eine neue Eroberungskonzeption wird sichtbar: Bei den Entdeckungen und Eroberungen stand nun nicht mehr der Aufbau von staatlichen oder privaten monopolartigen Handelsunternehmungen im Vordergrund, diese waren seit April 1495 mit der Ausweitung auf alle Untertanen ohnehin schon aufgelockert waren, sondern es ging nun um die Erweiterung des Territoriums und um den Erwerb neuer Reiche für die spanische Monarchie.

Kolumbus lehnte es verständlicherweise ab, die Vollmachten Bobadillas anzuerkennen, der am 23. August 1500 in Santo Domingo, der neu gegründeten Hauptstadt der Insel, eintraf. Daraufhin ließ dieser Kolumbus in Fesseln legen und schickte ihn als Gefangenen nach Spanien zurück. In Spanien, wo er Ende November 1500 im Hafen von Cádiz wirklich als Gefangener in Ketten an Land ging, war die Empörung über die schmachvolle Behandlung des einst gepriesenen Entdeckers groß. Die Katholischen Könige befahlen, Kolumbus in Freiheit zu setzen, und empfingen ihn im Dezember mit großer Freundlichkeit am Hof in Granada, beschlossen auch die Abberufung des rücksichtslosen Gouverneurs Bobadilla, aber vollständig rehabilitierten sie Kolumbus nicht. Denn sie setzten nicht ihn wieder in das Amt des Gouverneurs von Hispaniola ein, sondern beriefen im September 1501 Nicolás de Ovando, der mit umfangreichen Vollmachten ausgestattet und einer genauen Untersuchung der Amtsführung seines Vorgängers beauftragt wurde. Kolumbus mußte sich mit freundlichen Versprechungen begnügen, daß Ovando nur vorübergehend im Amt sein sollte, bis die Dinge geordnet wären. Er erhielt zwar sein persönliches Eigentum zurück sowie verschiedene Einnahmequellen, nicht aber seine politischen Ämter; Ovando blieb bis zum Jahre 1509 im Amt und stellte die Ordnung im Sinne der Katholischen Könige wieder her. Kolumbus sah sich in seiner Ehre verletzt und war über diese Behandlung, die weder seinen Leistungen als Entdecker noch seinen Verdiensten um die Erweiterung der spanischen Reiche und die Verbreitung des Christentums gerecht wurde, aufs tiefste erschüttert und verbittert. Ein Schreiben aus der Zeit der Gefangenschaft an Doña Juana de Torres, die Amme des Prinzen Johann, vermittelt einen guten Eindruck von seiner damaligen Geistesverfassung und seinem Selbstverständnis. Darin beschwor er seine Loyalität gegenüber den spanischen Herrschern und verwies auf die speziellen Anforderungen in der besonderen Situation neuentdeckter, so ganz andersartiger Regionen; nur daran könne man seine Leistungen oder Verfehlungen messen: »Sie beurteilen mich, als ob ich Statthalter wäre von Sizilien oder von einer Stadt oder Gemeinde, die eine geordnete Regierung hat und wo die Gesetze vollständig eingehalten werden können, ohne Angst, daß alles verlorengeht. Diese Art, mich zu beurteilen, gereicht mir zu großem Nachteil. Ich sollte vielmehr beurteilt werden wie ein Heerführer, der Spanien verließ, um bis nach Indien kriegerische und zahlreiche Völker zu erobern, die einen anderen Glauben und andere Sitten haben als wir. Dort habe ich durch göttlichen Willen eine neue Welt *(otro mundo)* unter die Herrschaft des Königs und der Königin, unserer Herren, gebracht, so daß Spanien, das vorher arm genannt wurde, jetzt das reichste Land ist«. Wenn er geirrt habe, sei es nicht aus der Absicht heraus geschehen, etwas Böses zu tun. Es ist interessant und bezeichnend, wie Kolumbus in diesem Kontext die Indios zeichnet: Nicht mehr von den friedfertigen und unschuldigen Indios des ersten Briefes ist die Rede, nun wird die Andersartigkeit als Fremdheit und Gegnerschaft hervorgehoben, die ordnende Gestaltung erschwerte. Allerdings sah er die Unordnung auch durch Habgier der Spanier mitverursacht.

Die »Kleinen Entdeckungsfahrten«

Kolumbus hatte zu dieser Zeit auch immer mehr mit Konkurrenten zu kämpfen, die auf seinen Spuren Entdeckungsfahrten unternahmen und seine Rechte einzuschränken drohten. Sein Bericht von seiner dritten Reise und die entsprechende Karte über den Küstenverlauf vom Orinoco bis zur östlichen Region des heutigen Venezuela und die Hinweise auf die Perlenfischerei hatten neue Impulse für weitere Entdeckungs- und Handelsfahrten gegeben. Überdies förderten die Katholischen Könige entsprechend ihrem Konzept, sein Monopol abzubauen, solche privaten Unternehmungen, die nicht nur angesichts der sich abzeichnenden Weite der neuen Gebiete, sondern auch angesichts der portugiesischen Erfolge in Übersee – Vasco da Gama war im Sommer 1499 aus dem tatsächlichen Indien zurückgekehrt – geradezu notwendig erschienen, wollte man von den Entdeckungsfahrten wirklich profitieren. So erfolgten ab 1499 mehrere Entdeckungsfahrten, die man allgemein die »Kleinen Fahrten« oder die »Andalusischen Fahrten« nennt. Sie kamen auf Erlaubnis und im Auftrag der Krone als staatlich privilegierte Entdekkungs- und Handelsfahrten zustande. Zu den bekanntesten gehören diejenigen von Hojeda/Vespucci/La Cosa, Pedro Alonso Niño/Cristóbal Guerra, Vicente Yáñez Pinzón und Diego de Lepe sowie Rodrigo de Bastidas. Wie aus den erhaltenen Kapitulationen der Katholischen Könige mit Yáñez Pinzón vom 6. Juni 1499 hervorgeht, mußten die jeweiligen Organisatoren bzw. Kapitäne der Fahrt sämtliche Kosten tragen, konnten aber über die gefundenen, erworbenen oder eingetauschten Waren als freies Eigentum verfügen und wurden gegen Zahlung eines Fünftels vom Reingewinn in die Königliche Kasse von Einfuhr- und Verkaufssteuern befreit.

Alonso de Hojeda, ein Teilnehmer der zweiten Kolumbusreise, Juan de la Cosa, ein erfahrener Seeman und Kartograph sowie der Florentiner Amerigo Vespucci, der 1490 als Vertreter des Bankhauses der Medici nach Sevilla gekommen war, segelten im Mai 1499 mit zwei Schiffen in Richtung Antillen auf der Route der dritten Kolumbusreise. Die Flotte sichtete Land in der Gegend des heutigen Surinam, fuhr an der Küste entlang bis zur Insel Trinidad, umsegelte die Halbinsel von Paria, umfuhr die Insel Margarita und folgte dann westwärts der Küste. Sie mußten feststellen, daß Pedro Alonso Niño und Cristóbol Guerra, die auf der gleichen Route anderthalb Monate später abgefahren waren, ihnen zuvorgekommen waren. Sie passierten die heutige Insel Curaçao, die sie wegen der angeblich angetroffenen großen Menschen »Insel der Giganten« nannten, und trafen im Golf von Venezuela auf Siedlungen, deren Häuser wie in Venedig auf Pfählen im Wasser standen, weswegen sie diese Region Venezuela, Klein-Venedig, nannten. Sie landeten in Coquibacoa auf der Halbinsel Guajira, die sie jedoch für eine Insel hielten. Sie hatten damit eine Küstenregion erreicht, in der sie nicht nur von höheren Kulturen auf dem Hochland des heutigen Kolumbien, von Goldminen und anderen Schätzen hörten, sondern auch handfeste Belege wie Smaragde und feine Goldarbeiten fanden. Auch die begehrten Perlen konnten sie erstehen. Von der Guajira segelten sie direkt nach Hispaniola, mußten sich dort über zwei Monate mit Kolumbus wegen der unerlaubten Verladung von Brasilholz, einem in Europa gefragten Färbholz, auseinandersetzen und kamen Anfang Dezember 1499 wieder in Sevilla an. Sie konnten mit den wirtschaftlichen Ergebnissen zufrieden sein, obwohl ihre Reise nicht so ertragreich gewesen war wie diejenige von Niño und Guerra, die besonders auf Cubagua von den Indios wertvolle Perlen gegen billige Kleinigkeiten wie Nadeln, Spangen, Spiegel oder Glasperlen eingetauscht hatten. Beide Reisen trugen mehr zur Bestätigung eines lukrativen Handels mit den neuen Regionen als zu einer profunderen Kenntnis von der Beschaffenheit des Festlandes bei. Amerigo Vespucci, dessen Brief vom 18. Juli 1500 an Lorenzo di Pier Francesco de Medici eine

Abb. 18: Portolan-Karte mit den neuentdeckten Regionen von Juan de la Cosa (kolorierte Handzeichnung, um 1500)

interessante Skizze über den Verlauf der Hojeda-Fahrt und die Berührung mit Land und Leuten, mit nackten Wilden und Menschenfressern liefert, betrachtete wie schon Kolumbus das Land als Festland, und zwar als Randzone Asiens. Erst zwei Jahre später korrigierte er seine Meinung. Ein wichtiges kartographisches Ergebnis war jedoch die erstmalige Einfügung der neuen Regionen in die bisherige traditionelle Weltdarstellung, wie sie Juan de la Cosa auf seiner berühmten Weltkarte von 1500 vornahm (Abb. 18).

Vicente Yáñez Pinzón, Schiffsführer der »Niña« auf der ersten Kolumbusreise, stach am 1. Dezember 1499 mit vier Schiffen von Palos aus in See. Er nahm von den Kapverdischen Inseln aus südwestlichen Kurs, überquerte so den Äquator und stieß am 26. Januar 1500 auf Land, indem er die Küste Brasiliens ungefähr in der Höhe von Kap São Roque in der Nähe des heutigen Natal erreichte. Als

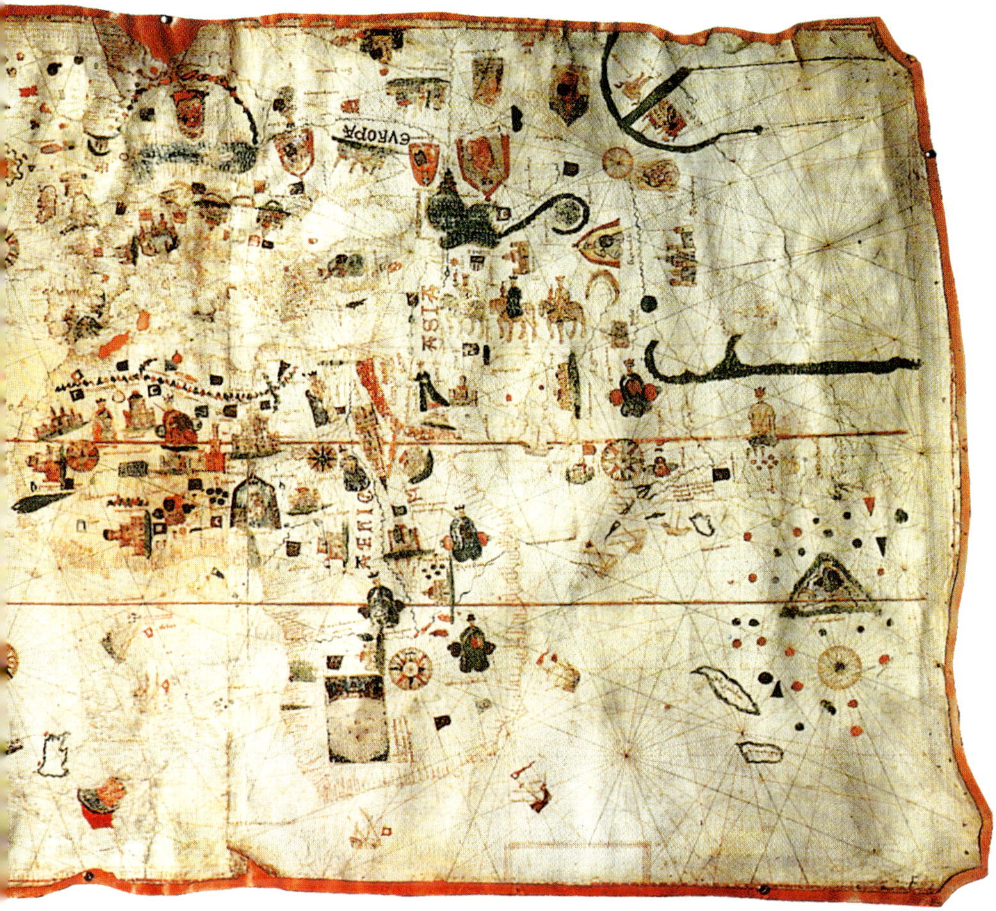

Erstentdecker nahm er das Land feierlich für Spanien in Besitz – irrtümlicherweise, da das Land östlich der Linie von Tordesillas lag. Danach fuhr er in nordwestlicher Richtung die Küste entlang, entdeckte dabei »süßes Meer«, d.h. die Amazonas-Mündung, und schloß mit der Weiterfahrt bis nach Santo Domingo an die bereits durch die dritte Kolumbusreise bekannten Küsten und Gewässer an. Ende September 1500 lief er nur noch mit zwei Schiffen wieder im Hafen von Palos ein. Er hatte die Kenntnisse über den Küstenverlauf erweitert, in wirtschaftlicher Hinsicht jedoch die Geldgeber des Unternehmens enttäuscht, die mit der Entdeckung der Gewürzinseln und entsprechender Waren gerechnet hatten. Die Fahrt des Diego de Lepe, der anderthalb Monate später als Yáñez aus Palos abgesegelt war, sonst aber fast die gleiche Route genommen hatte, war kein wirtschaftlicher Erfolg.

Dennoch blieb die Kunde von Gold und Perlen und von den Möglichkeiten, diese Reichtümer auf einfache Art und Weise durch vorteilhaften Tauschhandel mit »primitiven« Menschen zu erwerben, steter Anreiz zu weiteren Fahrten. Bartolomé de las Casas gibt in seiner »*Historia de las Indias*« (Buch II, Kap. II) einen eindrucksvollen Stimmungsbericht aus dem Spanien um 1500; obwohl er aus der späteren Sicht eines Kolonialkritikers geschrieben ist, dürfte die Situation nicht überzeichnet sein: »Als im Jahr 1500 mit jedem Tag neue Nachrichten kamen, daß das Festland Gold und Perlen besitze, und da diejenigen, die an seine Küsten fuhren, durch Tauschhandel mit Kleinigkeiten von geringem Wert wie grüne, blaue und andersfarbige Glasperlen, kleine Spiegel und Glöckchen, Messer und Scheren usw. viel Gewinn heimbrachten, ... wuchs unter unseren Landsleuten die Begierde, reich zu werden, und es verlor sich die Furcht, so tiefe und weite Meere zu befahren«. Im übrigen ließ sich mit solchem Gewinnstreben weiterhin die Suche nach der westlichen Durchfahrt nach Indien verbinden. Zu denen, die sich schnellen und lukrativen Gewinn erhofften, gehörte auch Rodrigo de Bastidas, ein Bürger aus Sevilla. Er hatte in Sevilla die Kosten für eine Expedition aufgebracht und segelte im September 1501 mit zwei Schiffen von Cádiz ab. Er hatte den erfahrenen Seemann und Kartographen La Cosa verpflichtet; unter seinen Begleitern befand sich auch Vasco Núñez de Balboa, der spätere Eroberer des Isthmus von Panamá und Entdecker des Pazifiks. Sie nahmen die übliche Route der dritten Kolumbusreise, folgten dann weiter der venezolanischen Küste, umsegelten die Halbinsel Guajira und entdeckten die Festlandküste des heutigen Kolumbien bis zur Landenge von Panamá. Sie ankerten in verschiedenen Häfen im Golf von Darién, wo sie im Tauschhandel mit den Indios wertvolle Perlen und Gold erwarben – Reichtümer, die in Hispaniola, ihrer nächsten Anlaufstation, erneut das Gold- und Entdeckungsfieber anheizten.

Die letzte Reise des Kolumbus

Im Rahmen dieser zahlreichen Entdeckungsfahrten erhielt auch Kolumbus noch einmal die Gelegenheit zu einer weiteren Fahrt, als Entdecker schätzten ihn die Katholischen Könige noch immer. Er hatte trotz seiner Enttäuschungen seinen Plan, Indien zu erreichen, nicht aufgegeben. Vasco da Gama hatte das von Kolumbus westwärts gesuchte Indien mit allen seinen wirklichen und erträumten Schätzen auf dem Ostwege um Afrika herum erreicht. Dieses Indien, von dem Kolumbus immer noch überzeugt war, daß es jenseits der von ihm entdeckten Inseln läge, hoffte er von der anderen Seite her durchs offene Meer oder durch eine Meerenge erreichen zu können. Er glaubte, hinter den Westindischen Inseln eine westliche Durchfahrt nach Indien finden zu können, die es ihm ermöglichen würde, um die Welt herum nach Spanien zurückzukehren. Es gelang ihm, den Hof noch einmal für seine neue Unternehmung zu gewinnen. Die Monarchen ermächtigten ihn am 14. Februar 1502 zu einer neuen Expedition, bei der er jedoch nicht die Insel Haiti anlaufen durfte. Wie üblich legte das Herrscherpaar in Instruktionen Ziele und Modalitäten der Reise fest, deren Hauptziel die Erkundung der Durchfahrt nach Indien war. Da Vasco da Gama im Februar 1502 zu seiner zweiten Reise nach Ostindien aufbrach, war Eile angebracht, denn man hoffte, daß Kolumbus auf dem kürzeren westlichen Seeweg eher als der Portugiese die Gewürzländer erreichen werde. Man gab ihm sogar einen Brief an Vasco da Gama mit. Er erhielt die Anweisung herauszufinden, was auf den entdeckten Inseln und auf dem Festland an Gold, Silber, Edelsteinen, Gewürzen und anderen Kostbarkeiten vorhanden sei.

Am 13. April 1502 trat Kolumbus fast 51jährig von Sevilla aus mit vier Karavellen und etwas mehr als hundert Leuten im Sold der Krone – darunter wieder wie bei der ersten Reise arabische Dolmetscher sowie sein Bruder Bartolomeo und sein Sohn Fernando – seine vierte Reise an, über deren Verlauf er selbst in einem Brief vom 7. Juli 1503 an die Katholischen Könige berichtet hat. Sie war von Beginn an vom Mißgeschick verfolgt. Schon bei den Westindischen Inseln geriet die Flotte in einen furchtbaren Sturm, der die Schiffe teilweise schwer beschädigte. An der Südseite von Haiti sammelte Kolumbus seine Schiffe, fuhr an Jamaika vorbei und trieb in nordwestlicher Strömung nach den Inseln Jardines de la Reina vor der Südküste Kubas. Von hier nahm er südöstlichen Kurs, hatte lange mit heftigen Gegenwinden zu kämpfen und landete am 30. Juli auf der Insel Guanaja im Golf von Honduras. In östlicher Richtung fuhr er die mittelamerikanische Küste entlang bis Kap Gracias a Dios – an der Grenze zwischen dem heutigen Honduras und Nicaragua –, wo die Küste nach Süden abbog. Die Fahrt ging weiter entlang den Küsten des heutigen Nicaragua, Costa Rica und Panamá, ohne daß die erhoffte Durchfahrt gefunden wurde. An den Küsten Nicaraguas und Costa Ricas trafen die Spanier in Randgebieten der Mayakulturen auf Völkerschaften, die über eine höhere Kultur als die Inselbewohner verfügten; sie verarbeiteten nämlich Kupfer, waren mit bunten Baumwolldecken und Hemden bekleidet und verwendeten sogar »Geld« in Form von Kakaobohnen. In Cariay an der Küste Costa Ricas, wo Kolumbus seine Schiffe überholen lassen mußte, entnahm er aus Berichten von Indios, daß im Süden verschiedene Goldstätten zu finden seien, woraufhin für ihn feststand, nun in die

Nähe von Ciamba oder Chamba gelangt zu sein, das Mittel- und Südvietnam des Marco Polo. Kolumbus wähnte sich nun tatsächlich am Rande Asiens. Deshalb glaubte er aus den Berichten der Indios über eine südwestlich gelegene Provinz Ciguare – die er mit Ciamba gleichsetzte, mit der die Indios möglicherweise aber Peru meinten – schließen zu dürfen, daß es von Ciguare nur noch zehn Tagesreisen bis zum Ganges seien. Las er hier aus den Zeichen und Gebärden der Indios, mit denen eine andere Verständigung nicht möglich war, das heraus, was er zu erfahren wünschte, so zog er aus weiteren Andeutungen den richtigen Schluß, daß er sich in Veragua an der Küste Panamás, wohin er nun gelangt war, an den Ufern eines Isthmus befand, der zwei Meere voneinander trennte. Die ersehnte Durchfahrt schien in greifbare Nähe gerückt. Am 2. November entdeckte er an der Landenge von Panamá einen schönen und gutgelegenen Hafen, Portobello, doch auf der Weiterfahrt gerieten die Schiffe in schwere Stürme, widrige Winde trieben sie an die Küste von Veragua zurück, wo sie am 6. Januar 1503 in der Mündung des Rio Belén Schutz fanden. Kolumbus war hier auf Gebiet gestoßen, in dem es tatsächlich einige Goldvorkommen gab – in seinen Augen ein weiterer Beleg für die Nähe Cathays.

Er gründete die Faktorei Santa María de Belén als Stützpunkt für die Goldsuche und schickte Trupps ins Landesinnere, um von den Indios Gold zu erpressen. Die Anwendung von Gewalt zog verständlicherweise deren Feindschaft nach sich. Drei Monate lang, während derer er auch die Schiffe reparieren ließ, widmete sich Kolumbus nun der Erkundung des Landes auf der Suche nach Gold, mit dem er den materiellen Erfolg seiner Fahrt beweisen wollte. Er muß zu dieser Zeit geradezu von Goldfieber und dem verzweifelten Wunsch nach Anerkennung durch die Katholischen Könige besessen gewesen sein, anders lassen sich seine Äußerungen über die zu erwartenden Schätze und über die Bedeutung von Gold an sich wohl nicht erklären. In dem »Erfolgsbericht« an die Monarchen schrieb er: »Als ich Indien *(las Indias)* entdeckte, sagte ich, sie seien das reichste Herrschaftsgebiet, das es in der Welt gibt. Ich berichtete von Gold, Perlen, Edelsteinen, Gewürzen mit Handel und Märkten. Doch weil alles nicht so schnell zum Vorschein kam, wurde ich verleumdet. Diese schlechte Behandlung veranlaßt mich, jetzt nur das zu sagen, was ich von den Einwohnern des Landes erfuhr. Eines allerdings wage ich bestimmt zu sagen, denn es gibt viele Zeugen, und das ist, daß ich in diesem Lande Veragua in den ersten beiden Tagen mehr Anzeichen von Gold sah als in Hispaniola während vier Jahren. Auch steht fest, daß die Ländereien in dieser Gegenden nicht schöner sein könnten, daß sie bestens bestellt sind und daß die Bewohner sehr feige sind, daß es einen guten Hafen mit einem schönen Fluß gibt, gut nach außen zu verteidigen. Alles dieses bedeutet Sicherheit für die Christen und Stabilität der Herrschaft verbunden mit großer Hoffnung hinsichtlich der Ehre und der Erweiterung der christlichen Religion. Und die Reise hierhin ist nicht weiter als die nach Hispaniola, denn sie geht mit günstigem Winde. Eure Hoheiten sind jetzt schon in gleicher Weise die Herrscher über diese Länder, wie sie es über Jeréz und Toledo sind. Wenn Eure Schiffe hierhin fahren, so kommen sie in ihr eigenes Haus. Von hier werden sie Gold herausholen. Auch das, was es in anderen Gegenden gibt, soll man mitnehmen, sonst müßten die Schiffe leer zurückkehren. Und an Land sollen sich die Leute einen Wilden *(salvaje)* zum Vertrauten machen. Alles andere, was ich nicht mehr sage, verschweige ich aus den wohlbekannten Gründen .... Das Gold ist überaus vortrefflich; aus Gold macht man Schätze, und wer es hat, der macht mit ihm alles, was er in der Welt nur will; selbst die armen Seelen kann er ins Paradies bringen«. Gemildert wird diese Fixierung auf das Gold allenfalls durch den Verwendungszweck, den Kolumbus – außer der Vermehrung seines Ruhms – immer wieder propagiert hatte: die Zurückeroberung Jerusalems von den Arabern.

Die Indios, die durch das habgierige Verhalten der Spanier zu einer feindlichen Haltung provoziert worden waren, die aber gleichwohl von Kolumbus »Wilde« genannt wurden, und der Mangel an Schutzkräften zwangen ihn dazu, die Siedlung wieder aufzugeben und Mitte April 1503 die Rückreise anzutreten. Allerdings standen ihm nur zwei halbwegs brauchbare Schiffe zur Verfügung, da er die beiden anderen, völlig wurmzerfressenen aufgeben mußte. Zunächst segelte er die mittelamerikanische Küste weiter entlang bis in den Golf von Darién, wo er dann aber auf Drängen seiner Mannschaft nach Norden Richtung Hispaniola beidrehen mußte. So gelangte er nicht bis in die Gebiete an der Küste des heutigen Kolumbiens, die Bastidas auf seiner Fahrt erkundet hatte. Mühsam gegen widrige Winde und Strömungen ankämpfend, strandeten die lecken Schiffe am 25. Juni bei der damals noch wüsten Insel Jamaika – ohne Indien und die Durchfahrt dahin gefunden zu haben. Die Lage der Schiffbrüchigen war verzweifelt. Es bestand kaum Aussicht, von einem spanischen Schiff aufgefunden zu werden, da Jamaika als unattraktiv galt. Die Lebensmittel waren unzureichend, weil die Spanier selbst kaum zur Versorgung beitrugen und die Indios nur gezwungenermaßen Nahrung lieferten und zunehmend feindlicher wurden. Auch die Spanier wurden immer unzufriedener. Kolumbus selbst lag schwerkrank darnieder. Erst nach einigen Monaten wagte ein Seemann namens Diego Méndez, auf einem kleinen Kanu und von einigen Indios begleitet nach Haiti hinüberzurudern und Hilfe zu holen. Das kühne Wagnis gelang, in fünf Tagen und vier Nächten erreichten sie im September die Küste von Haiti. Aber es vergingen noch Monate, bis Gouverneur Ovando ein Schiff mit Lebensmitteln bereitstellte. Erst im Juni 1504 liefen zwei Schiffe zur Rettung der Schiffbrüchigen auf Jamaika aus, die Mitte August in Santo Domingo eintrafen. Von hier aus trat Kolumbus mit Bruder und Sohn am 12. September die Heimreise an.

Am 7. November 1504, nach fast zweidreiviertel Jahren, fand die vierte abenteuerliche Reise des Kolumbus mit der Landung im Hafen von Sanlúcar ein Ende. Am 26. November starb Königin Isabella, die er als seine große Förderin verehrt hatte. Er selbst war körperlich und seelisch ein gebrochener Mann, versuchte aber durch verschiedene Eingaben die ihm zustehenden Rechte und Einkünfte zu sichern. Vom Gichtleiden gequält, kam er im Mai 1505 noch einmal an den Hof in Segovia, wo Ferdinand den großen Entdecker zwar mit Achtung und Anerkennung empfing, ohne aber weiter auf seine Anliegen einzugehen. Dieser bat darum, seinen Sohn Diego statt seiner mit der Verwaltung »Indiens« zu betrauen. Er folgte dem Hof nach Salamanca und Valladolid und starb hier, nachdem sich sein Leiden verschlimmert hatte, unbeachtet, wenn auch nicht arm, am 20. oder 21. Mai 1506.

Kolumbus hatte mit seinen vier Reisen die wichtigsten Inseln in der Karibik und Teile des süd- und mittelamerikanischen Festlandsküste entdeckt und die Grundlagen für weitere Entdeckungen gelegt. Mit seinen Hinweisen auf den Reichtum der Länder hat er letztendlich auch Impulse für deren Eroberung und nachfolgende Kolonisation geliefert, die sich dem damaligen Zeitverständnis entsprechend als Christianisierung darstellte. Auch Kolumbus dachte in diesen Kategorien, wenn er seit der ersten Fahrt seinen Namen Christopher in Christoferens – Christusträger – veränderte und als Unterschrift gebrauchte (Abb. 19). Der erste offizielle Chronist der spanischen Eroberung in Amerika, Gonzalo Fernández de Oviedo, hat den Leistungen des Kolumbus in seiner *»Historia General y Natural de Las Indias«* (Buch I, Kap. IX) folgenden Nachruf gewidmet: »Möge er in Gottes Herrlichkeit eingehen! Denn abgesehen von den Diensten, die er den Königen von Kastilien leistete, verdanken ihm alle Spanier viel; auch wenn viele von ihnen bei der Eroberung und Befriedung *(pacificación)* der Indischen Reiche gelitten und den Tod gefunden haben, so sind viele auch reich geworden und haben ausgesorgt. Und was noch mehr ist: Aus den so weit von Europa entfernten Ländern, wo man dem Teufel so sehr diente und huldigte, haben ihn (den Teufel) die Christen vertrieben; und in so entlegenen und fremdartigen Regionen und so großen Reichen und Herrschaften haben sie unseren heiligen katholischen Glauben und die Kirche Gottes verbreitet, aufgrund der Vorarbeiten des Admirals Christoph

Abb. 19: Unterschrift des Kolumbus

Kolumbus. Außerdem sind schon solche Reichtümer an Gold, Silber, Perlen und anderen Schätzen und Handelswaren nach Spanien geschafft worden und werden auch zukünftig geschafft, daß kein vernünftiger Spanier jemals solche Wohltaten vergessen wird, die seinem Vaterland mit Gottes Hilfe durch die Hand jenes ersten Admirals von Indien zugeflossen sind«.

Der Ruhm von Kolumbus hat nicht immer gestrahlt; angesichts seines ambivalenten Verhaltens den Indios gegenüber und der merkwürdigen Vermischung von Goldrausch und Religiosität sowie der ihm persönlich zur Last gelegten negativen Folgen der »Entdekkung« für die eingeborene Bevölkerung ist heute sein Ruhm verblaßt. Kolumbus ist in einer unhistorisch verkürzenden und einseitigen Sichtweise auf die Anklagebank geraten, so als ob er für die gegenwärtige Situation verantwortlich sei. Es hat den Anschein, als ob er geahnt hätte, daß man ihm später vorwerfen würde, unwürdigen Nachfolgern und Ausbeutern den Weg gezeigt zu haben. In der ausweglosen Situation als Schiffbrüchiger auf Jamaika resümierte er – allerdings frei von jeglicher Selbstkritik – in dem Schreiben vom 7. Juli 1503 seine bisherige Entdecker- und Missionstätigkeit: »Ich halte das, was diesmal gewonnen wurde, die Goldgruben mit diesem Hafen und Hinterland für wichtiger als alles andere, was bisher in Indien geschehen ist. Dies ist kein Kind, das man einer Stiefmutter zum Aufziehen geben darf. Denke ich an Hispaniola, an Paria und an die anderen Lande, dann muß ich weinen. Ich hatte geglaubt, daß die schlechten Erfahrungen mit ihnen fürderhin zur Warnung dienen würden; doch im Gegenteil. Sie liegen hilflos darnieder, und auch wenn sie nicht sterben, leiden sie an einer unheilbaren und langwierigen Krankheit. Wer sie soweit heruntergebracht hat, der möge jetzt mit dem Heilmittel kommen, wenn er es hat und kennt. Beim Zerstören ist jeder ein Meister .... Sieben Jahre habe ich am Königlichen Hof vorgesprochen; sprach man damals mit jemand von meinen Plänen, dann sagten alle einmütig, es sei ein Scherz. Jetzt stellen selbst die Schneider Anträge auf Entdeckungsreisen.

Man glaube mir, sie werden nur Stückwerk vollbringen; läßt man sie gewähren, so werden sie Gewinne einstreichen – zum Nachteil meiner Ehre und zum Schaden für die ganze Angelegenheit«.

»Amerika« erhält seinen Namen

Portugal war entsprechend den Regelungen von Tordesillas an den Entdeckungen und Erkundungen Westindiens kaum beteiligt, da es sich in seiner überseeischen Expansion auf Afrika bzw. auf den ostindischen Raum konzentrierte. Nur durch Zufall erhielt es davon Kenntnis, daß ihm mit der Grenzlinie auch ein Teil der neuen Regionen im Westen zugefallen war. Eine zu weit nach Westen abgetriebene portugiesische Ostindien-Flotte unter Pedro Alvarez de Cabral hatte im April 1500 Land berührt und für Portugal in Besitz genommen. Mehrere Expeditionen wurden ausgeschickt, um zu klären, daß dieses Land, das nach dem in den Tropenwäldern gefundenen zur Rotfärbung geeigneten Brasilholz den Namen Brasilien, *Terra do Brasil*, erhielt, zum portugiesischen Einflußgebiet gehörte. In der Folgezeit blieb Brasilien ein wichtiger Stütz- und Anlaufpunkt für die portugiesischen Ostindien-Flotten. Weitere kolonisatorische Anstrengungen unternahmen die Portugiesen bis zur Mitte des 16. Jahrhunderts nicht.

An einer dieser portugiesischen Expeditionen, in den Jahren 1501/1502, nahm wohl als Kosmograph und Astronom auch der Florentiner Amerigo Vespucci (1451–1512) teil, der schon an der Entdeckungsfahrt des Spaniers Hojeda 1499 entlang der venezolanischen Küste beteiligt gewesen war. Die von König Manuel I. 1501 zur Erkundung der brasilianischen Küste entsandte portugiesische Expedition unter der Leitung von Gonçalo Coelho überquerte von Guinea in Afrika aus den Ozean, erreichte die brasilianische Küste bei Kap São Roque (nördlich des heutigen Natal) und folgte ihr nach Süden bis kurz vor die Mündung des Rio de la Plata, ohne diese jedoch befahren zu haben. Über diese Fahrt und seine Eindrücke von Land und Leuten an der brasilianischen Küste, über die neuentdeckte Region überhaupt hat Amerigo Vespucci in einem Brief vom September 1502 an Lorenzo di Pier Francesco de Medici berichtet. Der Inhalt dieses Briefes erschien dann in erster Auflage 1503 in Paris, danach in zahlreichen lateinischen und volkssprachigen Ausgaben in ganz Europa, meist im Umfang von vier bis acht Seiten. Bis zur Mitte des 16. Jahrhunderts hat es mindestens fünfzig Editionen gegeben, davon allein in Deutschland mindestens zehn lateinische und dreizehn volkssprachige, wobei die meisten auf dem Text der ersten lateinischen Pariser Ausgabe basierten. Kein anderer Text über die

Entdeckung hat in Europa eine solche Resonanz gefunden und ist in so vielen Ausgaben erschienen.

Im Unterschied zum Kolumbus-Brief wies – zumindest in den Editionen nach der Pariser Ausgabe – schon der Titel des veröffentlichten Berichts von Vespucci, *»Mundus Novus«* in den lateinischen bzw. *»Von der neuw gefunden Region die wol ain welt genent mag werden«* in deutschen volkssprachigen Ausgaben, darauf hin, daß es sich bei den »Inseln und Ländern im Indischen Meer« nach Vespuccis Meinung nicht um Anhängsel Asiens, sondern um bisher unbekannte Regionen, um eine eigene Landmasse handelte. Die Beschreibung Vespuccis erfaßte die geographischen Gegebenheiten, die Pflanzen und Völkerschaften und den Sternenhimmel über den neuentdeckten Gebieten tatsächlich als etwas »Neues« und erkannte die Landmasse nun als einen eigenen Kontinent, was bekanntlich dann 1507 die beiden Geographen Martin Waldseemüller und Matthias Ringmann dazu veranlaßte, in ihrer *»Cosmographiae Introductio«* auf der Weltkarte für den vierten Kontinent den Namen *Amerika* nach Amerigo vorzuschlagen. Sie stützten sich dabei auch auf eine angeblich von Vespucci stammende und in ihrer *»Cosmographia«* enthaltene Reisesammlung *»Quatuor Navigationes«*, die wohl eine Fälschung darstellt, denn von Vespucci sind nur die beiden schon erwähnten Reisen verbürgt. Im Text der von Matthias Ringmann lateinisch verfaßten Introductio heißt es: »Jetzt aber sind auch diese Erdteile Asien und Afrika schon weiter erforscht und ein anderer vierter Teil ist durch Americus Vesputius … gefunden worden. Da sowohl Europa als auch Asien ihre Namen nach Frauen genommen haben, wüßte ich nicht, warum jemand mit Recht dagegen sein könnte, diesen Erdteil nach seinem Entdecker Americus, einem Mann von scharfsinnigem Verstand, ›Amerige‹, gleichsam Land des Americus, oder ›America‹ zu benennen …. So weiß man nun, daß die Erde in vier Teile unterteilt ist« (Abb. 20). Auf diese Weise wurde nicht der eigentliche »Entdecker« Kolumbus, der das Neue bis zu seinem Tod nicht erkannte, sondern Amerigo Vespucci zum Namensgeber für den Kontinent, der wie die bisher bekannten Erdteile einen weiblichen Namen erhielt und in Allegorien der Erdteile entsprechend als weibliche Figur erschien. Die Landung Vespuccis, wie er als Europäer ausgerüstet mit den technischen Instrumenten des Seefahrers einer nackten »Amerika« begegnet, wurde zu einem beliebten Motiv (Abb. 21).

Wie bei Kolumbus klingen auch bei Vespucci in der Art, wie er Schönheit und Reichtum der Landschaft, die milden Hügel, großen Flüsse und heilsamen Quellen, die freundlichen, hilfsbereiten, im Naturzustand lebenden Menschen beschreibt, Vorstellungen vom Paradies an, Züge, die in der Rostocker Ausgabe in einem Holz-

Abb. 20: Weltkarte von Martin Waldseemüller:
Amerika-Darstellung und Porträtmedaillon von Vespucci (1507)

Abb. 21: Vespucci und Amerika
(kolorierter Kupferstich von Jan van der Straet und Theodore Galle, 1589)

schnitt klar erfaßt sind, wenn zwei nackte Indios, Mann und Frau, entsprechend der zeitgenössischen Darstellungen des Sündenfalls gezeigt werden (Abb. 22). Was die Europäer aber vor allem erregt haben muß, waren die Informationen über die Lebensgewohnheiten der Tupinamba. Das betraf weniger den korrekt beschriebenen Federschmuck oder die Sitte, sich Steine durch Nase und Wangen zu bohren – in diesen Beschreibungen bewies Vespucci geradezu ethnologische Fähigkeiten –, als vielmehr ihre als schamlos empfundene Nackheit, ihre Geilheit und Promiskuität, das Fehlen von Privateigentum, von politischer Ordnung und Religion sowie vor allem den Kannibalismus, den Verzehr von angeblich zum Räuchern aufgehängten Menschenfleisch. Diese Textpassagen haben das Interesse von Autoren, Verlegern, Druckern, Illustratoren und auch des Publikums geweckt, auf sie konzentrierten sich bald die Ausgaben wie beispielsweise der Baseler Druck aus dem Jahre 1505. Nach der Beschreibung des Landes, der Tiere und Pflanzen, der tropischen Üppigkeit heißt es über die Menschen: »So haben wir in dysen landen vnd region funden so vil vnd grosse der völckerscharen vnd leuten, daz die niemand erzelen möchte als man list in Apocalipsi / Ein volck sah ich ein mylt gütig vnd hantweisyg vnd gand alle nackend beide weyb vnd mann / vnd gantz an bedekung ir leyben an allen enden / vnd wie sy aus mutter leib kummen also gand sy biß das sy gesterben / dann sie synd groß von leyb vierschrötig wol geschickt / guter schöner gelidmaß vnd geferbt ettlicher maß gegem roten / Das ich mein dyse von der ursach kumen das sy nackend gand vnd von der sonnen bescheynen also geferbt werden / Sy haben auch weyt vnd groß harlock und schartz«.

Vespucci beschreibt dann weiter die Sitte, sich Steine in Nasen und Wangen zu bohren, womit sie sich seiner Meinung nach verunzieren. Weiterhin geht er auf ihre Geilheit und Promiskuität ein: »Eyn ander syt vnd weyse ist auch under vnd bey inen gnug abweysig und wider alle menschliche glaubung / Das ir frawen die eben gelüstig vnnd geill synd / vnnd iren mannen machen das innen ir bauch geschwellen in sollicher übermestung das sy vngestalt vnnd schmehlich erscheynen vnnd das tund sy mit etwas funden vnd zu nahrung ettlicher gyfftigen thieren. Vnd von sollicher sach geschicht das inen vil ir gemecht verlieren die inen von mangels wegen der artzney faulen vnd beleiben an gemecht / Si haben kein tuch noch deck weder leines noch baumwolles / dann sy es nit bedörffen vnnd haben kein eygen gutt / Sunder alle ding synd innen gemeyn / Sy leben allesampt an ein künig vnd an ein gebietter vnd ist yr yeglicher im selbs ein her / So vil weyber nemen sy so vil sy wollen / vnd der Sun mit der muter / vnd der bruder mit der schwester vnd der erst mit der ersten vnd der begegner mit der begegneten ver-

Abb. 22: Nackte Indios
(Holzschnitt, Frontispiz des Vespucci-Briefs, Rostocker Ausgabe 1503-1505)

uneynigen sich / Als dick als sy wollen scheiden sy die die vermehlichte / vnnd haben in sollichem gantz keyn ordnung / Darumb haben sy keynen tempel vnd halten kein gesatzt vnd synd nyt abgötter …« (Abb. 23).

Am phantastischsten aber klang die Beschreibung des Kannibalismus: »Die scharen des volcks haben auch krieg / vnd an kunst vnd ordenung / eltern mit iren reten vnd gebotten vnderbygen die iungen zu thun was sy wollen vnnd rüsten sy zu schlahen / vnd welche sy also im krieg vnd streytt fahen die furen sy hyn mit dz sy die bey leben lassen sunder inen selbs behalten das sy da von mestigen vn sy essen denn einer den andern der do obligt den der vnderligt essen vnd vnder andern fleisch ist inen menschen fleysch gemeynlich ir speyse / Dyser dingen aber solt du gewyß seyn das dyser zeytten gesehen ist das der vatter sein Sune vnd sein gemagel gessen hat / Vnd ich hab einen gekennt mit dem ich auch selbs

Abb. 23: Die »Geilheit« der Indias
(Holzschnitt aus Amerigo Vespuccis »Diß büchlein...«, Straßburger Ausgabe 1509)

geredt von dem sy sagten das er mer dann von dreyhundert menschen leiben gessen hat / Vnd bin in einer Stat gestanden syben vnd zweitzig tag da ich gesehen hab in den heusern gesaltzen menschen fleysch vnnd auffgehenckt ze derren / wie dann bey vns gewöhnlich ist Speck vnd schweyne fleysch auffzehencken«.

Dieser Bericht über den Naturzustand der Indios, über die fehlenden Vorstellungen von Privateigentum, über das Fehlen politischer Ordnung und Religion, über ihre als schamlos empfundene Nacktheit, ihre Promiskuität und die Menschenfresserei hat wie kein anderer die Phantasie der Europäer erregt und gerade auch in Deutschland zu oft reißerischen Illustrationen über den »wilden und barbarischen« Indio geführt. Verschiedene »Ausgaben« des Briefes wurden geradezu auf diesen einen Aspekt reduziert wie etwa jener Einblattdruck aus dem Jahr 1505, der die »Schlacht- und Räucherszene« in Bild und Text wiedergibt (Abb. 24). Solche Darstellungen, die Maßstäbe wie den Grad der Bekleidung, staatliche Ordnung, europäische Moralvorstellungen und christliche Religion enthielten, erschwerten in Europa das Verstehen und das Akzeptieren anderer Kulturen.

Abb. 24: Kannibalismus (Holzschnitt, Augsburg 1505)

Die Eroberung und Siedlung im karibischen Raum

»Auch ihre Köpfe sind nicht wie die anderer Menschen .... Und entsprechend dieser groben Schädelform haben sie auch nur tierischen Verstand und einen unmoralischen Charakter.«
Gonzalo Fernández de Oviedo

Für die ersten beiden Jahrzehnte des 16. Jahrhunderts wurden zunächst Hispaniola mit der Hauptstadt Santo Domingo und dann ab 1511 auch Kuba die wichtigsten Operationsbasen für die weiteren Aktionen Spaniens in *Las Indias*. Das betraf sowohl die weiteren Entdeckungen und Eroberungen, die sich zunächst noch auf den Karibikraum, die Antillen und dann auf die zentral- und südamerikanischen Küsten beschränkten, als auch die Entwicklung der Siedlungs- und Kolonisierungspolitik.

Den westindischen Inselraum sowie die Küstenverläufe des Festlandes in südlicher Richtung, im Karibikbogen der mittelamerikanischen Landenge und im Golf von Mexiko kannte man am Ende des ersten Jahrzehnts im 16. Jahrhundert nur bruchstückhaft. Auch die Frage, ob es eine Meerenge, eine Durchfahrt nach Asien gebe, die Kolumbus und andere vergeblich gesucht hatten, war immer noch offen. Deshalb waren die weiteren Expeditionen der geographischen Erkundung gewidmet, was allerdings die Suche nach Gold und Reichtümern nicht ausschloß. Im Gegenteil, Entdeckungsunternehmungen, die zugleich von Spanien, aber zunehmend auch aus den neuen Regionen, vor allem von Hispaniola und von Kuba ausgingen, waren häufig durch die Nachricht von neuen Goldfunden motiviert.

Die Eroberung der mittelamerikanischen Küste und die Entdeckung des »Südmeers«

Die spanische Krone war weiterhin organisatorisch und finanziell an einzelnen Unternehmungen beteiligt, indem sie die Genehmigung für die Expeditionen erteilte und die Amtspersonen benannte. Im Juni 1508 stach nach Beratungen eines Seefahrerausschusses *(Junta de Navegantes)*, den König Ferdinand nach Burgos einberufen hatte, eine staatlich finanzierte Entdeckungsexpedition unter den bewährten Kapitänen Vicente Yáñez Pinzón und Juan Díaz de Solís mit dem Auftrag in See, eine Passage nach Indien im mittelamerikanischen

Raum zu suchen. Die Flotte segelte an Hispaniola vorbei in Höhe der Guanajos-Inseln auf die mittelamerikanische Küste zu, an der sie in nördlicher Richtung bis in den Golf von Mexiko an die Mündung des Panuco-Flusses, in der Nähe der heutigen Stadt Tampico entlangfuhr. Als die Flotte im August 1509 zurückkehrte, hatte die Expedition zwar die gesuchte Durchfahrt nach Indien nicht gefunden, aber ihr Mißerfolg – abgesehen von der Landnahme – wies doch zukünftigen Entdeckungsfahrten die Richtung: Wenn überhaupt, dann war eine Passage nur in südlicher Richtung entlang der südamerikanischen Küste zu finden. Tatsächlich richtete sich das Interesse Spaniens nun verstärkt auf den Südatlantik – vor allem auch, seitdem Balboa 1513 das Meer auf der anderen Seite der mittelamerikanischen Landbrücke, von dem schon Kolumbus gehört hatte, tatsächlich entdeckt hatte.

Vasco Núñez de Balboa, im westindischen Raum nicht ganz unerfahren, hatte sich auf der Flucht vor Gläubigern von Hispaniola aus an den Golf von Darién begeben, wohin es viele Spanier auf der Suche nach Gold und Reichtum drängte. Seit der Seefahrerausschuß von 1508 im November 1509 zwei Expeditionen unter Diego de Nicuesa nach Veragua/Panamá und Alonso de Hojeda an die Küste Kolumbiens entsandt hatte, waren hier an der Nordküste des heutigen Kolumbien und am Golf von Urabá erste spanische Niederlassungen entstanden. Während die Expedition Nicuesas bald aufgerieben war, gelang es Hojeda nach anfänglichen kriegerischen Auseinandersetzungen mit Indios in der Gegend von Cartagena, weiter westlich am Golf von Urabá eine Siedlung zu errichten. Durch die Gefechte zermürbt, begab er sich nach Hispaniola, um Hilfe für die überlebenden Spanier zu holen. Während er selbst krank auf Hispaniola zurückblieb, wo er ein Jahr später starb, fuhr an seiner Stelle Martín Fernández Enciso, ein Jurist, mit Verstärkung an den Golf von Urabá zurück. In dessen Schiff hatte sich Balboa als blinder Passagier versteckt. Bald erwies sich der etwa 35jährige Balboa als anpackender und tatkräftiger Organisator, der für die rauhe Gegend und für die Schar von Abenteurern geeigneter war als der Rechtsgelehrte Enciso. Er wurde zum Anführer der neuen Siedlung Santa María de la Antigua in Darién und ließ Enciso absetzen und nach Spanien befördern. Ebenso verfuhr er mit Nicuesa, der von seiner Expedition halbtot in Darién ankam, das innerhalb der ihm zugewiesenen Amtszone lag. Balboa ließ ihn jedoch wegen Amtsüberschreitung anklagen und ausweisen; Nicuesa ist dann auf See umgekommen.

Santa María de la Antigua aber wurde unter der Führung Balboas, der vom Vizekönig auf Hispaniola, Diego Colón, zum vorläufigen Gouverneur und Generalkapitän ernannt worden war, zum Ausgangspunkt zahlreicher Beutezüge auf der Suche nach Gold, von dem schon Kolumbus berichtet hatte. Die Erkundung der Landenge von Darién und Beutezüge westwärts entlang der Küste oder ins Landesinnere, so auch den Fluß Atrato aufwärts, wo man das sagenhafte Goldland zu finden hoffte, gingen Hand in Hand. Bei seinem Vorgehen gegen die Indios wandte Balboa die übliche Eroberungstaktik von Gewalt und Einschüchterung, Hilfeleistung und Diplomatie an. Dadurch, daß er die Tochter des Kaziken von Careta heiratete, den er zuvor in seine Hand gebracht hatte, dann aber gegen andere Stämme unterstützte, verschaffte er sich wertvolle Hilfstruppen und konnte so das Land unterwerfen, rebellierende Indios als Sklaven gefangennehmen und Gold zusammenbringen. Auf diese Art erhielt er auch Informationen über ein »anderes Meer« mit Perleninseln und weiteren Reichtümern. In einem Brief vom 20. Januar 1513 berichtete er dem König von den großen Geheimnissen, wunderbaren Reichtümern und ergiebigen Goldminen, die er entdeckt habe. Er scheute sich nicht, dabei auch auf seine oft gewaltsamen Methoden einzugehen: Gold habe er auf verschiedene Art ausfindig gemacht, sowohl mit Gewalt und Folter als auch mit Liebe oder im Austausch gegen spanische Geschenke. Im Hinblick auf die zu entdeckenden großen Goldschätze und den Perlenreichtum am »anderen Meer«, von dem er durch die Indios erfahren habe, bat er um die Entsendung von ausgerüsteten und an das Klima gewöhnten Männer aus Hispaniola, ferner um Waffen, Vorräte und Baumaterial u.a. auch für Schiffe.

Anfang September 1513 brach Balboa – ohne ausdrückliche Legitimation – mit 190 Spaniern, unter ihnen auch Francisco Pizarro, und 600 indianischen Trägern zur Suche nach dem »anderen Meer« auf. Entsprechend den Informationen seiner indianischen Bundesgenossen segelte er zunächst von Darién die Küste in westlicher Richtung entlang bis zu einer Stelle, wo die Landenge bis zur gegenüberliegenden Bucht von San Miguel nur circa 80 Kilometer breit ist und die ungefähr auf der Höhe des späteren Acla lag. Von hier aus begann ein strapaziöser Marsch quer über den Isthmus durch zerklüftetes Bergland, durch Flüsse und Moore und durch dichten tropischen Regenwald, in dem sich die Indios der Eindringlinge erwehrten. Am 25. September 1513 sah Balboa, der das letzte Stück Weg allein vorgegangen war, als erster Europäer das »andere Meer«, das er »Südmeer« *(Mar del Sur)* nannte, da die Landenge in Ost-West-Richtung verläuft. Am 29. September begab er sich mit einigen Leuten an die Küste des Golfs, den er nach dem Festtag des Erzengels Michael Golf von Sankt Michael *(Golfo de San Miguel)* nannte, und nahm das Südmeer mit allen angrenzenden Gebieten feierlich und mit den vorgeschriebenen symbolischen Handlungen für Spanien in Besitz (Abb. 25).

Abb. 25: Balboa nimmt Besitz vom Pazifischen Ozean (Zeichnung, Madrid 1601-1615)

Gonzalo Fernández de Oviedo, der ein Jahr später mit dem neuen Gouverneur Pedrarias Dávila als Schreiber und Inspektor der Goldschmelze nach Darién kam, dort noch zahlreiche Teilnehmer des denkwürdigen Entdeckungszuges persönlich kennenlernte, insgesamt viele Jahre in Amerika lebte und 1533 zum offiziellen Chronisten der Entdeckung und Eroberung ernannt wurde, hat diese Szene in seiner »*Historia General y Natural de las Indias*« (Buch XXIX, Kap. III) detailliert beschrieben: »Am 29. des Monats, dem Sankt Michaels-Tag, nahm Vasco Núñez 26 bewaffnete Männer mit sich, diejenigen, die ihm am kräftigsten schienen, ließ die anderen hier in Chapes zurück, und ging direkt auf die Südmeerküste zu, jenen Golf, den er nach dem Heiligen Michael benannt hatte .... Er und die mit ihm waren, setzten sich und warteten, bis das Wasser wieder stieg; denn meerwärts war lauter Schlamm und der Zugang war schlecht. Während sie warteten, stieg das Meer vor aller Augen zusehends: es kam die Flut mit großer Gewalt. Da nahm der Hauptmann Vasco Núñez im Namen Seiner erlauchten Majestät des Katholischen Königs Don Fernando, des Fünften seines Namens, und der erlauchten Katholischen Königin Doña Juana, seiner Tochter, für die Krone und das Zepter von Kastilien die königliche Fahne Ihrer Hoheiten in die Hand, auf welcher ein Bild der heiligen Jungfrau Maria, unserer Herrin, mit ihrem lieben Sohn, unserem Erlöser, in den Armen, und am Fuße des Bildes das königliche Wappen von Kastilien gemalt waren, watete mit gezogenem Schwert und einem Schild in der Hand in das salzige Wasser des Meeres hinein, bis es ihm zu den Knien ging und rief, während er auf und ab schritt: ›Es lebe der König Don Fernando und die Königin Doña Juana, die hohen und mächtigen Könige von Kastilien, León und Aragón etc. Ich nehme und ergreife in ihrem Namen und für die Krone von Kastilien hier und jetzt unwiderruflich faktisch und körperlich *(real y corporal)* Besitz von diesen Meeren und Ländern und Küsten und Häfen und Inseln des Südens, mit allen angrenzenden Königreichen und Provinzen.... Wenn ein anderer Fürst oder Hauptmann, Christ oder Ungläubiger... einen Rechtsanspruch erhebt auf diese Länder und Meere, bin ich bereit und gerüstet, ihm zu widersprechen und entgegenzutreten im Namen der Könige von Kastilien,... denn ihrer ist dieses Reich und die Herrschaft hier in Indien...‹. Diese Sechsundzwanzig und der Notar Andrés de Valderrábano waren die ersten Christen, die ihre Füße in das Südmeer tauchten, und alle probierten mit den Händen das Wasser und führten es zum Munde, wie etwas noch nie Dagewesenes, um festzustellen, ob es salzig sei wie das andere Meer im Norden; und als sie merkten, daß es salzig war, und sie sich vor Augen führten und bewußt machten, wo sie sich befanden, dankten sie Gott unzählige Male.... Hier nahm Vasco Núñez weitere Handlungen zum Zeichen der Besitzergreifung vor: Er zog seinen Dolch aus dem Gürtel und schnitt ein Kreuz in einen Baum, an den das Seewasser schlug; und machte weitere Kreuze an zwei anderen Bäumen, damit es drei wären zu Ehren der Heiligen Dreifaltigkeit, Vater, Sohn und Heiliger Geist, drei Personen in einem wahren Gott, in dessen Namen er für Kastilien und die erlauchten regierenden und zukünftigen Könige Besitz nahm. Dann machten alle Anwesenden viele Kreuze in weitere Bäume und fällten einige davon mit ihren Schwertern, so die Besitznahme fortsetzend. Und alles ließ der Hauptmann Vasco Núñez beurkunden. Dann kehrte er zu den Hütten des Kaziken Chape... zurück.... Während er dort Rast hielt, bemühte sich der Hauptmann Vasco Núñez, mit dem Lande Frieden zu schließen. Zu diesem Zweck schickte er seine Boten und Dolmetscher überall hin, um den Indios Mut zu machen und ihre Freundschaft zu gewinnen« (übersetzt von Liselotte Engl).

Die Entdeckung des Südmeers bedeutete in der spanischen Entdeckungsgeschichte nach der Entdeckung Amerikas durch Kolumbus den zweiten großen Höhepunkt. Fast 21 Jahre, nachdem Kolumbus in *Las Indias* zum ersten Mal Land betreten hatte, stand fest, daß es das Meer, von dem er schon 1504 gehört hatte, tatsächlich gab und damit auch einen Weg über das Meer weiter bis nach Indien. Es hatte sich gezeigt, daß die Landbarriere zwischen Atlantik und Südmeer zumindest über Land zu überwinden war. Die spanische Expansion war einen weiteren Schritt vorangekommen. Die erste Begegnung eines Europäers mit dem Südmeer ist in der Literatur als eine der »Sternstunden der Menschheit« (Stefan Zweig) bewertet worden. Für zahllose Indios jedoch, auf die Balboa während dieses Zuges stieß und die sich den Spaniern und ihrer Goldgier widersetzten, bedeutete sie das Kennenlernen einer neuen Brutalität. Zwar zogen sich manche Stämme vor den heranrückenden Spaniern zurück, doch ließen sich Auseinandersetzungen nicht vermeiden. In solchen Gefechten nutzte Balboa nicht nur den Vorteil seiner Feuerwaffen aus, deren Knall und Getöse die Indios oft mehr beeindruckte als die Wirkung der Kugeln selbst, sondern er setzte auch die gefährlichen Bluthunde ein, gegen die die Indios machtlos waren. Auch bei Strafaktionen gegen Indios bediente er sich dieser Bluthunde. Pedro Mártir de Anglería, ein gebürtiger Italiener, der das Amt eines Hofchronisten in Spanien bekleidete und als solcher Zugang zu mündlichen und schriftlichen Augenzeugenberichten besaß, beschreibt in seinem Werk *»De orbe novo decades octo«* aus dem Jahr 1530, einer Sammlung von Briefen aus Spanien an seine italienischen Freunde, in der 3. Dekade, Kap. I eine dieser Strafaktionen nach der Einnahme eines Widerstand leistenden Dorfes: »Vasco bemerkte, daß das Dorf jenes Kaziken von Quarequa von einem schändlichen Laster befallen war. Er nahm Anstoß daran, daß der Bruder des Kaziken *(reguli)* und mehrere andere Personen in Frauenkleidern gingen und nach dem Zeugnis von Nachbarn der gleichen Leidenschaft frönten. Er befahl, daß ungefähr vierzig dieser Leute von den Hunden zerrissen werden sollten. Gewöhnlich benutzen die Spanier ihre Hunde in den Gefechten gegen diese nackten Völker, auf die sie sich rasend stürzen wie auf wilde Keiler oder flüchtige Hirsche. Und die Spanier machen die Erfahrung, daß ihre Hunde gern bereit sind, mit ihnen Gefahren zu bestehen, in ähnlicher Weise wie die Leute von Colophon oder Castabala, die Kohorten von Hunden so für die Kämpfe ausbildeten, daß diese in vorderster Linie kämpften und niemals einen Kampf verweigerten« (Abb. 26).

Nach dieser denkwürdigen Entdeckung machten sich Balboa und seine Leute daran, materiellen Nutzen aus dem Unternehmen zu ziehen. Sie tauschten oder erpreßten Gold und erhielten von den Indios kostbare Perlen von den nahe gelegenen Perleninseln. Auf die Frage nach weiteren Goldschätzen bekamen sie den Hinweis, daß weiter im Süden ein Land mit unermeßlichen Schätzen liege, wo die Herrscher aus goldenen Gefäßen tränken und vierbeinige Tiere die herrlichsten Lasten in die Schatzkammern des Königs trügen: Der Name des Landes klang in den Ohren der Spanier »Biru«. Ein neuer Erwartungshorizont hatte sich aufgetan. Mit Schätzen reich beladen kehrten Balboa und seine Leute Ende Januar 1514 nach Darién zurück, wo die Beute verteilt wurde. Sogar Balboas Bluthund Leoncillo soll als Belohnung für seine Menschenjagden einen Beuteanteil erhalten haben. Doch Balboas Glück dauerte nicht lange. Zwar kam die von ihm ein Jahr zuvor angeforderte Flotte mit Ausrüstung und Männern, die der Goldrausch gepackt hatte, in Darién an; sie brachte aber auch einen neuen Gouverneur mit, Pedrarias Dávila, der auf Betreiben des abgesetzten Enciso von der Krone zur Herstellung von Recht und Ordnung gegenüber dem zu selbständig handelnden Balboa ernannt worden war. Denn noch hatte die Meldung von der Entdeckung des Südmeers Spanien und den Hof nicht erreicht. Allerdings änderte die Krone auch nach Bekanntwerden seiner Entdeckung ihre Entscheidung nicht, sie ernannte Balboa lediglich zum *Adelantado*, Statthalter, des Südmeers. Gouverneur der Region am Isthmus, deren Name »Goldkastilien« noch die Einstellung der Spanier erkennen läßt, blieb Pedrarias Dávila. Dieser sah zwar für den Moment von einem Verfahren gegen Balboa ab, verlobte sogar seine in Spanien lebende Tochter mit ihm, doch nahmen Spannungen zwischen beiden im Lauf der Zeit immer mehr zu.

Balboa unternahm noch einmal eine Überquerung des Isthmus, bei der er sogar Ausrüstung und Material für den Bau von Schiffen mitschleppen ließ, um zu neuen Entdeckungen im Südmeer starten zu können. Das war der erste Transport dieser Art, dem im Laufe der Zeit unzählige andere folgen sollten. Aber die Eifersucht seines Schwiegervaters, mit dem er sich ohnehin schon überworfen hatte – nicht zuletzt wegen dessen brutalen Vorgehens gegen die Indios, von dem er selbst Abstand genommen hatte –, rief ihn nach Darién zurück. Pedrarias Dávila ließ ihn 1519 in einem Scheinverfahren zum Tode verurteilen und hinrichten. Dávila selbst blieb bis zu seinem Tod 1530 in Amt und Würden. Er unternahm oder beauftragte zahlreiche Eroberungszüge auf der mittelamerikanischen Landenge bis nach Nicaragua hinauf, dessen Gouverneur er zuletzt geworden war. Um die Handelswege vom Atlantik über die Landenge und das Südmeer nach Indien für Spanien zu sichern, gründete er auftragsgemäß an der Südmeerküste weiter nordwestlich des Golfs, wo Balboa zuerst das »andere Meer« gesehen hatte, die Stadt Panamá. Nun konnten auf beiden Seiten des Isthmus Schiffe ausfahren, um die Küsten zu erkunden und vom Meer aus die Unterwerfungsaktionen zu begleiten. Was die Behandlung der Indios betraf, folgte er keinesfalls den Anweisungen der Krone, die gerade anläßlich seiner bevorstehenden Expedition neue Verhaltensregeln gegenüber der indianischen Bevölkerung – das *Requerimiento* – erlassen hatte. Der Chronist Fernández de Oviedo machte Pedrarias Dávila für den Tod oder die Versklavung von zwei Millionen Indios verantwortlich.

Abb. 26: Balboa bestraft Indios und überläßt sie den Bluthunden (kolorierter Kupferstich von De Bry, 1594)

Die Suche nach einer Durchfahrt in den Pazifik

Nachdem das Südmeer entdeckt worden war, die Suche nach einer Passage zu Wasser in Mittelamerika jedoch bislang vergeblich verlaufen war, plante man in Spanien nun wieder Südfahrten an der Küste Brasiliens entlang. Zum einen galt es zu erkunden, ob es im Süden eine Passage durch die Landmasse der Neuen Welt, die sich immer mehr als ein eigener Kontinent erwies, zu den begehrten Gewürzinseln nach Asien gab; zum anderen wollte man erfahren, wie weit sich die Landmasse überhaupt nach Süden erstreckte und ob es möglich wäre, von Süden her die Westseite der mittelamerikanischen Landenge zu erreichen. Auf Anordnung König Ferdinands segelte deshalb im Oktober 1515 eine staatlich finanzierte Flotte von drei Schiffen unter dem Kommando des Chefpiloten *(Piloto Mayor)* des Sevillaner Handelshauses, Juan Díaz de Solís, aus Spanien ab. Sie überquerte den Atlantik, hielt auf die brasilianische Küste zu und fuhr ab Kap São Roque südwärts die Küste entlang. Anfang Februar erreichte Solís das Mündungsgebiet eines großen Flusses, der nach ihm Rio de Solís genannt wurde, der heutige Rio de la Plata. Er fuhr am Nordufer flußaufwärts bis auf die Höhe des heutigen Montevideo. Dort ging er mit einigen Begleitern an Land; dabei fiel er in einen Hinterhalt der Indios und wurde getötet, angeblich von Menschenfressern, die ihn, wie Pedro Mártir de Anglería in seiner 3. Dekade, Buch 10, beschrieb, anschließend genüßlich verspeist haben sollen. Ohne jegliches Zögern gab Pedro Mártir mit diesem Bericht, der nur auf Hörensagen beruhte, ein stereotypes Bild vom Kannibalen an der brasilianischen Küste wieder, das sich seit Vespucci in ganz Europa eingeprägt hatte und noch lange weiterleben sollte. Nach dem Tod von Solís wurde die Expedition abgebrochen. Die Überlebenden gelangten mit zwei Schiffen im September 1516 wieder in Spanien an. Es schien, als ob mit dem Rio de Solís die gesuchte Durchfahrt ins Südmeer gefunden war.

Die Expedition bedeutete insofern ein wichtiges Ergebnis, weil an diese erste Erkundung eine weitere Expedition unter dem gebürtigen Portugiesen Fernando de Magellan anknüpfen konnte, als sie im September 1519 von Spanien aus mit fünf Schiffen und 265 Mann Besatzung aufbrach, um die westliche Passage zu finden. Magellan ließ zunächst den Rio de Solís erkunden und stellte fest, daß es sich nur um eine große Flußmündung, nicht aber um die gesuchte Durchfahrt handelte. So fuhr er die Küste weiter in südlicher Richtung entlang. In Patagonien mußte er überwintern und konnte erst Anfang Oktober 1520 weiterfahren. Dabei erreichte er am 21. Oktober jene um die Südspitze Südamerikas herumführende Meeresstraße, die noch heute seinen Namen trägt und ihn nach einer gefährlichen Fahrt durch Riffe, Klippen und Kanäle am 28. November 1520 mit noch drei Schiffen das Meer im Westen erreichen ließ. Es war ein zu dieser Zeit ruhiges Meer, das er deshalb »friedliches Meer«, *mar pacífico*, nannte. Mit der Entdeckung dieser allerdings langwierigen und gefahrvollen Durchfahrt nach Westen war ein weiterer wichtiger Schritt in der Geschichte der Seefahrt und in der Erkundung des amerikanischen Kontinents getan. Magellans Flotte umsegelte zum ersten Mal die Welt; er selbst fand auf den Philippinen den Tod. Am 6. September 1522, fast drei Jahre nach der Abfahrt, kehrten die wenigen Überlebenden dieses Unternehmens – nur noch achtzehn Mann – in den Hafen von Sanlúcar de Barrameda zurück.

Die spanischen Siedlungen auf den Westindischen Inseln

Zu Beginn hatten die Spanier – ähnlich wie die Portugiesen in Afrika – an den Küsten der neuentdeckten Inseln Stützpunkte für den Handel, Faktoreien, gegründet. Das entsprach dem ursprünglichen Konzept der Katholischen Könige, so hatten sie es auch mit Kolumbus vereinbart. Doch schon 1498 waren sie davon abgerückt und hatten auch die Ansiedlung von Spaniern in der Neuen Welt erlaubt. So gründeten die Spanier nun im Anschluß an die Entdeckung und Eroberung neuer Gebiete rasch Siedlungen und schufen damit die ersten Voraussetzungen für die Eingliederung der neuen Gebiete in das spanische Reich. Hierfür mußten in Spanien und in der Neuen Welt entsprechende Institutionen und Instrumente entwickelt werden. Da die Organisation der verschiedenen Entdeckungs- und Eroberungsfahrten nicht mehr allein Kolumbus vorbehalten blieb, sondern zunehmend auch privater Initiative übertragen worden war, gründeten die Katholischen Könige schon 1503 eine Kontrollbehörde, das staatliche Handelshaus, die *Casa de la Contratación*, die von Sevilla und später von Cádiz aus für den gesamten Schiffs-, Waren- und Personenverkehr mit Amerika sowie für die Steuerangelegenheiten und auch die Seemansausbildung zuständig war. Wie zu Zeiten der Reconquista, als in den von den Mauren zurückeroberten Gebieten spanische Siedlungen gegründet worden waren, wurden nun auch in den neuen Regionen, in *Las Indias*, Städte gegründet, die zu Zentren der spanischen Kolonisierung werden sollten.

Schon auf Hispaniola bildeten sich unter der Anweisung der Katholischen Könige und unter der Anleitung des Gouverneurs Nicolás de Ovando die typischen spanischen Kolonisationsmuster heraus. Ihr Ziel war es, die spanischen Entdecker und Eroberer, die Abenteurer und Soldaten – die meist aus dem durch die Strukturen der Reconquista geprägten Kastilien oder Andalusien stammten – zur Sicherung des Landes seßhaft zu machen, ihnen die wirtschaftliche Basis für einen gehobenen Lebensstandard zu geben und zugleich die dafür erforderliche Arbeitskraft zu Verfügung zu stellen. Ovando ließ die Stadt Santo Domingo an einer neuen Stelle entsprechend dem Grundriß spanischer Kolonialstädte aus dem Reconquistagebiet anlegen: ein Schachbrettmuster mit einem Hauptplatz *(plaza mayor)* im Zentrum rechtwinklig sich kreuzender Straßen. Der Bürger der Stadt, der *vecino*, erhielt gleichzeitig ein Stadtgrundstück für den Hausbau und Ländereien außerhalb der Stadt, die einerseits ihm gewinnbringende wirtschaftliche Betätigung in Landwirtschaft, Viehzucht und Bergbau ermöglichen, andererseits die städtische Versorgung mit Agrar- und Viehprodukten gewährleisten sollten.

Da es sich bei den *vecinos* jedoch nicht oder nur sehr selten um spanische Bauern handelte, die zu körperlicher Arbeit bereit gewesen wären, spanische Lohnarbeitskräfte nicht zur Verfügung standen, den Indios aber freie Lohnarbeit – wie sie eine Instruktion aus dem Jahr 1501 vorsah – fremd war, ging Ovando dazu über, indianische Zwangsarbeit besonders auch zum Abbau der Goldvorkommen einzusetzen. Direkte Versklavung kam nicht mehr oder nur unter bestimmten Bedingungen in Frage, seit die Katholischen Könige bereits um 1500 die Freilassung der von Kolumbus verkauften Indiosklaven angeordnet und 1503 die Versklavung lediglich auf Kannibalen und auf diejenigen Indios beschränkt hatten, die der spanischen Oberhoheit Widerstand leisteten.

Bisher hatten die Spanier sich entweder durch regelrechte Sklavenjagden auf den umliegenden »Kannibaleninseln« oder durch die erlaubte Gefangennahme in kriegerischen Strafmaßnahmen gegen echte oder provozierte Indianerrebellionen, in sogenannten »gerechten Kriegen« mit den notwendigen Arbeitskräften versorgt. Ovando nun sah eine Lösung des Arbeitskräfteproblems darin, einen Arbeitszwang für die friedlich unter der spanischen Herrschaft lebenden Indios gesetzlich festsetzen zu lassen und den Spaniern dienstverpflichtete indianische Arbeitskräfte zuzuteilen. Mit Zustimmung der spanischen Krone vom 20. Dezember 1503 entstand damit das System des *Repartimiento* – der Zuteilung – bzw. der *Encomienda* – der Anvertrauung, wie das System etwas beschönigend bezeichnet wurde. Zugeteilt werden konnten jedoch nur unterworfene, »befriedete« Indios. Deshalb unternahm Ovando – wie nach ihm andere in anderen Regionen auch – Unterwerfungsexpeditionen ins Landesinnere, um die Voraussetzung für die Bereitstellung von potentiellen Arbeitskräften zu schaffen. Brutales Vorgehen war bei diesen Kriegszügen nicht die Ausnahme, sondern eher die Regel. Zeitgenossen stimmen darin überein, daß die Gewalttätigkeiten der spanischen Eroberer weniger von den Indios provoziert wurden, als vielmehr bewußte Präventivmaßnahmen zur Einschüchterung der Einheimischen waren. Bartolomé de las Casas, der seit 1502 auf der Insel lebte und Augenzeuge des spanischen Vorgehens war, zu der Zeit sogar selbst aktiv teilnahm, warf in seiner »*Historia de las Indias*« (Buch II, Kap. IX) Ovando vor, er sei auf Hispaniola mit schlechtem Beispiel vorangegangen, was später überall in *Las Indias* Schule gemacht habe: »Wenn sie (die Spanier) in ein Land oder in eine Provinz kommen und sich dort aufhalten, wo es viele Menschen gibt, sie selbst aber zahlenmäßig im Vergleich zu den Indios weniger sind, dann richten sie ein äußerst grausames und großes Blutbad an, um ihnen Furcht ins Herz einzuflößen und sie dazu zu bringen, wie vor dem Teufel zu zittern, wenn sie nur den Namen Christen hören«.

Warum verhielten sich die Spanier in dieser Phase so grausam und unchristlich? War es lediglich die Entdeckungs- und Eroberungssituation, die sie zu brutalem Vorgehen veranlaßte? Wie wirkte sich die Andersartigkeit von Pflanzen und Menschen auf das Verhalten von Eroberern und Kolonisten aus? Schon in den ersten Berichten über die neu gefundenen Inseln, wie z.B. im Kolumbus-Brief von 1493 oder im Vespucci-Bericht nahm die Beschreibung der Landschaft, der Pflanzen- und Tierwelt einen beträchtlichen Umfang ein. Die üppige südamerikanische Pflanzenwelt machte auf die ersten Entdecker und Eroberer einen überwältigenden Eindruck, sie wurde von ihnen in geradezu überschwenglichen Worten geschildert, wobei nicht selten die Vorstellung eines neuen oder wiedergefundenen Paradieses entstand. Allerdings fiel es den Spaniern schwer, Flora und Fauna der Neuen Welt zu klassifizieren und mit Namen zu belegen, sie sahen sich dabei geradezu überfordert, wie aus der Widmung zum ersten Teil der »*Historia General*« von Fernández de Oviedo von 1535 hervorgeht (Buch I, Introduktion): »Ich weiß, es gibt in diesem Imperium Indien ... so große Reiche und Provinzen, so viele fremde Völker mit unterschiedlichen Sitten, Zeremonien und Götzendienst, abgeschieden von dem seit jeher bis in unsere Zeit Beschriebenem und Bekanntem, so daß das Leben eines Menschen zu kurz ist, um alles zu sehen, zu verstehen und einzuordnen. Welcher sterbliche Geist vermöchte eine solche Vielzahl von Sprachen, von Kleidung, von Gewohnheiten bei den Menschen dieser Indien zu verstehen? Solche Vielfalt der Tiere, Haustiere wie wilde Tiere? Solch unbeschreibliche Menge von Bäumen, voll von verschiedenen Früchten oder auch ohne Frucht, sowohl jener, die die Indios anbauen, als auch solcher, die die Natur von sich aus ohne die Hilfe sterblicher Hände hervorbringt? Wieviele Pflanzen und Kräuter, nützlich und heilbringend für den Menschen? Wieviele unzählige andere, die er gar nicht kennt ...? Solche Vielfalt der Raubvögel und anderer Vogelarten? Wieviele hohe und fruchtbare Berge, und andere so wild und verschieden? Wieviele Fluren und Landschaften für die Landwirtschaft geeignet, gelegen an zugänglichen Flußufern?« Die Spanier halfen sich in der Weise, daß sie Pflanzen und Tiere der Neuen Welt jeweils mit den ihnen bekannten – europäischen – verglichen und maßen. Dadurch reduzierten sie die Vielfalt des Andersartigen auf »nicht-europäisch«.

Ähnliche und noch gravierendere Verständnisprobleme ergaben sich mit den dort lebenden Menschen. Die Spanier hatten keinen menschenleeren Kontinent entdeckt. Sie führten ihre Eroberung des Landes gegen Völkerschaften durch, die in gesellschaftlicher, kultureller und sprachlicher Hinsicht sich voneinander unterschieden und unterschiedliche Kulturniveaus erreicht hatten, die aber vor allem keine Übereinstimmung mit denjenigen Völkern zeigten, die man bislang aus Europa, Afrika und Asien kannte. Tatsächlich trafen die Spanier auf den Westindischen Inseln, an den Küsten des Karibikraumes und an der brasilianischen Küste, den Orten der ersten Begegnung zwischen Europäern und der eingeborenen Bevölkerung, auf Völker, die in »paradiesischer« Nacktheit lebten, sexuell freizügig waren, über keine durchstrukturierten politischen oder gesellschaftlichen Ordnungen größeren Stils verfügten, nur selten in größeren Ansiedlungen wohnten und in einzelnen Regionen auch Kannibalismus praktizierten. Diese den Europäern verständlicherweise fremdartigen Züge veranlaßten die Spanier dazu, in einer unstatthaften Verallgemeinerung den Indio als minderwertig abzuqualifizieren. Aus dieser angenommenen Inferiorität ergaben sich dann weitreichende Konsequenzen für ihr Verhalten gegenüber den Indios, sowohl bei den weiteren Entdeckungen und Eroberungen als auch bei der nachfolgenden Kolonisierung. Dabei ist allerdings zwischen verschiedenen Gruppen mit unterschiedlichem, ja oft gegensätzlichen Interessen zu unterscheiden: zum ersten den Conquistadoren und Kolonisten; dann den Missionaren und Geistlichen; schließlich der Krone.

Das Interesse der spanischen Könige zielte natürlich in erster Linie auf die Erweiterung ihrer politischen und ökonomischen Macht. Doch war ihnen, denen nach kastilischem Recht in den neueroberten Gebieten die volle und alleinige Verfügung über Grund und Boden sowie über die Menschen zustand, wenig daran gelegen, über Heiden oder Barbaren zu regieren, die nicht nach den europäischen Normen von Gesellschaft, Wirtschaft, Religion und Kultur lebten. Deshalb wurde schon zu Beginn der Conquista und der anschließenden Kolonisierung in den ersten Jahrzehnten des 16. Jahrhunderts deutlich, daß die spanische Krone die Indianerpolitik trotz heftiger Diskussion in Detailfragen auch als Zivilisierungs- und Europäisierungspolitik auffaßte. Zu den zahlreichen Belegen der Europäisierungspolitik gehörte auch die königliche Instruktion vom März 1503 an Nicolás de Ovando, den Gouverneur von Hispaniola. Sie ordnete eine Umerziehung an, derzufolge die Indios – die schon zwei Jahre zuvor als »Untertanen und Vasallen« bezeichnet worden waren – wie die Europäer in dörflichen Siedlungen mit Häusern für die jeweiligen Familien zusammengefaßt werden und Ackerbau und Viehzucht betreiben sollten, was sie bis dahin nicht kannten. Ziel dieser Umerziehung war es und blieb es auch für die folgenden drei Jahrhunderte, die Indios dazu anzuleiten, so wie die übrigen Untertanen der spanischen Könige, d.h. europäisch zu leben, »sich wie vernünftige Menschen zu kleiden und zu verhalten«. Sie sollten europäische Verhaltensweisen in bezug auf Kleidung, Arbeit und Lebensvorsorge, handwerkliche Fertigkeiten und landwirtschaftliche Anbauformen sowie dörfliche Siedlungen übernehmen.

Diese Zivilisierung bzw. Hispanisierung/Europäisierung der Indios sollte durch friedliche, wenn auch nicht ohne Druck ausgeübte Erziehung in allen Lebensbereichen erfolgen, was die gleichzeitige Christianisierung einschloß. Das System des *Repartimiento* bzw. der *Encomienda* schien die geeignete Maßnahme zu bilden, mit der zusätzlich das Arbeitskräfteproblem gelöst werden konnte. Die Conquistadoren und Kolonisten erhielten eine bestimmte Zahl von Indios – 40, 60 oder bis zu 300 – zugeteilt, die von den jeweiligen Häuptlingen auszusuchen waren. Die *Encomenderos* waren verpflichtet, die Arbeiter menschenwürdig unterzubringen, zu bekleiden, mit Lebensmitteln zu versorgen, ihnen angemessenen Lohn zu bezahlen und sie in der freien Zeit in der christlichen Religion zu unterweisen. Arbeitskräfteversorgung, Indianererziehung und Christianisierung sollten nach der Konzeption der Krone Hand in Hand gehen; jedenfalls war dies das Bestreben der Krone, nach deren Rechtsvorstellung die Indios den Status von freien Personen behalten und nicht versklavt werden sollten.

In der Wirklichkeit der neuen, entfernt gelegenen Regionen bedeutete das System von *Repartimiento/Encomienda* jedoch hemmungslose Ausbeutung der eingeborenen Bevölkerung. »Zuteilung« hieß meist, daß die Arbeitskräfte gewaltsam rekrutiert wurden, sogar Frauen und Kinder in der Landwirtschaft und beim Goldschürfen oder -waschen arbeiten mußten, berechtigter Widerstand brutal bestraft und die allgemeine Versorgung nur unzureichend gewährt wurde. Für die Conquistadoren und Kolonisten, die schnell reich werden wollten, war die Ausbeutung der indianischen Arbeitskraft selbstverständlich. Sie hielten deshalb die gewaltsame Unterwerfung der Indios für richtig und beanspruchten für sich, über die Unterworfenen in Form der Zwangsarbeit oder anderer unfreier Arbeitssysteme in der Landwirtschaft und im Bergbau verfügen zu dürfen. Sie nahmen deshalb die Dezimierung der Indios in Kauf, weil sie diese als minderwertige Wesen betrachteten und sie wie »Hunde« verachteten. Sie gingen davon aus, daß der in ihren Augen »lasterhafte und faule Wilde« zur unfreien Arbeit geboren und wegen seiner physischen, moralischen und intellektuellen Schwäche unfähig sei, ohne Zwang neue, freiheitliche Lebensformen anzunehmen. Mit solchen Argumenten verwendeten sie nur die bekannte Kategorie des Barbaren oder Heiden, mit der schon in der Antike und im Mittelalter die Bevormundung gegenüber angeblich minderen fremden Wesen gerechtfertigt worden war. Ohne Zweifel entsprachen die bei den Indios vorgefundenen fremdartigen Einzelzüge nicht den eigenen, abendländischen Normen und Werten. Doch ist nicht zu übersehen, daß mit der daraus abgeleiteten verallgemeinerten Charakterisierung des Indios als von Natur aus lasterhaft und tierisch ein Bild gezeichnet wurde, das die Überlegenheit des Spaniers zu dokumentieren und damit zugleich seine Rechte als Eroberer zu bestätigen vermochte. Ein prägnantes Beispiel für diese Art Einschätzung des Indios bietet der spanische Chronist Gonzalo Fernández de Oviedo mit seiner 1520 begonnenen »*Historia general y natural de las Indias*«, in der er die Neue Welt mit den Augen des neuen Herren sah. Schon das äußere Erscheinungsbild der Indios wirke abstoßend (Buch III, Proemio): »Auch ihre Köpfe sind nicht wie die der anderen Menschen, sondern ihre Schädel sind derart dickknochig, daß die Christen beim Kampf ganz besonders achtgeben müssen, ihnen nicht auf die Köpfe zu schlagen, ansonsten die Schwerter brechen. Und entsprechend dieser groben Schädelform haben sie auch nur tierischen Verstand und einen unmoralischen Charakter« (Abb. 27). Dies glaubte er besonders in ihren Sitten und in ihrem Götzendienst zu erkennen.

Oviedo sprach damit den Indios eigene zivilisatorische Qualitäten ab; im Zusammenhang mit der Frage nach der Berechtigung des Arbeitseinsatzes von Indios meinte er (Buch IV, Kap. 2): »Aber für sich allein genommen sind diese Indios nur wenig wert; schon geringe Arbeitsanstrengungen lassen sie sterben oder in die Berge verschwinden. Denn ihr hauptsächliches Streben (– und so haben sie

Abb. 27: Frontispiz zu Vespuccis »De ora antarctica (Mundus Novus)« (Straßburg 1505)

sich immer verhalten, auch bevor die Spanier kamen –) war zu essen, zu trinken, zu schlemmen, ihre Wollust zu befriedigen, Götzendienst zu betreiben und viele andere bestialischen Schmutzigkeiten auszuüben«. Oviedo bezog sich mit diesen Worten auf die Einheimischen der Insel Hispaniola, die nicht zu einer Hochkultur gehörten; aber ähnliche Beurteilungen finden sich bei ihm später auch über die Azteken, so daß seine Worte eine generell abschätzige Grundtendenz zeigen. Und dennoch ist auch bei Oviedo eine gewisse Unsicherheit darüber zu spüren, ob die Andersartigkeit der Indios nicht auch die Vielfalt von menschlichen Verhaltensweisen zeige und auf eine allen Menschen gemeinsame Vernunftbegabung deute. Bei der Beschreibung gewisser Fertigkeiten der Indios fragt er sich (Buch VI, Kap. XLIX): »Wer mag diesen Indios, die doch so weit entfernt von jeglicher schriftlicher Überlieferung und Unterweisung leben, alle diese Standesunterschiede in ihren Gesellschaftsordnungen gezeigt haben, die sie mit soviel Demut gegenüber ihren Oberen und in beständiger Gewohnheit bezeugen? Ich vermute, die Natur ist die Führerin aller Künste; ... So scheint es mir in der Tat, daß unsere Augen bei den vielen Dingen, die wir voll Verwunderung bei diesen Völkern und wilden Indios angewendet sahen, das gleiche oder fast das gleiche erblicken, was wir bei anderen Völkern Europas oder der bekannten Teile der Welt gesehen und gelesen haben«. Solche Unsicherheiten und Zweifel haben die Mehrheit der Kolonisten jedoch nicht dazu bewogen, ihr Verhalten gegenüber den Indios zu überdenken.

Die hemmungslose Ausbeutung durch die Zwangsarbeit bedrohte nicht nur das Leben des einzelnen, sie führte allgemein zu einem dramatischen Bevölkerungsrückgang. Im Unterschied zu gekauften Sklaven, die schon aus Rentabilitätsgründen besser behandelt wurden, waren »freie« und zugeteilte Indios keine teuren »Investitionsgüter«. Da – zumindest für die ersten zehn bis fünfzehn Jahre nach der Eroberung der Westindischen Inseln – das Arbeitskräftereservoir unerschöpflich zu sein schien, entfiel für die Kolonisten der Zwang zu größerer Fürsorge für die indianischen Arbeitskräfte. Zeitgenossen und Historiker sind sich darüber einig, daß auf Hispaniola innerhalb von zwei Jahrzehnten eine demographische Katastrophe von unvorstellbarem Ausmaß eingetreten ist: Um 1510 gab es noch 46 000 und um 1520 nur noch 16 000 Indios von einer Bevölkerung, die 1492 bei der Ankunft von Kolumbus 500 000 bzw. nach anderen Schätzungen sogar 1 000 000 Personen zählte. Dieser dramatische Bevölkerungsrückgang wurde verursacht durch die bei der Unterwerfung geführten Kriege gegen die Einheimischen, durch Ausbeutung und Arbeitsüberlastung, durch Krankheiten, durch hohe Kindersterblichkeit und den natürlichen Geburtenrückgang angesichts unmenschlicher Frauenarbeit und unzureichender Versorgung. Es spricht aber auch vieles dafür, daß zudem eine bewußte Reproduktionsverweigerung ein Rolle gespielt hat. Wie der mehrfach bezeugte massenhafte Selbstmord war sie eine besondere Form der Antwort der Indios auf die spanische Eroberung, eine Reaktion auf den als Peiniger gefürchteten spanischen Eroberer, die um so bedeutsamer ist, als es aus dieser Zeit von den Westindischen Inseln keine schriftliche Überlieferung gibt, die solche Reaktionen belegen könnte. Ersatz für die auf solche Art dezimierten Indios sahen und fanden die Spanier in Afrika. Schon im Jahr 1505 wurden auf Ersuchen des Gouverneurs Ovando die ersten Negersklaven nach Hispaniola verschifft, die in den Goldminen und in der Zuckerherstellung, in den Zuckerplantagen und Zuckermühlen, einem beginnenden Wirtschaftszweig, eingesetzt wurden und bald die eingeborene Bevölkerung ersetzten (Abb. 28).

Ähnlich katastrophal ging die indianische Bevölkerung auch auf den umliegenden größeren Inseln Jamaika, Puerto Rico und Kuba zurück. Diese Inseln traten ab 1509 stärker ins Blickfeld, als Kolumbus' Sohn Diego Colón nach der Anerkennung seiner vom Vater ererbten Ansprüche durch die Krone zum Vizekönig und Gouverneur der bis dahin entdeckten Inseln ernannt worden war. Mit seiner Ankunft auf Hispaniola begann eine verstärkte koloniale Expansion im Karibikraum, nicht zuletzt deshalb, weil gleichzeitig die Bevölkerungszahl und die Wirtschaftskraft Hispaniolas zurückgingen. Zunächst richtete sich das Interesse auf Jamaika. Dorthin ließ Diego Colón im Herbst 1509 Juan de Esquivel ausfahren und mit der Besiedlung beginnen. An der Nordküste der Insel wurde eine Stadt gegründet, die Inselbewohner wurden unterworfen, getötet oder als Arbeitskräfte den spanischen Siedlern zugeteilt. Da Goldfunde ausblieben, mußte man sich auf den Anbau landwirtschaftlicher Produkte beschränken.

Puerto Rico, mit damaligen Namen San Juan, bot sich als weitere Alternative zu Hispaniola an. Schon Nicolás de Ovando hatte die Insel näher erkunden und von Juan Ponce de León erobern lassen. Nachdem Ponce de León 1509 von König Ferdinand zum Statthalter ernannt worden war, begann er, einige Städte zu gründen und indianische Arbeitskräfte an die Siedler zu verteilen. Indios, die gegen die Zwangsarbeit protestierten, ließ er rücksichtslos bestrafen. Er unterwarf und regierte die Insel, bis er 1512 sein Amt an Diego Colón abgeben mußte, dem es gelungen war, auch hier seine ererbten Ansprüche auf die Insel durchzusetzen. Ponce de León wendete sich nun Entdeckungsfahrten zu. Als Entschädigung für sein Amt erhielt er von König Ferdinand die Genehmigung, weitere westindische Inseln zu erkunden und zu besiedeln. Er ergriff diese Gelegenheit und

Abb. 28: Ovando und der Einsatz von Negersklaven im Bergbau (links) und in den Plantagen (rechts) (kolorierte Kupferstiche von De Bry, 1595)

investierte seine bisherigen Gewinne auf Puerto Rico, um nach der berühmten Insel Bimini zu suchen, die nördlich von Kuba liegen sollte und auf der es nach Berichten von Inselbewohnern angeblich einen Jungbrunnen gab, eine Quelle, deren Wasser alten Menschen ihre Jugendkraft und Potenz zurückgeben würde. Wie viele andere seiner Zeitgenossen, die alte europäische Mythen und Wunschträume in die unbekannte Neue Welt projezierten, hielt er derartiges für möglich. Im März 1513 segelte er mit einer kleinen Flotte nach Norden und stieß schon Anfang April auf eine blühende Küste, der er den Namen »La Florida« gab. Er war an der nordamerikanischen Halbinsel gelandet, die er jedoch für eine Insel hielt, fuhr an der Küste in südlicher Richtung entlang bis in den Golf von Mexiko, überquerte diesen und stieß dabei auf die Nordküste von Yucatán. Im Herbst 1513 kehrte er nach Puerto Rico zurück, ohne den gesuchten Jungbrunnen gefunden zu haben. 1521 starb er an den Folgen einer

Verwundung, die er sich bei dem Versuch, die von ihm entdeckte Insel zu besiedeln, durch einen Indianerpfeil zugezogen hatte.

Kuba, das bislang von den Spaniern weniger beachtet worden war, wurde die nächste größere Etappe bei der Kolonisation im Inselraum. Vizekönig Diego Colón betraute Diego Velázquez, einen erfahrenen und bewährten Eroberer und Siedler auf Hispaniola, mit der endgültigen Eroberung der Insel. Anfang 1511 segelte die Expedition mit ungefähr 300 Mann nach Kuba ab. Da Velázquez die Kosten der Ausrüstung übernahm, ernannte ihn der Vizekönig zum stellvertretenden Gouverneur. Auf die brutale Unterwerfung der von Haus aus friedlichen Inselbewohner, auf die die Spanier regelrecht Jagd machten, folgte dann die Besiedlung Kubas in der üblichen Form der Städtegründung, der Landzuweisung an die Siedler und der Zuteilung indianischer Arbeitskräfte. Bartolomé de las Casas, der die Expedition als Feldgeistlicher begleitete, gibt in seiner

»*Historia de las Indias*« (Buch III, Kap. XXV) einen erschütternden Einblick in die Verhaltensweisen der Spanier und ihre Einstellung zu den unterworfenen, nun zur Arbeit dienstverpflichteten Indios. In den Augen der Spanier waren sie nicht mehr als »Stücke«: »Diego Velázquez teilte dem einen soundsoviele, dem anderen soundsoviele zu, wie er es für richtig hielt; nicht als Sklaven, sondern damit sie für jene ständig arbeiteten, wie Sklaven oder sogar noch schlimmer als wenn sie versklavt wären; man durfte sie nur nicht verkaufen .... Sie nannten die zugeteilten Indios gewöhnlich ›Stück‹ *(pieza)*; man sagte: ›Ich habe nur soundsoviel Stück, ich brauche aber soviel Stück‹, so als ob es sich um Stück Vieh handelte«. Angesichts solchen Verhaltens ist es nur zu verständlich, daß es den Indios schwerfallen mußte, den christlichen Glauben als Heilsbotschaft und die Spanier als Bringer dieser Heilsbotschaft zu akzeptieren. Gewalt und Missionierung paßten nicht zusammen. Las Casas gibt in demselben Kapitel ein Beispiel dieser indianischen Reaktion, das schlaglichtartig die Problematik von Eroberung und Christianisierung beleuchtet. Bei der Eroberung Kubas gelang es den Spanier unter Androhung und Anwendung von Gewalt gegen die Bevölkerung, endlich den Kaziken Hatuey aufzuspüren und gefangenzunehmen, der von Hispaniola aus vor den Spaniern geflohen war und im Wissen um die Grausamkeiten der Spanier die Inselbewohner zur Verteidigung von Hab und Gut mobilisiert hatte. Er wurde aufgrund seiner Flucht und seines Widerstands gegen die Spanier wegen Hochverrats dazu verurteilt, bei lebendigem Leib verbrannt zu werden. Selbst wenn die Szene sich nicht in allen Einzelheiten so abgespielt hat, wie sie Las Casas berichtet, so spiegelt sie doch Grundtendenzen wider, die sich auch in anderen zeitgenössischen Berichten finden lassen. »Als sie ihn nun verbrennen wollten, er schon am Pfahl festgebunden war, versuchte ihm ein Franziskanermönch so gut er konnte nahezulegen, als Christ zu sterben und sich taufen zulassen. Er fragte zurück: ›Warum er so sein solle, wie die Christen, die doch böse Menschen seien‹. Der Pater antwortete ihm: ›Weil alle diejenigen, die als Christen sterben, in den Himmel kommen und für immer bei Gott und in himmlischer Seligkeit sind‹. Erneut fragte er, ob die Christen in den Himmel kommen. Der Pater antwortete bejahend, daß alle guten Christen in den Himmel kommen. Da lehnte der Kazike ab, er wolle nicht dorthin gehen, wenn dort die Christen auch seien. Das trug sich zu, als sie die Verbrennung vorbereiteten, anschließend legten sie Feuer an den Scheiterhaufen und verbrannten ihn« (Abb. 29).

Mit Recht bemerkt Las Casas zu dieser Szene, daß dem Kaziken der christliche Himmel nicht als ein guter Ort erscheinen konnte, wenn auch dort diejenigen weilten, die sich zwar mit dem Namen »Christen« schmückten, dies in ihrem Verhalten aber nicht bewiesen.

Abb. 29: Der Kazike Hatuey lehnt die Taufe ab (Kupferstich von De Bry, 1599)

Auch auf Kuba begann ein Massensterben. In dem Maß, wie sich das Arbeitskräftereservoir erschöpfte und durch Sklavenjagden an die Küste oder zunehmend durch Negersklaven ersetzt werden mußte, wie ferner die anfangs lohnende Goldgewinnung zurückging und die wirtschaftliche Betätigung sich auf eine noch wenig ergiebige Landwirtschaft beschränken mußte, richtete sich das Interesse der Siedler auf das amerikanische Festland und auf die Entdeckung weiterer Inseln oder Gegenden, wo man Reichtum und Gold zu finden hoffte.

Kritik und Rechtfertigung der Eroberung

Verschiedene Gruppen in Spanien und vor Ort in der Neuen Welt – Juristen, Geistliche, die Krone – standen bald nach den ersten intensiveren Kontakten mit der eingeborenen Bevölkerung – man muß korrekter wohl von Zusammenstoß sprechen –, vor neuen Problemen. Als die Indios durch Krieg und eingeschleppte europäische Krankheiten (besonders Pocken) sowie durch die Arbeitsausbeutung in drastischer Weise dezimiert worden waren, als die Entdeckungs- und Eroberungszüge an die Küsten des Festlandes immer brutaler vor sich gingen, erhob sich die Frage, welche Berechtigung die Spanier für die Eroberung besäßen, wie die Indios zu behandeln seien, wie die Christianisierung und Integration in das spanische Herrschaftssystem und in die spanisch-christliche Kultur erfolgen solle. Es kam zu einer intensiven und öffentlich ausgetragenen Diskussion, die ab Ende des Jahres 1511 in eine erste entscheidende Phase trat. Am Sonntag vor Weihnachten, im Advent 1511 hatten die Dominikaner in Santo Domingo die Honoratioren der Stadt in die Kirche eingeladen, unter ihnen Diego Colón, den Vizekönig und derzeitigen Gouverneur, wie auch andere königliche Beamte und die Juristen der *Audiencia*, der obersten Verwaltungs- und Appellationsbehörde, die die Krone als Gegengewicht gegen die Partikularinteressen der Familie Colón 1511 in Santo Domingo eingerichtet hatte. An diesem Advent hielt der Dominikanerpater Antonio de Montesinos in der Kirche von Santo Domingo eine Predigt, in der er das bisherige ausbeuterische Verhalten der Spanier, der *Encomenderos*, anprangerte. Er wies auf die Diskrepanz zwischen den königlichen Indianerschutzgesetzen und der rauhen Wirklichkeit hin, indem er die Friedfertigkeit der Indios einerseits und das ausbeuterische Verhalten vieler Spanier beschrieb und nach der Berechtigung von Kriegen gegen unschuldige Völker fragte. Er forderte die *Encomenderos* auf, die ihnen zugeteilten Indios freizulassen, sonst würde ihnen die Absolution verweigert.

Die erste Konsequenz dieser von den Dominikanern entfachten Diskussion waren nach langen Beratungen die »Gesetze von Burgos« von 1512/13, das erste umfassendere Korpus von Gesetzen zum Schutz der Indios. In diesen Gesetzen wurden noch einmal zur Verdeutlichung des Systems von *Repartimiento/Encomienda* zahlreiche Regelungen hinsichtlich der Arbeitsverpflichtung von Indios, vor allem in bezug auf Arbeitsschutz, Versorgung und Unterbringung, sowie zum erzieherischen Auftrag der Zivilisierung der Eingeborenen und ihrer Unterweisung in der christlichen Religion getroffen. Durch das Zusammenleben von Spaniern und Indios sollten Arbeitsaufsicht, Erziehung und Christianisierung erfolgen; Kontrolle und Anleitung waren beabsichtigt, da die Indios nach Meinung der Rechtsberater der Krone von Natur aus lasterhaft und faul seien. Immerhin wurden den Indios Vernunftbegabung und Lernfähigkeit bescheinigt – ein Fortschritt gegenüber der noch nicht bei allen Gruppen aufgegebenen Abqualifizierung der Indios als Barbaren, Halbmenschen oder Tiere. Die Krone versuchte aus rechtlichen und humanitären Erwägungen heraus, aber auch aus wirtschaftlichen Interessen den Schutz der Indianer durchzusetzen, denn schließlich konnten nur lebende Indios durch ihre Arbeitsleistung oder durch die besondere Indianersteuer, den Tribut, zur Erschließung und Ausbeutung der neuen Gebiete dienen. Allerdings hätten ein solcher Schutz der Indios und die Vermittlung von europäischer Zivilisation integre Personen als »Erzieher« oder »Vorbilder« vorausgesetzt. Doch die Ferne zu Spanien sowie fehlende gefestigte Verwaltungs- und Beamtenstrukturen, durch die staatliche Kontrolle möglich gewesen wäre, erschwerten die Durchsetzbarkeit der Gesetze. Daß auch die Krone selbst Zweifel an der Realisierung und an der Integrität der *Encomenderos* hatte, wird schlaglichtartig an der Vorschrift (Gesetz 24) hinsichtlich der Bestrafung und Beschimpfung von Indios deutlich. Man sah sich genötigt und veranlaßt, ausdrücklich zu verbieten, die Indios zu verprügeln und sie »Hunde« zu nennen. Die Mehrzahl der Spanier in den neuen Gebieten kümmerte sich wenig um die Schutzbestimmungen, trotz entsprechender Ermahnungen und Vorhaltungen durch Missionare und Geistliche.

Eine andere Diskussion bezog sich direkt auf die Art der Eroberung und die spanische Präsenz in der Neuen Welt. Den seit der Antike geltenden Rechtstitel der ersten Eroberung und Inbesitznahme eines fremden Landes hielten zahlreiche Spanier bald nicht mehr für akzeptabel. Zwar praktizierten in den ersten Jahren der Expansion noch viele Entdecker und Eroberer wie beispielsweise Kolumbus oder Balboa entsprechende Einnahmeriten, die mit Handlungen wie Wasser trinken, Gras mähen, Kerben in die Bäume schneiden, Fahnen und Wappen sowie Kreuze errichten die Inbesitznahme symbolisierten. Doch reichte diese Form der Herrschaftsgründung bald nicht mehr aus; sie stieß auf Kritik, weil sie von der falschen Voraussetzung eines unbewohnten Landes ausging, also die eingeborene Bevölkerung und deren legitime Herrschaft nicht berücksichtigte. Stattdessen wurde nun versucht, die Eroberung ethisch zu legitimieren bzw. Auswüchse zu entschuldigen, die nicht beabsichtigt gewesen seien: Das christliche Gewissen sollte beruhigt werden.

Im Zentrum solcher Rechtfertigungsüberlegungen stand entsprechend den damaligen Überzeugungen die theologische Begründung, daß die Eroberung aus dem heilbringenden Grund erfolge, das Christentum zu verbreiten und die Heiden zur Wahrheit des Christentums zu bekehren. Christianisierung als Ziel und Auftrag, wie sie aus den Bullen Alexanders VI. von 1493 abgeleitet wurde, verlieh den Eroberungszügen in den Augen der Spanier Kreuzzugscharakter und machte sie zu sogenannten »gerechten Kriegen«. Gerade um diese Frage des »gerechten Krieges« ist in Spanien in aller Öffentlichkeit viel und heftig und kontrovers diskutiert worden;

Krone und Juristen haben sich die Antwort nicht leicht gemacht – hing davon doch das Verhalten gegenüber den Indios ab. 1513 verfaßte der Kronjurist Juan López de Palacios Rubios, Mitglied der Konferenz von Burgos, auf der die Gesetze von 1512/1513 erlassen worden waren, ein Dokument zur Klärung der Rechtslage spanischer Herrschaft in Amerika und der Kriterien eines »gerechten Krieges«: das *Requerimiento.* Aktueller Anlaß war die Vorbereitung einer Eroberungsexpedition des mittelamerikanischen Festlandes unter Pedrarias Dávila, die in Darién einen spanischen Stützpunkt ausbauen sollte, der Kontakt mit indianischen Reichen halten sollte, von deren höherem Entwicklungsstand die Spanier bei früheren Aktivitäten auf der Landenge gehört hatten. Das *Requerimiento* war eine Art Mischung aus Kriegserklärung und Friedensangebot an den Gegner. Es enthielt Erklärungen über die Schöpfung der Welt und des Menschen, über den Papst als oberste, von Gott eingesetzte Autorität über alle Menschen, ferner über die Schenkung aller Westindischen Inseln und des Festlands durch eben diesen Papst an die Katholischen Könige und über die auf anderen Inseln bereits erfolgte Unterwerfung unter deren wohlwollende Herrschaft sowie über die Bekehrung zum Christentum. Das Dokument mündet schließlich in der Aufforderung an die Indios, sich friedlich den wahren Glauben verkünden zu lassen, das Christentum anzunehmen und sich ihren neuen Herren – Papst und König – zu unterwerfen. Im Falle der Ablehnung wurde mit Krieg, Verlust des Eigentums und Versklavung von Männern, Frauen und Kindern gedroht.

Schon von Zeitgenossen ist diese Art Kriegserklärung, die nun in den nächsten Jahrzehnten der Eroberung immer wieder angewendet wurde, als ungerecht und zynisch eingeschätzt worden. Obwohl Fernández de Oviedo und Bartolomé de las Casas, beide Chronisten und Akteure der Eroberung, unterschiedliche Positionen in bezug auf die Qualitäten der Indios einnahmen, sind sie hinsichtlich des *Requerimientos* derselben Meinung, daß es sich um eine Farce handelte, zumindest gegenüber den Indios. Las Casas hat die perfide Handhabung der Kriegserklärung, die Pedrarias Dávila und seine Leute in Panamá, in *Castilia de Oro*, praktizierten, in seiner *»Historia de las Indias«* (Buch III, Kap. LXVII) voll Bitterkeit beschrieben. Da vorwiegend Goldgier – eben nicht Missionseifer – das Hauptmotiv für die Expedition gewesen sei, habe Dávila, sobald er über irgendwelche Goldfunde in einem Dorf informiert worden sei, Leute ausgeschickt, um es auszurauben. Zuvor aber habe er, wie befohlen, das *Requerimiento* auf eine Art und Weise verlesen lassen, die jeder menschlichen und christlichen Regung Hohn spreche: »Die Tyrannen, die er losschickte, um seinen Befehl auszuführen und seine kriegerischen Einfälle zu rechtfertigen,... näherten sich in großer

Stille und mit Vorsicht, um nicht gehört zu werden, in der Nacht ihrem Ziel je nach Gegebenheit bis auf eine, eine halbe oder eine viertel *legua* [5,5 Kilometer] und lasen den Bäumen das *Requerimiento* folgendermaßen vor: ›Kaziken und Indios dieses Dorfes, wir die Christen aus Kastilien, verkünden euch hiermit, daß es einen Gott und einen Papst gibt, usw.‹ Dann forderte der Hauptmann den anwesenden Notar auf, urkundlich festzuhalten, daß man den Kaziken und Indios jenes Dorfes alles erklärt habe, was Ihre Hoheit befohlen habe, daß diese sich aber geweigert hätten, der Königlichen Hoheit Gehorsam zu leisten und Christen zu werden. Bei Morgengrauen überfielen sie dann das Dorf, dessen Bewohner noch in ihrem armseligen Betten schliefen, und legten Feuer, töteten und raubten, ... und nachdem sie das Feuer gelöscht hatten, machten sie sich daran, nach Gold zu suchen, wonach ihr ganzes Trachten und Sinnen stand«.

Fernández de Oviedo, der selbst an der Expedition Dávilas nach Darién im Jahr 1514 teilnahm, machte ähnliche Beobachtungen. Er schilderte in seiner »*Historia General*« (Buch XXIX, Kap. VII) zunächst voll Spott die Szene der Verlesung des *Requerimiento* in einem menschenleeren Dorf, dessen Bewohner vor den eindringenden Spaniern geflohen waren; er selbst will zu Dávila gesagt haben: »›Herr, mir scheint, diese Indios wollen die Glaubenslehre dieses *Requerimiento* nicht hören und Ihr habt niemanden, der es ihnen erklärt; Euer Gnaden möge befehlen, es solange aufzubewahren, bis wir einen von diesen Indios in einen Käfig gesperrt haben, damit er es langsam lerne und der Herr Bischof es ihm erklären kann.‹ Und ich gab ihm das *Requerimiento*, und er nahm es unter lautem Gelächter aller, die mich gehört hatten«. Einige Passagen weiter findet sich jedoch eine sehr nachdenkliche Beurteilung über die »Kriegserklärung«: »Ich würde wünschen, daß man ihnen zuerst einmal jenes *Requerimiento* verständlich machen sollte. Aber das wurde für überflüssig gehalten. Im Laufe der Zeit haben auf die gleiche Art und Weise, wie der General bei seinem Feldzug vorging – indem er die katholische Handlung vornahm, zu der er vor Aufnahme von kriegerischen Handlungen gegenüber den Indios verpflichtet war – und noch schlimmer verschiedene Hauptleute später auf ihren Feldzügen gehandelt«.

Da die Indios weder Sprache noch Inhalt verstanden, konnten sie auf das »Friedensangebot« nicht eingehen und gaben deshalb Anlaß zum Angriff. Demzufolge schienen die nachfolgenden kriegerischen Handlungen der Spanier als legitim; überdies konnten die in einem solchermaßen »gerechten Krieg« gemachten Gefangenen versklavt werden, was sonst durch eine Vielzahl von Gesetzen verboten war. Allerdings ließen sich durch diese Farce das Gewissen der Soldaten beruhigen und die Bedenken von Missionaren beschwichtigen. Doch bei aller wohlmeinenden christlichen Heilsabsicht und Glaubensverkündung, die viele Missionare auszeichnete, ist die Legitimationsfunktion dieses theologisch-juristischen Schriftstücks, das den Indios vor den Kampfhandlungen verlesen werden mußte, unverkennbar.

Ein weiteres Argument ließ die Eroberung als ein gerechtes Strafunternehmen gegen die Indios erscheinen: Hierbei wurden ihre angebliche Ungläubigkeit und ihre Verstöße gegen das Naturrecht gegen sie ins Feld geführt. Die Tatsache, daß die Spanier in Amerika auf Praktiken wie Mehrehe, Kannibalismus und Menschenopfer stießen, die mit ihren europäisch-christlich geprägten Wert- und Moralvorstellungen nicht übereinstimmten und die sie deshalb nicht verstanden, ließ sie glauben, daß die neuen Regionen vom Teufel beherrscht waren, den es auszutreiben galt. In zahlreichen Augenzeugenberichten der Eroberung und in entsprechenden Chroniken wird dieser Aspekt immer wieder hervorgehoben. So sah Francisco López de Gómara im Schlußkapitel seiner »*Historia General de las Indias*« (1552), das er bezeichnenderweise »Lob der Spanier« nannte, die Bedeutung und den Erfolg der Eroberung darin, daß die Spanier die Indios vom Heidentum, vom Teufel, von unmoralischen Praktiken und vom Unwissen befreit und ihnen den wahren Gott gebracht hätten. Daß es dabei und beim Arbeitseinsatz der Indios bedauerlicherweise Tote gegeben hatte, interpretierte er als Strafe Gottes für die begangenen Sünden.

Vielen Spaniern mögen solche Rechtfertigungen das Gewissen angesichts der Grausamkeiten bei der Eroberung erleichtert haben, doch schon Zeitgenossen lehnten die theologische Argumentation ab, weil sie eine christlich-europäische Vorstellung verabsolutierte und zudem auf dem fragwürdigen Grundsatz beruhte, der Papst könne als *dominus mundi* Gebiete zur Missionierung verschenken. Besonders Francisco de Vitoria hat Vorbehalte in dieser Richtung geäußert. Neben der theologischen Argumentation gab es noch andere, aus dem Naturrecht sowie aus dem Anspruch und Auftrag der Zivilisierung abgeleitete Begründungen, die die Eroberung und anschließende Kolonisierung rechtfertigen sollten. Die Eroberung wurde als eine berechtigte Einmischung in die inneren Angelegenheiten der Indios betrachtet, die deshalb ethisch gerechtfertigt sei, weil sie darauf abziele, die Tyrannei und Unterdrückung abzuschaffen, unter der die indianische Bevölkerung leide. Entsprechend dieser Vorstellung hieß die Eroberung im damaligen Sprachgebrauch trotz ihres gewaltsamen Charakters beschönigend *Pacificación* (»Befriedung«) und nicht *Conquista*. Die Bereitschaft von indianischen Hilfstruppen, gemeinsam mit den Spaniern zu kämpfen, schien die Ansicht zu bestätigen, daß man Unterdrückten zu Hilfe käme. Schon Kolumbus hatte so argumentiert; noch dezidierter wurden diese Argumente bei der Eroberung der Großreiche der Azteken und der Inka eingesetzt. Im Endeffekt aber blieb es gleich, welche Begründungen zur Rechtfertigung jeweils herangezogen wurden, ob sie nun theologischer oder naturrechtlich-zivilisatorischer Natur waren: Sie stellten nicht die Präsenz Spaniens in der Neuen Welt in Frage, sondern gaben deren Sinn und Ziel an. Auch die Missionare – Dominikaner und Franziskaner – ließen keinen Zweifel an der Pflicht zur Christianisierung, die nur durch die Ankunft der Spanier in Gang gekommen war, bedeutete doch in ihren Augen erst das Christentum die Vervollkommnung der Gesellschaft. Sie diskutierten deshalb weniger die Frage nach dem Recht auf Präsenz, als vielmehr die Art des Vorgehens gegenüber den Indios, für die sie zwar rechtliche und humane Gleichberechtigung verlangten, denen gegenüber sie sich aber meist wie Erzieher gegenüber Unmündigen verhielten.

Die »friedliche Gewinnung« der Indios

Doch traten seit 1511 nun neben die Eroberungszüge auch alternative Kolonisationsmodelle, die auf friedlichem Wege und mit Verständnis für die Indios den Zivilisations- und Christianisierungsauftrag erfüllen wollten. Zu den wenigen, die von der Rede Montesinos und den Ermahnungen der Dominikaner auf Hispaniola und ihres Priors Pedro de Córdoba aufgerüttelt wurden oder zumindest einen Anstoß erhielten, über ihr bisheriges Handeln nachzudenken, gehörte auch Bartolomé de las Casas. Er war 1502 28jährig nach Hispaniola gekommen, hatte unter Ovando an Kämpfen gegen die Indios teilgenommen und auch entsprechende Belohnung in Form von Land und indianischer Arbeitskraft erhalten. Dieser wirtschaftlichen Tätigkeit hatte er sich auch noch nach seiner Priesterweihe, die wohl um 1506 stattfand, gewidmet. An den Eroberungszügen von Diego Velázquez auf Kuba nahm er als Feldgeistlicher teil, und wieder erhielt er eine wertvolle *Encomienda* mit einem Indiodorf, also mit indianischen Arbeitskräften für die Landwirtschaft und die Arbeit in den Goldminen. 1514 kam er nach eigenem Bekunden (»*Historia de las Indias*«, Buch III, Kap. LXXIX) bei der Vorbereitung einer Pfingstpredigt über Sirach 34, 21 f. – »Wer den Armen um sein Brot bringt, ist ein Blutmensch; wer das im Schweiße gewonnene Brot raubt, ist dem gleich, der seinen Nächsten tötet. Wer Blut vergießt und wer den Taglöhner betrügt, die sind Brüder« – zu der Erkenntnis, daß die Ausbeutung der indianischen Arbeitskräfte gegen die Menschenrechte und gegen das christliche Liebesgebot verstieß. Las Casas gab seine *Encomienda* zurück und begründete diesen Verzicht in einer öffentlichen Predigt. Seitdem beteiligte er sich an dem Kampf, den

Abb. 30: Bartolomé de las Casas

die Dominikaner schon seit 1511 führten, Abhilfe für die Mißstände der *Encomienda* zu schaffen und neue, friedliche Wege bei der Kolonisierung und Missionierung zu gehen.

Las Casas griff den Plan des Dominikanerpriors Pedro de Córdoba auf, in einer Art Reservat an der venezolanischen Küste bei Cumaná die Indios ohne die Anwesenheit und Einmischung anderer Spanier in der christlichen Lehre zu unterweisen und durch Vorbild und Überzeugung für Spanien zu gewinnen. Jedoch hatten Sklavenjäger die Indios die andere, brutale Seite der Spanier sehen gelehrt, so daß dieser erste Missionsversuch von 1513 gescheitert war. 1515, als Las Casas nach Santo Domingo kam, brachen die Missionare – Dominikaner und Franziskaner – gerade zu einem zweitem Versuch auf. An diese Missionen versuchte Las Casas anzuknüpfen und die Methode der Eroberung auf eine neue Grundlage zu stellen: die »friedliche Gewinnung« *(Conquista de Paz)* der Indios. Mehrere Jahre mußte Las Casas in Spanien für eine Revision der Indianerpolitik werben, bis er, der 1516 zum Indioprotektor *(Protector de Indios)* ernannt worden war, endlich 1520 von Karl V. die Genehmigung zu einem Kolonisierungs- und Missionierungsversuch an einem Küstenstreifen der venezolanischen Küste erhielt, wo Dominikaner und Franziskaner schon ihre Missionen errichtet hatten. Er war davon überzeugt, daß Krieg nicht das Mittel sei, fremde Völker und Kulturen zu gewinnen und den christlichen Glauben zu verbreiten. Die einzig wahre Methode konnte nach seiner Meinung nur darin bestehen, auf friedlichem Wege zu überzeugen, an Verstand und Einsicht der Indios zu appellieren und diese, weil sie vernunftbegabte Menschen waren, durch liebevolle Behandlung und überzeugende Predigt dahin zu bringen, von sich aus den christlichen Glauben anzunehmen. Sein Plan sah deshalb vor, mit spanischen Bauernfamilien, die jeweils mit fünf Indiofamilien eine Gemeinschaft ohne persönliche Abhängigkeit bilden sollten, unter dem Schutz von spanischen Soldaten und mit Dominikanern und Franziskanern Stützpunkte im Land zu bauen und von da aus das weitere Land friedlich zu missionieren. Spanische und indianische Siedler sollten gleichberechtigt miteinander leben, es sollte keine Ausbeutung der indianischen Arbeitskräfte geben. Um die schwächeren Indios zu entlasten, befürwortete Las Casas die Einfuhr von Negersklaven nach Amerika; erst Jahrzehnte später sah er die Versklavung der Neger ebenfalls als ungerecht an.

Das Unternehmen an der venezolanischen Küste, zu dem Las Casas im November 1520 von Spanien aus in See stach, scheiterte. Spanische Sklavenjäger, die den indianischen Bevölkerungsrückgang auf den Westindischen Inseln durch auswärtige Sklaven ersetzen wollten, provozierten die Indios der Region immer wieder zu

Überfällen auf die Missionsstationen, so daß eine dauerhafte Kolonisierung und Missionierung nicht möglich war. Las Casas kehrte enttäuscht nach Santo Domingo zurück, trat 1522 in den Dominikanerorden ein und vertiefte im Studium der Bibel, der Kirchengeschichte sowie der Geschichte der spanischen Entdeckung und Eroberung seine theologischen und historischen Kenntnisse, die ihm bei seinen späteren Aktivitäten wichtige Argumentationshilfen lieferten; Kenntnisse, die sich später in seinen Werken »*Historia de la Indias*« und »*Apologética Historia de las Indias*« niederschlugen (Abb. 30). Trotz des ersten Scheiterns der »friedlichen Gewinnung« gaben weder Las Casas noch Dominikaner und Franziskaner ihre Bemühungen auf, für die Eroberung und Kolonisierung Verbesserungsvorschläge zu machen und für eine menschenwürdige Behandlung der Indios einzutreten, obwohl oder gerade weil die Eroberer der Großreiche in Mexiko und Peru nach wie vor auf Gewalt setzten.

Erste Erkundung von Yucatán und der Ostküste Mexikos

Diego Velázquez hatte schon bald nach der Eroberung Kubas die Entdeckung weiterer Inseln geplant, nicht nur weil die Entwicklung auf Kuba rückläufig war, sondern auch weil er sich ein selbständiges, nicht mehr dem Vizekönig in Santo Domingo unterstelltes Gouverneursamt erhoffte. Im Dezember 1516 kam endlich die entsprechende Genehmigung aus Spanien zu einer Entdeckungsfahrt in Kuba an. Im Februar 1517 segelte eine von Velázquez und zwei reichen Kolonisten ausgerüstete Flotte von drei Schiffen unter dem Kommando von Francisco Fernández de Córdoba in Richtung Norden ab. Ziel der Expedition waren zunächst die Inseln der Bahama-Gruppe, *Islas de los Lucayos*, die angeblich von Kannibalen bewohnt waren und wo man Sklaven jagen wollte. Dann aber trat der Wunsch nach neuen Entdeckungen in den Vordergrund, besonders nachdem man an der mittelamerikanischen Küste Goldländer entdeckt hatte. Nach einer 21tägigen Fahrt Richtung Westen landete die Expedition, an der auch Bernal Díaz del Castillo teilnahm, auf der Halbinsel Yucatán, die die Spanier für eine Insel hielten. Hier trafen sie im Gebiet der Mayakultur auf große Städte mit Steinhäusern, auf bekleidete Indios; hier sahen sie auch zum ersten Mal große Tempel und stellten voll Entsetzen fest, daß hier Menschen geopfert wurden. Am wichtigsten aber war für die Spanier, daß sie hier tatsächlich Goldschmuck in großen Mengen fanden. Zunächst waren die Indios freundlich, gaben aber bald zu verstehen, daß sie einen längeren Aufenthalt der Spanier nicht dulden würden, und so kam es zu blutigen und für die Spanier verlustreichen Auseinandersetzungen, die Córdoba zur Rückkehr nach Kuba veranlaßten.

Hier begann Velázquez sofort, eine neue Expedition nach Yucatán auszurüsten, deren Leitung er Juan de Grijalva übertrug. Bereits Ende April 1518 stach die neue Expedition, unter den Teilnehmern wiederum Bernal Díaz del Castillo und Pedro de Alvarado, mit vier Schiffen in See. Die Schiffe segelten an der Küste von Yucatán und Mexiko westwärts bzw. nordwärts in den Golf von Mexiko ungefähr bis zur heutigen Stadt Tampico. Überall nahm Grijalva mit den üblichen symbolischen Handlungen das Land in Besitz und konnte im Tauschhandel mit den Indios große Mengen an Gold gegen spanische Kleinigkeiten erwerben. Die Expeditionsteilnehmer lernten bei ihren meist friedlichen Begegnungen mit den Indios voll Verwunderung eine hohe Kultur kennen und erhielten auch Informationen über weitere Großreiche im Landesinneren. Weisungsgemäß hielt sich Grijalva daran, nur zu entdecken und Tauschhandel zu treiben, nicht jedoch zu siedeln. Die Kenntnis vom Reichtum und von den höheren Kulturen an den Küsten Yucatáns und des Golfs von Mexiko veranlaßte Velázquez, in Spanien einen königlichen Auftrag und eine definitive Erlaubnis für die weitere Entdeckung und Kolonisation einzuholen. Während der Wartezeit rüstete er gemeinsam mit Hernán Cortés eine Flotte aus. Die Stunde für Hernán Cortés war gekommen.

Hernán Cortés und die Eroberung von Mexiko

»Schickt mir Gold, denn ich und meine Gefährten leiden an einer Krankheit des Herzens, die nur mit ihm geheilt werden kann.«
Cortés nach López de Gómara

Die eigenmächtige Expedition von Hernán Cortés

1519 begann Hernán Cortés mit der Eroberung Mexikos, der sich in den folgenden Jahren diejenige Mittelamerikas anschloß. Er war kein unerfahrener Heerführer und Eroberer. 1485 in Medellín in der Estremadura als Sohn einer Familie aus dem niederen Adel geboren, hatte er 1504 die Bühne der Neuen Welt betreten (Abb. 31). Wie andere vor ihm, war auch er von dem Goldfieber befallen, das Las Casas so anschaulich beschrieben hat. Nach kurzem zweijährigem Aufenthalt in Salamanca zur Vorbereitung auf das Jurastudium hatte er sich kaum zwanzigjährig nach Hispaniola begeben, um sein Glück zu machen oder wie es López de Gómara in seiner *»Geschichte der Eroberung Mexikos«* (Kap. III) formulierte: »Ankommen und mit Gold beladen wieder abreisen«. Auf Anraten der Behörden, die wußten, daß »Goldfinden Glücksache und harte Arbeit bedeutete«, war er Bürger von Santo Domingo geworden und hatte dadurch außer dem Bürgerrecht auch Bauland und Ländereien zur landwirtschaftlichen Nutzung mit dem entsprechenden *Repartimiento*, der üblichen Zuteilung indianischer Arbeitskräfte erhalten. Mehrere Jahre hatte er sich der Landwirtschaft gewidmet und nebenbei auch an der »Befriedung« der Insel gegen die Indios teilgenommen, die ihre ursprünglich friedliche Haltung angesichts der unmenschlichen Ausbeutung aufgegeben hatten. Im Jahre 1511 hatte er den Eroberer und späteren Gouverneur Diego Velázquez nach Kuba begleitet und sich dort in dessen Diensten in Verwaltung und Wirtschaft bewährt. So war er u.a. zweimal Bürgermeister *(Alcalde)* der ersten spanischen Stadt auf Kuba, Santiago de Baracoa, gewesen und hatte es durch seine wirtschaftlichen Erfolge zu Ansehen gebracht. Als Velázquez nach den Entdeckungsfahrten von Córdoba und Grijalva nach Yucatán und in den Golf von Mexiko sowie ihren Nachrichten über den zu erwartenden Goldreichtum des Reiches im Landesinneren Ende 1518 gemeinsam mit Cortés eine Flotte zur Erkundung des gesuchten Goldlandes ausrüstete und Cortés das Oberkommando über-

Abb. 31: Hernán Cortés (anonymes Gemälde, 16. Jahrhundert)

trug, aber noch auf eine offizielle Bestätigung aus Spanien wartete, nutzte Cortés Anfang 1519 die Gunst der Stunde und bemächtigte sich der Expeditionsflotte, um ohne Auftrag und auf eigene Faust das Aztekenreich zu erobern.

Im Unterschied zu den primitiveren Inselkulturen gehörte das Aztekenreich zu den andinen Hochkulturen, die mehr oder weniger durchorganisierte Reiche mit entwickelteren Gesellschafts- und Wirtschaftsstrukturen ausgebildet hatten. Unter den verschiedenen Staaten im Hochbecken von Mexiko nahm das Reich der Mexica – auch Azteken genannt –, die seit der Mitte des 14. Jahrhunderts ihr Territorium und ihren Einfluß ausdehnten, eine führende Rolle ein. Ursprünglich bestand es nur aus einigen versumpften, rohrbestandenen Inseln im Texcoco-See, auf die Reste der Mexica 1325 nach einer Niederlage gegen die Colhua geflüchtet waren. Dort gründeten sie auf einer in der westlichen Ausbuchtung des salzhaltigen Sees gelegenen Insel ihre Hauptstadt Tenochtitlán. Von hier aus führten sie Kriege gegen die umliegenden Reiche, unterwarfen sie und erweiterten seit der Mitte des 15. Jahrhunderts die Grenzen ihres Herrschaftsgebietes über das Hochtal hinaus bis an die Golfküste. Das benachbarte Tlatelolco wurde in die Hauptstadt Tenochtitlán eingegliedert. 1519 dehnte sich das Reich der Azteken, die durch eine ähnliche Kultur und eine gemeinsame Sprache, das Nahuatl, verbunden waren, über das gesamte Hochtal von Mexiko aus, es erstreckte sich vom Pazifischen Ozean bis zum Golf von Mexiko und reichte von der heutigen guatemaltekischen Grenze im Süden bis zur Nordgrenze des heutigen Bundesstaates San Luis Potosí. Damit umfaßte es rund 200 000 Quadratkilometer und war von fünf bis sechs Millionen Menschen bewohnt, ohne jedoch ein einheitliches und geschlossenes Herrschaftsgebiet zu bilden. Denn innerhalb des Territoriums gab es eine Reihe größerer und kleinerer unabhängiger Herrschaften wie z. B. Teotitlán in Oaxaca oder Tlaxcala und Huexotzinco im Tal von Puebla-Tlaxcala, die sich untereinander verbündeten und ihre Selbständigkeit gegenüber den Azteken wahrten. Diese Staaten bildeten ständige Unruheherde, und das Beispiel ihrer Unabhängigkeit stachelte die angrenzenden unterworfenen Gruppen immer wieder zu Aufständen gegen die Azteken an. Das aztekische Territorium war in 38 Steuerprovinzen unterteilt, an deren Spitze Gouverneure standen, die oft ehemalige Herrscher oder Angehörige der alten Herrscherhäuser waren und auf diese Weise in das aztekische Herrschaftssystem integriert werden konnten. Auch auf der unteren Ebene der Städte und Ortsvorsteher ließen die Azteken meist die alten Funktionäre im Amt, stellten ihnen jedoch ebenso wie den Gouverneuren aztekische Beamte zur Seite. Gouverneure und Ortsvorsteher waren unter anderem für das Eintreiben der Steuern verantwortlich, die eine Region nach der Eroberung zu zahlen hatte. Umfang und Art der Tribute an das Reich, die noch durch Abgaben an die Provinz- und Ortsverwaltungen sowie an die Tempel ergänzt wurden, richteten sich nach verschiedenen Kriterien, wie beispielsweise Größe und Bevölkerungsdichte, Bodenbeschaffenheit, aber auch nach der Entfernung zur Hauptstadt Tenochtitlán.

Mit dem Reich war auch die ursprüngliche Inselsiedlung Tenochtitlán gewachsen. 1519 bedeckte die Hauptstadt, die aus Tenochtitlán im Süden und Tlatelolco im Norden bestand, eine Fläche von ungefähr zwölf bis fünfzehn Quadratkilometern und zählte etwa 235 000 Einwohner. Sie war nicht nur die größte Stadt des alten Amerika, sondern konnte es an Größe und Schönheit auch mit europäischen Hauptstädten aufnehmen, was selbst den Spaniern nicht entging. Nur Teile der Stadt – besonders die Tempel und Paläste – lagen auf mehr oder weniger festem Inselgrund, die Hälfte der Stadt bestand aus Hausgrundstücken auf Schwemmland, an die sich nach hinten *Chinampas,* Gärten, anschlossen, die bis zu einem Kanal reichten, durch den sie be- und entwässert wurden. Einbäume und Kanus dienten als Beförderungs- und Transportmittel auf den Kanälen und auf dem See. Insgesamt gliederte ein schachbrettartig angelegtes Netz von parallel verlaufenden Straßen und Kanälen die Stadt. Es gab Brücken und Plätze, Wasserleitungen und Dammstraßen nach Süden, Westen und Norden, die die Stadt mit dem Festland verbanden. Die Dammstraßen gingen in die Hauptachsen der Stadt über und unterteilten zusammen mit einer von Osten kommenden Hauptstraße Tenochtitlán in vier Stadtviertel – Tlatelolco kam als eigene Einheit hinzu. Die Hauptstraßen trafen sich auf einem großen Marktplatz, dem heutigen *Zócalo*. Hier lag auch das Zentrum der Stadt: Hier befand sich der Tempelbezirk mit dem gewaltigen Haupttempel, der dem die Sonne symbolisierenden Stammesgott Huitzilopochtli und dem Regengott Tlaloc gewidmet war; hier lagen die vielen anderen Tempel und Pyramiden sowie die Residenz, die Paläste der Herrscher und anderer Großer des Reiches. Alle Gebäude waren aus Stein oder aus luftgetrockneten Lehmziegeln *(adobe)* erbaut (Abb. 32). Jedes Stadtviertel hatte einen eigenen Gouverneur *(tecutli)* sowie einen eigenen Tempelbezirk und einen eigenen Markt.

Die Azteken verehrten viele Götter, neben eigenen Gottheiten wie Huitzilopochtli, dessen Kult sie auch den unterworfenen Völkerschaften aufzwangen, übernahmen sie auch Gottheiten unterworfener Gruppen, deren Bilder sie gleichsam als Gefangene Huitzilopochtlis zum Haupttempelbezirk von Tenochtitlán brachten. Alle Gottheiten waren menschengestaltig, ihre Bilder oder Statuen waren aus Stein oder Ton hergestellt. Die Religion der Azteken, die im Laufe der Zeit aus der Vermischung von Kultelementen verschiede-

Abb. 32: Der Kultbezirk mit dem Haupttempel von Tenochtitlán (Chromolithographie aus der »Historia« von Sahagún)

ner Bevölkerungsgruppen entstanden war, erforderte Menschenopfer. Nach aztekischer Vorstellung konnte die lebenspendende Sonne nur durch menschliche Herzen und menschliches Blut genügend Kraft bekommen, ihren Weg über den Himmel und durch die Unterwelt zu nehmen und den Fortbestand der Welt zu sichern. Als die Welt erschaffen worden war und die Menschen sie bevölkerten, waren auch Sonne und Mond entstanden. Da diese sich jedoch nicht

Abb. 33: Menschenopfer (Codex Nuttal)

bewegten und die Pflanzen und die Erde verbrannten, opferten sich einige Götter selbst, um die Sonne in Bewegung zu setzen. Damit sie sich dann weiter bewegen konnte, hatte man sie regelmäßig mit ihrer Nahrung, mit Blut und Herzen zu versorgen. Die Nacht verbrachte die Sonne im Totenreich Mictlán, der tiefsten Unterwelt. Hier magerte sie zum Skelett, zum kraftlosen Toten ab und schien nur noch trübe. Ihre Kraft reichte gerade bis zum Horizont im Osten, wo man am Morgen schwache Sonnenstrahlen sah, ein Zeichen ihrer Kraftlosigkeit. Menschliches Blut und menschliche Herzen versetzten sie in die Lage, erneut zum Himmel aufzusteigen, die Menschen zu erwärmen und die Pflanzen wachsen zu lassen. Ohne dies tägliche Opfer wäre die Welt dem Untergang geweiht gewesen. Bei der Opferhandlung wurde das Herz bei lebendigem Leib herausgerissen. Das Opfer wurde von vier Priestern an Armen und Beinen gehalten und rücklings über einen Stein gelegt, so daß der Rücken gebogen und die Rippen vorgewölbt waren. Ein fünfter Priester öffnete durch einen raschen Schnitt mit einem scharfen Obsidiandolch den Brustkorb unterhalb der Rippen und riß das Herz heraus, das dann der Sonne entgegengehalten wurde. Das Blut fing man in einer Steinschale auf (Abb. 33). Die Azteken sahen im Opfertod keine Bestrafung, im Gegenteil: Nach ihrer Jenseitsvorstellung kamen die gefallenen Krieger und die Geopferten in das Paradies des Sonnengottes. Ein Opfertod konnte deshalb sogar erstrebenswert sein. Die Schädel der Geopferten wurden auf besonderen Schädelgestellen *(tzampantli)* aufbewahrt; man durchbohrte die Schädel an den Schläfen und steckte sie dann auf waagerechte Stangen: ein makabrer Anblick für die Spanier, die aus den Gestellen wahre Opferorgien der Azteken ableiteten (Abb. 34). In den Bereich der Aufrechterhaltung der kosmischen und klimatischen Ordnung gehörten auch die Kindertötungen. In Bittzeremonien für den Regengott Tlaloc wurden meist kleine Kinder geopfert, indem sie ertränkt wurden. Ihre Tränen, Regentropfen vergleichbar, wurden als gutes Omen gedeutet (Abb. 35). Den europäischen Christen jedoch erschien diese aztekische Glaubenswelt als verabscheuenswürdiges Teufelswerk. Der mißverstandene Kult von Menschenopfern rief bei den Europäern schauriges Entsetzen hervor, ließ sich aber zur Illustration des Fremden und Andersartigen in Zeitungen oder für Bücher sehr schön als Aufmacher verwenden und prägte so vor allem das einseitige Bild vom barbarischen grausamen Azteken.

Mit Völkern dieser Kultur, mit einem durchaus aggressiven und von Nachbarn gefürchteten bzw. in Frage gestellten Eroberungsreich stießen nun die Spanier ab 1519 zusammen. Über die Eroberung dieses Reiches, den wohl spektakulärsten Akt der spanischen Conquista, haben sowohl Sieger als auch Besiegte, die Spanier und die Azteken selbst berichtet. Auf spanischer Seite ist vor allem Hernán Cortés zu nennen, der über seine militärischen und politischen Aktivitäten bei der Eroberung und Umgestaltung des Aztekenreiches zu einer spanischen Provinz sozusagen als sein eigener Chronist eine detaillierte Darstellung in fünf Briefberichten *(»Cartas de Relación«)* an Kaiser Karl V. gab, um von diesem die nachträgliche Legitimierung für sein Vorgehen zu erhalten. Von diesen Briefen sind der zweite (30. Oktober 1520), der dritte (14. Mai 1522) und der vierte (15. Oktober 1524) umgehend in Spanien veröffentlicht worden, der zweite Brief 1522 in Sevilla, der dritte 1523 ebenfalls in Sevilla, beide durch den deutschen Drucker Jacob Kromberger. In Zaragoza erschien 1523 ebenfalls der dritte Brief, 1525 in Toledo der vierte. Auch in anderen europäischen Ländern fanden der zweite und der dritte Brief schnelle Verbreitung, 1522 gab es je eine Ausgabe des zweiten Briefs in Französisch in Antwerpen und in Italienisch in Mailand, 1523 eine weitere in Niederländisch in Antwerpen. In Nürnberg erschien vermutlich durch Vermittlung des deutschen Druckers Kromberger schon 1524 eine lateinische Übersetzung des zweiten und dritten Briefs. Diese Texte kamen noch einmal 1532 in Köln sowie 1555 in Basel heraus. 1550 wurde in Augsburg eine deutsche Übersetzung der Nürnberger Ausgabe veröffentlicht. Im übrigen sind die Briefe in zahlreichen anderen europäischen Darstellungen über die Neue Welt verarbeitet worden und haben mit ihrer Sichtweise die Vorstellung von der spanischen Eroberung und den fremden Kulturen geprägt. Eine weitere wichtige Quelle ist die erst 1632 veröffentlichte *»Wahrhafte Geschichte der Entdeckung und Eroberung von Mexiko«* des Feldhauptmanns Bernal Díaz del Castillo, der alle Eroberungszüge miterlebte. »Wahrhaft« ist sie nur insofern, als sie ein Augenzeugenbericht war und mit der Absicht geschrieben wurde, die einseitigen und die Bedeutung von Cortés glorifizierenden Aussagen zu korrigieren, wie sie in der *»Geschichte der Eroberung von Mexiko«* (1552) des Chronisten Francisco López de Gómara zu lesen waren. López de Gómara war nach der Rückkehr von Cortés nach Spanien lange Zeit dessen Hausgeistlicher und Sekretär gewesen und hatte auf der Grundlage von dessen Informationen geschrieben, wodurch er nach der Meinung von Bernal Díaz die Verdienste anderer Spanier nicht gebührend gewürdigt hatte. Auch in anderen zeitgenössischen Darstellungen wie in den *»Dekaden«* des Pedro Mártir de Anglería, die auf Nachrichten von spanischen Augenzeugen beruhten, wurde die Eroberung Mexikos der Zeit entsprechend aus der Sicht der Spanier dargestellt; lediglich der *»Kurzgefaßte Bericht über die Verwüstung von Indien«* (1552) des Bartolomé de las Casas behandelte die Ereignisse differenzierter und stellte deren Schattenseiten heraus.

Auf aztekischer Seite begannen schon kurze Zeit nach der blutigen Einnahme ihrer Hauptstadt Tenochtitlán verschiedene Überlebende, schriftlich oder in Bildfolgen die Ereignisse des gewaltsamen Zusammenstoßes mit den Spaniern darzustellen. Zu den ältesten Zeugnissen – teils in Nahuatl mit lateinischen Buchstaben abgefaßt – gehören einige zwischen 1523 und 1524 verfaßte Gesänge oder Gedichte *(»Cantares mexicanos«)*, die bald nach 1524 niedergeschriebene

Abb. 34: Opferszene und Schädelgestell (Kupferstich von De Bry, 1601)

Wiedergabe von Wechselgesprächen zwischen aztekischen Vornehmen und Franziskanern (*»Libro de los Coloquios«*), die *»Geschichte«* eines anonymen Autors aus Tlatelolco (1528), das sogenannte *»Lienzo de Tlaxcala«*, eine Bildergeschichte aus der Sicht der mit Cortés verbündeten Tlaxcalteken (Mitte des 16. Jahrhunderts) sowie die Text- und Bilddokumente, die die Mönche Fray Bernardino de Sahagún und Fray Diego de Durán von aztekischen Augenzeugen und glaubwürdigen Informanten sammelten und zur Grundlage ihrer historischen Darstellungen machten. Während die spanischen Darstellungen nicht nur in Spanien, sondern auch in ganz Europa bekannt wurden und damit die Beurteilung der Eroberung, vor allem aber das Bild vom grausamen und heidnischen Azteken prägten, blieben die aztekischen Berichte über die Eroberung und das Verhalten der Spanier unveröffentlicht und in verschiedenen Abschriften als Manuskripte in europäischen Archiven verborgen. Sie wurden der Öffentlichkeit vorenthalten. Die *»Geschichten«* von Sahagún und

Durán erschienen erstmals gedruckt 1827 bzw. 1867; die verschiedenen Text- und Bildcodices wie z.B. der »*Codex Florentino*» (Sahagún), der »*Codex Matritense*« (Sahagún), der »*Codex Aubin*« (Britisches Museum, London) oder der »*Codex Ramírez*« (Durán; Madrid) wurden erst seit dem Ende des 19. Jahrhunderts zugänglich. Das auf Nahuatl verfaßte Manuskript der »*Wechselgespräche*« wurde erst 1924 im Geheimarchiv des Vatikan entdeckt. Heute sind die meisten Texte in Spanisch und teilweise auch in deutscher Version erschienen. Sie offenbaren nun die andere Seite der Eroberung.

Am 18. Februar 1519 segelte Cortés mit elf nicht mehr ganz seetüchtigen Schiffen und insgesamt etwa 600 Mann, darunter 110 Seeleuten, von Kuba in Richtung Yucatán ab. Neben einigen Conquistaerfahrenen Personen wie Pedro de Alvarado oder Bernal Díaz del Castillo bestand seine Ausrüstung und militärische »Stärke« in 16 Reitern, 32 Bogenschützen, 13 Musketieren, vier leichten Kanonen und einem groben Geschütz. Auf der Insel Cozumel, der ersten Station, hielt sich Cortés nicht lange auf, Ziel war ja das Reich im Landesinneren, von dem Grijalva Wunderdinge berichtet hatte. Als wichtige Voraussetzung für das Unternehmen erwies sich die Begegnung mit einem spanischen Schiffbrüchigen namens Jerónimo de Aguilar, der Jahre zuvor auf einer Reise Schiffbruch erlitten und sich auf die Insel gerettet hatte. Seitdem lebte er unter den Indios und hatte ihre Sprache, die Maya-Sprache, erlernt. Er schloß sich der spanischen Expedition an. Damit verfügte Cortés im Maya-Gebiet über einen Dolmetscher, dem die wichtige Aufgabe zufiel, den Indios zu verdeutlichen, daß die Spanier nicht in kriegerischer, sondern in friedlicher Absicht gekommen seien, um mit ihnen Tauschhandel zu treiben und um ihnen den wahren Glauben zu bringen. Wo immer er nun an den Küsten der Halbinsel Yucatán landete, ließ er entsprechend den Bestimmungen des *Requerimiento* die friedliche Absicht der Spanier und die Aufforderung zur Unterwerfung unter den spanischen König verkünden. Lehnten die Indios ab, ließ er es auf kriegerische Auseinandersetzungen ankommen oder griff zu Mitteln, den Gegner einzuschüchtern und zur schnellen Verhandlungsbereitschaft oder Kapitulation zu veranlassen, was angesichts der zahlenmäßigen Unterlegenheit der Spanier überaus wichtig war. Schon Kolumbus war in dieser Weise vorgegangen. In Tabasco trafen die Spanier auf Indios, die sich ihnen widersetzten und ihr Eindringen und die Zerstörung ihrer religiösen Kultstätten nicht widerstandslos hinnahmen. Hier wandte Cortés, um seine zahlenmäßige Unterlegenheit zu kompensieren, erstmals die später oft wiederholte Einschüchterungstaktik an, indem er die den Indios unbekannten Feuerwaffen und Pferde psychologisch einsetzte. Bernal Díaz hat die diesbezüglichen Überlegungen und die Wirkung lebendig geschildert: »Cortés, der jeden Vorteil ausnützte, sagte anschließend lächelnd zu uns: ›Meine Herren, mir scheint, daß die Indianer große Angst vor unseren Pferden haben. Sie sind wohl der Meinung, daß unsere Pferde und unser Geschütz den Krieg allein führen. Ich habe einen Einfall, der diese Überlegung bestätigen soll. Ihr müßt die Stute des Joan Sedeno holen, die erst kürzlich an Bord geworfen hat. Ihr sollt sie hier, wo ich stehe, anbinden. Dann bringt Ihr den Hengst des Musikers Ortiz, der besonders hitzig ist und schnell die Witterung der Stute haben wird. Sobald Ihr merkt, daß es soweit ist, führt Ihr die beiden Rosse wieder weg, jedes an einen anderen Ort, damit die Kaziken sie weder sehen noch hören, bevor sie mir vorgestellt und wir mitten im Gespräch sind‹. Ferner ließ Cortés das größte unserer Geschütze mit reichlich Pulver und einer Kugel laden. Gegen Mittag kamen vierzig Kaziken, mit vielem Anstand und nach ihrer Art und Weise reich gekleidet. Sie begrüßten Cortés und uns alle, räucherten uns mit Weihrauch an, baten um Verzeihung für das Vergangene und versprachen Freundschaft für alle Zukunft. Cortés antwortete durch unseren Dolmetscher mit finsterem Ernst. Er sagte, er habe sie oft zum Frieden eingeladen und nun sei es allein durch ihre Schuld fast so weit gekommen, daß wir alle Einwohner der hiesigen Ortschaften umgebracht hätten. Wir wären die Vasallen eines großen Königs und Herren, der uns in dieses Land geschickt und befohlen habe, alle, die sich seiner Oberhoheit unterwerfen, zu begünstigen und zu unterstützen. Wenn ihre Versicherungen wahr und wirklich friedlich gesinnt seien, dann könnten wir diesen Befehl unseres Herren auch ausführen. Sei dies nicht der Fall, dann müßten wir die *Tepuzques* – den Namen hatten die Indianer den Geschützen gegeben – auf sie loslassen. Die *Tepuzques* seien ohnehin noch sehr erbittert über ihre Feindseligkeit. In diesem Augenblick wurde auf ein Zeichen des Generalkapitäns das größte Stück abgefeuert. Es gab einen donnerähnlichen Knall, und die Kugel flog mit lautem Geräusch über die Höhen weg. Man konnte sie deutlich hören, weil es völlig windstill war. Die Kaziken hatten derartiges noch nie gesehen. Sie bekamen Angst und glaubten alles, was Cortés ihnen zuvor gesagt hatte. Er ließ sie nun durch Aguilar beruhigen und ihnen versichern, daß er den Befehl gegeben habe, ihnen keinerlei Schaden zuzufügen. In diesem Moment brachte man den Hengst, der die Witterung der Stute hatte, und band ihn ganz in der Nähe an. Der Hengst fing sehr bald an zu wiehern, mit den Hufen zu stampfen und sich aufzubäumen. Seine Augen waren unaufhörlich auf die Indianer gerichtet; denn sie standen vor dem Zelt des Cortés, in dem die Stute versteckt war. Die Kaziken aber mußten glauben, daß der Hengst alle diese Bewegungen nur um ihretwillen mache, und sie waren deshalb in großer Furcht. Cortés ließ die Szene auf die In-

Abb. 35: Kinderopfer in Yucatán (Holzschnitt, Augsburg um 1522)

dianer wirken. Dann stand er von seinem Stuhl auf, trat zu dem Pferd, nahm es am Zügel und ließ es durch die Stallknechte wieder wegführen. Aguilar aber versicherte den Kaziken, Cortés habe dem Roß befohlen, ihnen kein Leid zuzufügen« (übersetzt von Georg A. Narciß).

Die Folge dieser Taktik war, daß die Häuptlinge die Freundschaft akzeptierten und mit Geschenken wiederkamen. Als besonderer Glücksfall erwies sich, daß sich unter den Indio-Mädchen, die Cortés als Geschenk erhielt, eine Frau befand, die in einem Ort geboren und aufgewachsen war, wo sie die Nahuatl-Sprache erlernt hatte. Später war sie als Sklavin nach Tabasco gebracht worden und hatte dort die Maya-Sprache erlernt. Malintzin oder Malinche, wie es die Spanier aussprachen, konnte daher zusammen mit Aguilar auftretende Verständigungsschwierigkeiten im Nahuatl-Sprachgebiet überbrücken. Malinche übersetzte vom Nahuatl in die Maya-Sprache und Aguilar dann aus dem Maya ins Spanische und umgekehrt. Malinche, die bald auch Spanisch lernte und nach ihrer späteren Taufe den Namen Marina erhielt, leistete Cortés, dessen Geliebte und Ratgeberin sie wurde, bei seiner ränkevollen Verhandlungstaktik und der Eroberung Mexikos aufgrund ihrer Kenntnis von Sitten und Gebräuchen wichtige Dienste – sie wird heute von den Mexikanern als Verräterin angesehen (Abb. 36).

Entlang der Küste im Golf von Campeche segelte Cortés weiter auf der Suche nach einem Stützpunkt, der zugleich als Ausgangbasis für den Zug ins Landesinnere und als Hafen für die Verbindung zur Außenwelt – zu Spanien und Kuba – geeignet war. In der Bucht von San Juan de Ulúa fand er den gewünschten Standort; er gründete dort die erste spanische Stadt auf mexikanischem Boden: die Rica Villa de la Vera Cruz, das spätere Veracruz, berief einen Stadtrat, von dem er sich dann wiederum die Aufgaben eines Alkalden und Generalkapitäns übertragen ließ. Damit stellte er sein weiteres Unternehmen zumindest provisorisch auf eine Rechtsgrundlage, obwohl er weder Vollmachten zur Stadtgründung noch zur Einsetzung eines Stadtrates besaß. Er hoffte, daß die Aussicht auf künftige Einnahmen und auf territoriale Erweiterung den spanischen König zu einer nachträglichen Legitimierung seines Vorgehens veranlassen würde. In diesem Sinne informierte er Kaiser Karl V. über seine Intentionen und bisherigen Aktivitäten und konnte sogar erste Beweise für den zukünftigen Reichtum mitliefern. Denn schon bald nach der Landung war der erste mittelbare Kontakt zwischen Cortés und dem aztekischen Herrscher Moctezuma II. zustande gekommen.

Der aztekische Herrscher war über die Fahrt und die Ankunft der Fremden an der Küste schon längst informiert. Beobachter hatten ihm, wie es in der »*Crónica Mexicana*« heißt, von »seltsamen Dingen« berichtet, »die auf dem großen Meer erschienen«. Sie hatten »zwei Türme oder kleine Berge« gesehen, »die auf den Wellen des Meeres schwammen…. Fremde sind an die Küste des großen Meeres gekommen. Wir sahen, wie sie von einem kleinen Boot aus fischten. Einige hielten Ruten, andere warfen ein Netz. Sie fischten, bis es spät wurde. Dann fuhren sie zu ihren beiden großen Türmen zurück und stiegen hinein. Wir zählten ungefähr fünfzehn Leute. Einige trugen blaue Umhänge, andere rote, andere schwarze oder grüne, einige hatten auch sehr häßliche braune, wie unsere *ichtlmatli*. Einige hatten gar keinen Umhang. Auf dem Kopf trugen sie rote Tücher oder leuchten-

Abb. 36: Cortés und Malinche (Abbildung aus der »Historia« von Durán)

de scharlachrote Mützen, und einige hatten sich große runde Hüte aufgesetzt, die wie unsere *comales* aussehen und wohl vor der Sonne schützen sollten. Sie haben sehr helle Haut, viel heller als wir. Sie tragen alle lange Bärte, aber ihr Haar reicht nur bis an die Ohren«. Die Chronik meldet weiter: »Als Motecuhzoma diesen Bericht angehört hatte, war er niedergeschlagen und sprach kein Wort« (übersetzt von Renate Heuer). Er brachte diese Nachricht nämlich mit einer Reihe von Unheil verkündenden Vorzeichen in Verbindung, die nach den aztekischen Quellen *(»Historia de Tlaxcala«, Sahagún, Durán)* schon zehn Jahre vor der Ankunft der Spanier begonnen hatten, aber nicht gedeutet werden konnten. Angst vor kommendem Unheil, vor einer drohenden Gefahr beherrschte die Gemüter in Mexiko und lähmte besonders Moctezuma. Böse Vorahnungen veranlaßten ihn, die Spanier mit Argumenten und Geschenken, deren Wert sich immer mehr steigerte, dazu zu bewegen, nicht nach Tenochtitlán vorzudringen: ein Ansinnen, das gerade das Gegenteil bewirkte, denn je mehr Gold er schickte, desto mehr reizte er die Spanier.

Bei der ersten Begegnung kurz nach der Landung, Ostern 1519, und dem ersten Austausch von Geschenken – Gold gegen Glasperlen – soll Cortés laut López de Gómara (Kap. XXVI) die Gesandten zu weiteren Geschenken von Gold aufgefordert haben: »Schickt mir Gold. Denn ich und meine Gefährten leiden an einer Krankheit des Herzens, die nur mit ihm geheilt werden kann«. Die Gesandten, denen Cortés ebenfalls die Gewalt der Geschütze und die Wildheit der Pferde vorführen ließ, konnten ihn nicht von seinem Plan abbringen und sagten weitere Geschenke zu. Schon nach einer Woche wurden weitere wertvolle Geschenke gebracht – Gewänder, Gold, und Federschmuck –, deren tieferen Sinn die Spanier jedoch nicht verstanden. Für sie war nur das Gold wichtig, wie aus den Worten von Bernal Díaz hervorgeht: »Dann breiteten sie Matten aus, legten darauf baumwollene Stoffe und die prächtigen Geschenke ihres Gebieters. Das erste war eine außerordentlich schöne Arbeit, eine goldene, reichverzierte Scheibe in der Größe eines Wagenrades, die nach der Meinung von Kennern ihre zwanzigtausend Goldpiaster wert war. Sie stellte die Sonne dar. Dann kam der Mond, eine noch größere, schwere silberne Scheibe, mit zahlreichen Figuren verziert. Und schließlich übergaben die Kaziken die Sturmhaube, bis oben hin mit feinen Goldkörnern gefüllt, wie sie aus den Bergwerken kommen. Sie waren mindestens dreitausend Piaster wert. Aber selbst der zehnfache Wert wäre für uns weniger gewesen als die Gewißheit, daß es in diesem Land reiche Gold- und Silbergruben geben mußte. Dazu kamen zwanzig sehr reizvoll nach der Natur geformte Enten, Figuren von Hunden, Tigern, Löwen und Affen, zehn Halsketten und Berlocken, lauter besonders schöne Arbeiten aus reinem Gold; sie brachten ferner in Silber und Gold gefaßte Federbüsche und Fächer, dreißig Ballen feine baumwollene Stoffe, kurz eine Menge von Gegenständen aller Art, dazu Waffen und Lebensmittel; ich kann mich nach den vielen Jahren nicht mehr an alle Einzelheiten erinnern« (übersetzt von Georg A. Narciß) (Abb. 37 und 38).

Was Bernal Díaz und auch López de Gómara nur als Baumwollstoffe und Federwerk bezeichneten, waren in Wirklichkeit Gewänder, Schmuckstücke und Insignien, die nach aztekischer Vorstellung dem Gott Quetzalcóatl zukamen. Moctezuma konnte das Erscheinen der Spanier mit den unbekannten Waffen und Tieren, mit einer so schrecklichen Macht nur im Rahmen seiner mythischen Vorstellungswelt deuten; alte Mythen und Prophezeiungen sprachen von der Rückkehr des Gottes Quetzalcóatl aus dem Osten und vom anschließenden Weltuntergang. Waren also die Fremden göttliche Wesen? Kehrte in Cortés der Gott Quetzalcóatl, der ebenfalls weißhäutig und bärtig gewesen war, zurück? Moctezuma und seine Berater waren sich nicht sicher. Um Gewißheit zu erhalten und die Ängste zu verlieren, hatte er den Götterschmuck zusammengestellt. Denn, wenn Cortés oder dessen König wirklich Quetzalcóatl war, wie er vermutete, mußte er die Insignien auch erkennen. Eine aztekische Quelle (»*Historia*« von Sahagún, Buch XII) hat diese Überlegungen eindrucksvoll beschrieben: »Als der es (die Ankunft der Fremden) hörte, sandte er sofort Boten ab, indem er gewissermaßen so dachte: ›Es ist unser Fürst Quetzalcóatl, der gekommen ist. Denn so war sein Wille gewesen, daß er wiederkommen wird, daß er herkommt, seinen Thron wieder einnehmen wird, weil er nach Osten gegangen war, als er fortzog.‹ Und er schickte fünf ab, die ihn empfangen, ihm

Geschenke bringen sollten .... Er sprach zu ihnen: ›Geht her, ihr Jaguarkrieger, geht her, man sagt, unser Herr ist bereits gekommen, geht ihn zu empfangen, hört wohl, seid ganz Ohr, was er sagen wird, das genau Gehörte sollt ihr mir hierherbringen. Hier ist das, womit ihr zu ihm sollt, die Tracht Quetzalcóatls, unseres Herrn!‹ ... Als viertes Geschenk die Tracht Quetzalcóatls selbst: eine Jaguarfellmütze mit Waldhuhnfedern, oben befindet sich ein großer grüner Edelstein über der Stirn eingelassen. Und den Türkisohrpflock, rund, daran hängend ein goldenes Ohrgehänge. Und die Halsschmuckplatte aus grünem Edelstein, in der Mitte die große, goldene Scheibe. Und den Mantel mit rotem Saum, den knüpft er sich über der Schulter. Ebenfalls goldene Schellen, die er als Schmuck an seinen Füßen hat. Und einen Schild mit Gold in der Mitte, mit ausgebreiteten Quetzalfedern am Rande und mit einer Quetzalfahne. Und den gekrümmten Stab des Windgottes, oben gekrümmt, mit Sternzeichnung aus weißem Chalchiuitl. Und seine Schaumsandale. Alle diese genannten Göttertrachten, ihre Trachten, wurden den Gesandten übergeben, und noch sehr viele andere Stücke, die sie als ihr Begrüßungsgeschenk brachten .... Und die genannten fünf, sie redet Moctezuma an und spricht zu ihnen: ›Geht, haltet euch nirgends auf, betet an unseren Herrn, den Gott, sagt ihm: Uns hat dein Vasall Moctezuma geschickt. Hier ist das, was er dir herschenkt, denn der Gott ist in seiner Heimat, in Mexiko angekommen‹« (übersetzt von Eduard Seler).

Hernán Cortés hat in den Geschenken nicht die Göttertrachten und -insignien erkennen können; er war nicht der vermutete Gott. Er sandte die Geschenke, die Moctezuma seinen »Göttern« entgegengeschickt hatte, um sie in ihrer Heimat zu begrüßen, zusammen mit seinem ersten Rechtfertigungsbrief vom 10. Juli 1519 aus Veracruz an Karl V. nach Spanien: der erste Tribut aus Mexiko. Fein säuberlich sind die einzelnen Teile in diesem Schreiben aufgeführt. Schon bald erregten sie in Europa Staunen und Bewunderung. Auch Albrecht Dürer sah den Goldschatz 1520 am Hof Karls V. in Brüssel und schrieb in sein Tagebuch: »Auch hab jch gesehen die dieng, die man dem könig auß dem neuen gulden land hat gebracht: ein gancz guldene sonnen, einer ganczen klaffter braith, deßgleichen ein gancz silbern mond, auch also groß, deßgleichen zwo kammern voll derselbigen rüstung, desgleichen von allerley jhrer waffen, harnisch, geschucz, wunderbahrlich wahr, selczamer klaidung, pettgewandt und allerley wunderbahrlicher ding .... Diese ding sind alle köstlich gewesen, das man sie beschäczt vmb hundert tausent gulden wert. Und ich hab aber all mein lebtag nichts gesehen, das mein hercz also erfreuet hat als diese ding. Dann ich hab darin gesehen wunderbarliche künstliche ding und hab mich verwundert der subtilen jngenia

(Erfindungsgabe) der menschen jn frembden landen«. Aus diesen Worten klingt nicht nur Bewunderung, sondern auch eine große Verwunderung. Verwunderung darüber, daß Menschen in fremden Landen – und das wollte sagen in nicht-europäischen Regionen – zu einer solchen Kunstfertigkeit in der Lage waren, wie man sie eigentlich nur in Europa erwartete. Die Spanier sollten im Laufe ihres Vorrückens bald noch größere Überraschungen erleben.

Der Marsch ins Zentrum des Aztekenreiches

Denn für Cortés gab es kein Zurück; weder die Geschenke von Moctezuma noch Meutereien seiner Soldaten vermochten sein Vorhaben aufzuhalten. Seine Soldaten erlagen immer wieder seiner Überredungskunst. Vor die Wahl gestellt, nach Kuba zu Velázquez zurückzufahren oder an den Eroberungserfolgen und der Beute aus dem Goldland beteiligt zu werden, entschieden sie sich für Cortés, auch wenn sie damit Strapazen und Mühsal auf sich nahmen. Um jegliche Rückzugs- oder Desertionsmöglichkeiten auszuschalten, ließ Cortés die ohnehin schon morschen Schiffe an Land ziehen und bis auf eines zerstören. Bei seinem weiteren Vorgehen und der endgültigen Eroberung des Aztekenreiches kamen ihm nun die Struktur dieses Tributimperiums, die bestehenden Rivalitäten und internen Spannungen zunutze. Er hat diese Situation, die er im zweiten Brief an Karl V. mit dem bekannten Zitat *»Omne regnum in se ipsum divisum desolabitur«* treffend kennzeichnete, schnell erkannt und entsprechend gehandelt, indem er die Stämme und einzelnen Reiche gegeneinander und vor allem gegen die Azteken ausspielte, eine weitere taktische Maßnahme, mit der sich die zahlenmäßige Unterlegenheit der Eroberer ausgleichen ließ.

Schon die Indios in der Gegend von Veracruz, die Totonaken, verhielten sich den Spaniern gegenüber freundlich, weil sie in den Weißen ihre Befreier von der aztekischen Tributherrschaft sahen. Cortés nutzte diese Möglichkeit, die sich ihm in den unzufriedenen Vasallen des Aztekenherrschers bot, umgehend aus und versprach dem Kaziken der Totonaken in Compoala, ihn und sein Volk vor der Tyrannei der Azteken zu schützen. 400 Mann Hilfstruppen und Lastträger erhielt er dafür, ein willkommener Gegenwert. In Veracruz ließ er 150 Mann zum Aufbau des Stützpunktes zurück und brach am

Abb. 37: Goldverzierter aztekischer Federkopfschmuck

Abb. 38: Wertvoller aztekischer Fächer

16. August 1519 ins Landesinnere auf, auf Anraten der Totonaken wandte er sich zunächst nach Tlaxcala. Diese Stadt war eine Enklave mitten im Tributgebiet der Azteken, sie war militärisch nicht unterworfen worden, lag aber mit Tenochtitlán in ständigem Krieg, der auch dazu diente, Kriegsgefangene für Opferzwecke zu machen. Unbeirrt durch verschiedene Versuche Moctezumas, die Spanier aufzuhalten, rückte Cortés nach Tlaxcala vor. Die Stämme, durch deren Gebiet die Spanier kamen, wurden entweder durch sein diplomatisches Verhalten gewonnen oder durch Waffengewalt unterworfen. In gewissem Sinn traten die Spanier nur in die Fußstapfen der früheren Beherrscher und erschienen zu der Zeit wohl als das kleinere Übel. Als das nunmehr auf fast 1000 Mann angewachsene Heer die Grenzen des Staates Tlaxcala überschritt, empfingen die Bewohner die Eindringlinge äußerst feindlich, wohl in dem Glauben, es handele sich um Freunde Moctezumas. Es erwies sich deshalb schwieriger als erwartet, Tlaxcala zum Verbündeten zu gewinnen. Erst nach mehreren, für beide Seite blutigen und verlustreichen Gefechten, erst nachdem die überlegene Bewaffnung der Spanier und ihre Feuerwaffen und Pferde auf die Tlaxcalteken demoralisierend zu wirken begannen, erst nachdem diese annehmen mußten, daß augenscheinlich eine stärkere Gottheit als ihre Götter die zahlenmäßig unterlegenen Spanier schützte, kam es zu einer Verständigung.

Am 23. September 1519 konnten die Spanier in Tlaxcala einziehen. Die Stadt nötigte ihnen großen Respekt und Bewunderung ab. Hatten sie schon die totonakische Stadt Cempoala für prächtig gehalten und waren ihnen ihre weißgetünchten Häuser beim ersten Anblick entsprechend ihrem Wunschdenken sogar als mit Silber verkleidet erschienen, so erlebten sie nun eine weitere Steigerung. Cortés selbst hat im Brief an Karl V. eine eindrucksvolle Schilderung gegeben (zweiter Brief vom 30. Oktober 1520): »Diese Stadt ist so groß und so schön, daß ich über sie kaum die Hälfte von dem sagen werde, was ich sagen könnte, und selbst dieses ist fast unglaublich, ist sie doch schöner als Granada. Sie ist stärker befestigt, ihre Häuser, Gebäude und die Leute, die sie bewohnen, sind zahlreicher als die von Granada, zur Zeit, als wir es eroberten, und mit allen Erträgen der Erde, Brot, Vögeln, Wild, Flußfischen, Gemüsen und anderen Lebensmitteln aufs reichlichste versehen. In dieser Stadt findet täglich ein großer Markt statt, zu dem sich mehr als dreißigtausend Käufer und Verkäufer einstellen … Auf diesem großen Markt werden alle möglichen Waren feilgeboten, Lebensmittel, Stoffe und Gewänder, alles, was die Leute sich nur wünschen können; man sieht dort Schmuckstücke aus Gold und Silber, Edelsteine und märchenhaft schönes Federwerk, wie man seinesgleichen auf den berühmtesten Märkten der Welt nicht findet; es gibt hier Töpfe in allen möglichen Formen, vielleicht bessere als in Spanien; man verkauft Holz und Kohle, eßbare Kräuter und Narden; auch Barbierstuben gibt es ... An Bädern fehlt es nicht. Schließlich herrscht vollkommene Ordnung in dieser Stadt, deren Bewohner weise und gesittet erscheinen wie in keiner Stadt Afrikas .... die Bewohner regieren sich selbst wie Venedig« (übersetzt von Mario Spiro und C.W. Koppe). Bedeutete diese Bewunderung aber auch das Akzeptieren einer fremden Kultur? Fast drei Wochen blieben Cortés und seine Leute in dieser Stadt, die sie auf das beste bewirtete.

Als Cortés am 12. Oktober 1519 nun durch tlaxcaltekische Hilfstruppen verstärkt, die mit dem Zug gegen Tenochtitlán ihre eigene Politik verfolgten, in Richtung Cholula aufbrach, einem Stützpunkt der Azteken, der nur noch 80 Kilometer von der aztekischen Hauptstadt entfernt lag, war immer noch kein aztekisches Heer in Sicht, das die Invasion gestoppt hätte. Statt zu den Waffen zu greifen, versuchte Moctezuma – befangen in seinen mythischen Göttervorstellungen –, die Spanier weiterhin mit Geschenken und Zauberei vom Vorrücken auf die Hauptstadt aufzuhalten. Er hatte die Rückkehr der Gesandten, die dem Fremden die Göttergeschenke gebracht hatten, mit großem Bangen erwartet. Doch auch ihr Bericht brachte keine endgültige Klarheit darüber, ob die Fremden Menschen oder Götter waren. Auch wenn der fremde Anführer die ihm überreichte Göttertracht nicht als solche gewürdigt hatte, schienen die anderen Merkwürdigkeiten und Wunderdinge, die Hirsche (damit waren die Pferde gemeint) und die Bluthunde, von denen die Gesandten berichteten, doch auf übernatürliche Wesen hinzudeuten. »Sehr entsetzte es ihn«, so heißt es in der aztekischen Quelle (Sahagún, Buch XII, Kap. 7), »als er hörte, wie herabfällt ihr Befehl, das Feuergeschütz, wie er donnert, der Schall, wenn er fällt, zum Ohnmächtigwerden, zum Taubwerden. Und wenn der Schuß fällt, wie eine Kugel aus seinem Bauch herauskommt, Feuer regnend, Funken sprühend. Und sein Rauch, sehr stinkend, daß es einem den Kopf benimmt. Und wenn die Kugel einen Berg trifft, wie er da zusammenstürzt, in Trümmern liegt. Und wenn sie einen Baum trifft, so wird er zerpulvert, wie wenn einer etwas Unerhörtes vorführt, als wenn einer ihn fortgeblasen hätte. Lauter Eisen ist ihre Kriegstracht, in Eisen kleiden sie sich, mit Eisen bedecken sie ihren Kopf, aus Eisen besteht ihr Schwert, aus Eisen ihr Bogen, aus Eisen ihr Schild, aus Eisen ihre Lanze. Und ihre Hirsche tragen sie auf dem Rücken, dachhoch sind sie dadurch. Und überall ist ihr Körper eingehüllt. Nur ihr Gesicht ist sichtbar, ganz weiß. Kalkgesichter sind es, mit gelbem Haar. Aber einige haben schwarzes Haar. Ihr Bart ist lang und ebenfalls gelb, sie haben gelbe Bärte. Einige sind kraus, gelockt, und ihre Speise, wie Fürstenspeise, groß, weiß, nicht schwer, wie

Spreu, wie Maisstengel, wie gemahlene Maisstengel, etwas süß, etwas honigsüß, nach Honig, nach Süßem schmeckend. Und ihre Hunde, sehr groß, mit gefalteten Ohren, mit großen, hängenden Lefzen, mit feurigen, mit flammenden Augen, mit hellen, gelben Augen, mit eingezogenem Bauch, mit löffelförmigem Bauche; ausgewachsen sind sie wild, wie Unholde, immer keuchend, immer mit heraushängender Zunge, jaguarfleckig, gefleckt. Und als dies Moctezuma hörte, fürchtete er sich sehr, fiel fast in Ohnmacht, er war sehr bekümmert, in großer Angst« (übersetzt von Eduard Seler).

Moctezuma ging nach dieser aztekischen Quelle sogar so weit, den Spaniern Wahrsager und Zauberer entgegenzuschicken. Sie sollten ihnen Götterspeise, mit Menschenblut besprengte Speisen, vorsetzen, um ihre Göttlichkeit zu prüfen. Zugleich sollten sie sie verzaubern, Unheil auf sie herabziehen oder mit einem Zauberspruch Krankheit oder Tod auf sie herabbeschwören oder sie zur Abreise veranlassen. Vergeblich. »Wir sind kein Widerpart, wir sind wie nichts«, mußten die erfolglosen Zauberer Moctezuma berichten, woraufhin dieser und die ganze Hauptstadt in ohnmächtige Angst und Verzweiflung verfielen: »Und Moctezuma verzweifelte, er fürchtete sich, ängstigte sich, verzweifelte an der Zukunft der Stadt. Und alle Leute fürchteten sich, man war in Furcht, man war in Angst. Es herrschte Verzweiflung, man verzweifelte, man kam zusammen zur Beratung, man bildete einzelne Gruppen, man eilte herbei, man weinte, man weinte heftig, man beweinte seine Kinder, man ließ den Kopf hängen, man begrüßte sich mit Tränen, man begrüßte weinend seine Kinder, versuchte seine Kinder zu trösten, versuchte sich zu trösten. Man streichelte den Kopf der kleinen Kinder, die Väter sprachen: ›Ach, meine Kinder, wie werdet ihr das überstehen können, was über euch gekommen ist, was jetzt sich vorbereitet?‹ Und die Mütter sprachen: ›Meine Kinder, wie werdet ihr das überstehen können, was ihr Schreckliches sehen werdet, was jetzt auf uns kommen wird?‹« (übersetzt von Eduard Seler). Selbst wenn man berücksichtigt, daß dieser aztekische Text erst nach der Eroberung verfaßt worden ist, daß also die Gedanken und Überlegungen Moctezumas fiktiv und nur insoweit authentisch sind, als sie sein und der Azteken zögerndes und unschlüssiges Verhalten nachträglich zu erklären versuchen, erschließen sie doch die aztekische Vorstellungswelt, zumal die Geschenkaktionen auch in den spanischen Quellen beschrieben werden. Was die Spanier allerdings für aztekische Taktik hielten, war in Wirklichkeit Unsicherheit.

Während der Bündnisverhandlungen mit Tlaxcala waren wieder einmal Gesandte mit Geschenken gekommen und hatten Cortés den Weg nach Cholula gewiesen, wo weitere Verhandlungen mit Moctezuma erfolgen sollten. Doch in Cholula kam es statt zu Verhandlungen zu blutigen Auseinandersetzungen. Wieweit sich darin erster aktiver Widerstand andeutete und wieweit Cholula von Moctezuma für die Spanier und ihre Verbündeten als Hinterhalt gedacht war – wie die spanischen Quellen meinen –, oder wieweit die Tlaxcalteken Cortés einen Überfall durch ihre Feinde suggerierten und wieweit die Cholulteken ihrerseits eine Auseinandersetzung mit den Tlaxcalteken suchten – wie aztekische Quellen meinen –, läßt sich nicht eindeutig feststellen. Auf alle Fälle kam Cortés, von Malinche gewarnt, einem Hinterhalt der Cholulteken, die die Spanier bei ihrem Weitermarsch angeblich überfallen sollten, zuvor und statuierte ein grausames Exempel. Auf seine Bitte hin kamen die Würdenträger der Stadt mit etwa 2000 als Träger vorgesehenen Begleitern in sein Quartier. Ein vereinbartes Zeichen löste dann das Morden aus, das Cortés selbst beschrieben hat: »Meinen Leuten gab ich Weisung, auf alles bereit zu sein und auf das Signal eines Büchsenschusses über die ganze Menge der Indianer, die sich im Hofe und in der Umgebung aufhielten, herzufallen. Sie gehorchten; ich ließ die Geiseln im Saal festbinden, gab das Zeichen, wir stiegen zu Pferde und fielen über die Masse der Indianer her, von denen wir in zwei Stunden mehr denn zweitausend umbrachten .... Wenn wir sie überrumpelt und so völlig geschlagen haben, so kommt das daher, daß sie keine Führer hatten, da diese nämlich von mir vergiftet worden waren. Ich ließ an die Türme und an die befestigten Häuser, von denen man uns hätte Schaden zufügen können, Feuer anlegen« (übersetzt von Mario Spiro und C.W. Koppe). Der Bericht des Bernal Díaz ist ein gute Ergänzung dieser »blutigen Arbeit«: »Wir ließen viele dieser Leute über die Klinge springen, viele verbrannten lebendig, und ihre falschen Götter halfen ihnen nicht. Schon nach zwei Stunden drangen unsere Freunde aus Tlaxcala in die Stadt ein und schlugen sich wacker mit den Kriegern von Cholula. Wir konnten nicht verhindern, daß sie schließlich plünderten. Am nächsten Tag kamen weitere Heerhaufen aus Tlaxcala und richteten noch viel größeren Schaden an; denn der Haß gegen die von Cholula war alt und tief eingewurzelt. Cortés griff ein und verlangte von den Tlaxcalteken die Einstellung aller Mißhandlungen« (übersetzt von Georg A. Narciß). Es ist verständlich, daß sich die Nachricht von der »Bestrafung Cholulas« wie ein Lauffeuer im Lande verbreitete: Eine weitere taktische Maßnahme aus dem Eroberungsarsenal – demonstrative Gewaltanwendung zur Abschreckung und Einschüchterung – tat ihre Wirkung. Immerhin befreite Cortés alle Gefangenen, die in der Stadt zu Opferzwecken gehalten wurden, verurteilte den Götzendienst und empfahl den Cholulteken die Annahme der christlichen Religion.

Moctezuma muß von der Strafaktion und den Berichten über den Weitermarsch der »Eisenmänner«, denen »keuchende und geifernde

Hunde« vorausliefen, ebenfalls beeindruckt worden sein; auch er reagierte, doch wiederum nicht militärisch, sondern nur mit Hinhaltungsversuchen und Geschenken. Neu war, daß er sich jetzt mehr oder weniger in das Unvermeidliche fügte und den bevorstehenden Einmarsch der Fremden in die Hauptstadt seines Reiches hinzunehmen schien. Er schickte sogar hohe Fürsten seines Reiches aus, um die »Götter« zu empfangen und sie erneut mit den Zeichen ihrer Würde zu beschenken. Sowohl Cortés und Bernal Díaz berichten von dieser Begegnung, gehen aber auf die wertvollen Geschenke, an die sie sich schon gewöhnt hatten, nicht näher ein. Anders die aztekische Version (»*Historia*« von Sahagún, Buch XII, Kap. 12) über diese Begegnung. Sie gehört zu den eindrucksvollsten Textstellen aztekischer Literatur, weil sie wie kaum eine andere verdeutlicht, welchen Eindruck die Goldgier der Spanier auf die von ihnen so verachteten »Wilden« machte: »Und sie schenkten ihm (Cortés) das Goldbanner, das Quetzalfederbanner und die goldene Perlhalskette. Und als sie es ihnen gegeben hatten, lachten die Spanier über das ganze Gesicht, freuten sich sehr, wie Affen griffen sie nach dem Golde, ihr ganzes Herz richtete sich gleichsam darauf, ihr Herz war gleichsam blank, ihr Herz war gleichsam frisch. Denn danach dürsten sie sehr, sie verlangen danach, suchen das Gold wie die Schweine, und die goldene Fahne schwenken sie hin und her, prüfen sie auf der einen Seite und auf der anderen. Sie sind wie jemand, der eine wilde Sprache spricht. Alles, was sie sagen, ist unverständlich« (übersetzt von Eduard Seler).

Die Spanier in Tenochtitlán

Mit Geschenken konnte Moctezuma die Spanier nicht aufhalten, obwohl er bis zum letzten Moment, als der spanische Heereszug mit 1000 Mann tlaxcaltekischer Hilfstruppen schon auf der Hochebene dem Texcoco-See entgegenmarschierte, nichts unversucht ließ, noch einmal Zauberer mobilisierte und sogar Unterwerfung und Tributzahlungen für den Fall des Abmarsches zusagte. Cortés und die Spanier ließen sich jedoch vom Weg zum Zentrum der Macht und zur Quelle der Reichtümer nicht abbringen, während Moctezuma trotz Kritik anderer Fürsten dem Vormarsch tatenlos und ohne militärische Gegenmaßnahmen entgegensah. Gewaltig war der Eindruck, der sich den Spaniern bot, als sie vom Gebirge in das Tal von Mexiko herabstiegen und auf den Texcoco-See mit den Lagunenstädten blickten (Abb. 39). In ein Zauberreich fühlten sie sich nach den Worten von Bernal Díaz versetzt: »Am nächsten Morgen erreichten wir die Hauptstraße nach Itzapalapa. Vorn dort sahen wir alle zum erstenmal die große Zahl der Städte und Dörfer, die mitten in den See gebaut waren, und die noch weitaus größere Zahl der Ortschaften an den Ufern, und schließlich die sehr gepflegte, kerzengerade Straße, die in die Stadt Mexiko führte. Wir waren baß erstaunt über dieses Zauberreich, das fast so unwirklich schien wie die Paläste in dem Ritterbuch des Amadis. Hoch und stolz ragten die festgemauerten, steinernen Türme, Tempel und Häuser mitten aus dem Wasser. Einige unserer Männer meinten, das seien alles nur Traumgesichte.... Zu diesen Palästen gehörten herrliche Gartenanlagen mit vielerlei blühenden Bäumen, Rosenhecken und Blumenbeeten, mit Obstgärten und einem Teich, der durch einen Kanal mit dem See verbunden war. Über allem schwebten herrliche Düfte. Der Kanal war vollkommen ausgemauert. Die mehrfarbigen Steine waren so gesetzt, daß sich schöne Ornamente ergaben. Auf den verschiedenen Gewässern schwammen vielerlei Vögel.... Fürwahr, ich glaube nicht, daß vor unserer Zeit schönere Lande entdeckt worden sind, denn Peru war damals noch nicht erobert. Heute ist von alledem nichts mehr zu sehen. Kein Stein dieser schönen Stadt steht mehr auf dem anderen« (übersetzt von Georg A. Narciß).

Noch aber war von der Zerstörung der Stadt keine Rede. Denn kampflos konnten die ungefähr 400 Spanier mit ihren Hilfstruppen am 8. November 1519 in die Hauptstadt des Aztekenreiches einziehen. Unzählige Menschen säumten die Straßen, so daß angesichts der dichtgedrängten Menschenmassen die Spanier nach den Worten von Bernal Díaz doch ein Gefühl der Beklemmung beschlich. War man möglicherweise in eine goldene Falle gegangen? Am Eingang Tenochtitláns kam es nun zu der historischen Begegnung zwischen Cortés und Moctezuma, zwischen den Vertretern so unterschiedlicher Kulturen (Abb. 40 und 41). Zum ersten Mal bekamen die Spanier den Aztekenherrscher zu Gesicht und erlebten das aztekische Zeremoniell: »Er saß auf einem kostbaren Tragsessel«, so erinnert sich Bernal Díaz, »umgeben von anderen Großen seines Reiches, und kam langsam auf uns zu. Als wir die ersten Türme der eigentlichen Stadt Mexiko erreichten, stieg er von seinem Sessel, die vornehmsten Kaziken faßten ihn unter dem Arm und führten ihn unter einen prächtigen Thronhimmel, der mit grünen Federn, feinem goldenen und silbernen Schnitzwerk, mit Perlen und Edelsteinen reich geschmückt war. Man brauchte lange dazu, um alles genau zu sehen. Moctezuma selbst war sehr kostbar gekleidet. Er trug eine Art Halbstiefel, die mit Juwelen besetzt waren und goldene Sohlen hatten.... Zahlreiche andere Große umgaben den Herrscher, breiteten vor ihm kostbare Tücher auf den Boden, damit sein Fuß nicht die nackte Erde berühren müsse, und trugen seinen Thronhimmel. Niemand wagte es, ihm ins Gesicht zu sehen. Alle senkten ihre Augen ehrfurchtvoll.

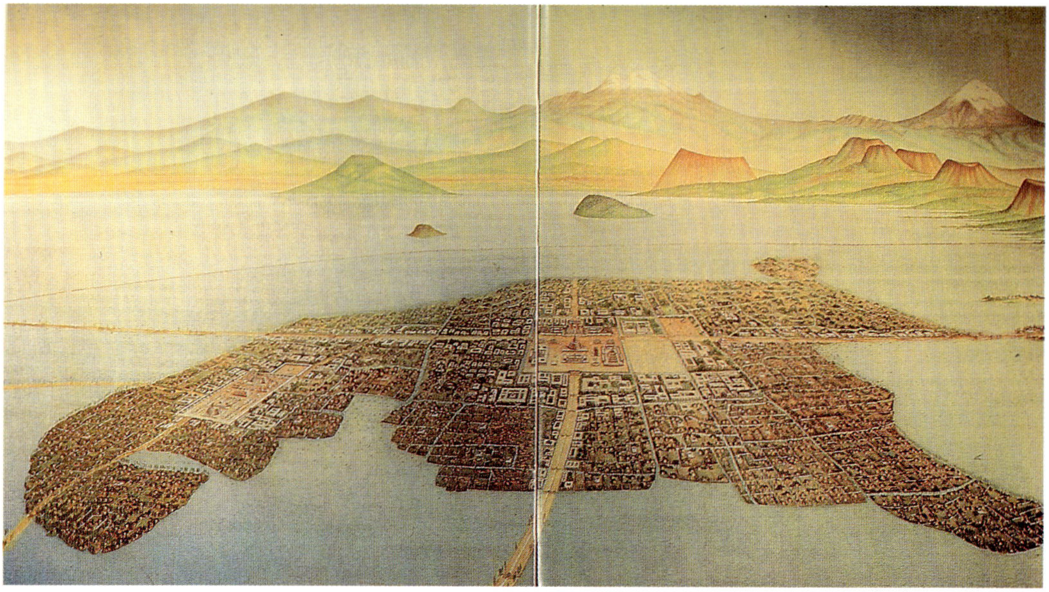

Abb. 39: Die Lage Tenochtitláns im Texcoco-See

Nur die vier fürstlichen Vettern und Neffen, die ihn führten, wagten es, ihn anzusehen« (übersetzt von Georg A. Narciß). Geschenke und die ersten Begrüßungen wurden ausgetauscht.

Der Tenor der Rede Moctezumas ist sowohl in den spanischen Quellen bei Cortés (zweiter Brief) und Bernal Díaz als auch in den aztekischen Schilderungen von Sahagún enthalten. Doch während auf aztekischer Seite der Empfang und die Übergabe der Herrschaft dem zurückgekehrten Gott galt, zählte auf spanischer Seite nur das politische Moment der Unterwerfung. Moctezuma soll folgende Worte gesprochen haben: »O unser Herr! Mit Mühsal, mit Ermüdung hast du es erlangt, daß du hier in dem Lande angekommen bist, daß du nahe an deine Stadt Mexiko herangekommen bist, daß du auf deiner Matte, deinem Stuhle zu sitzen gekommen bist, den ich nur eine kleine Weile für dich gehütet habe. Denn dahingegangen sind deine Untertanen: die Könige Itzcouatl, der alte Moctezuma, Axayacatl, Tiçoci, Auitzotl, die nur eine kleine Weile den Stuhl für dich gehütet haben, die Stadt Mexiko beherrscht haben, unter deren Schutz sich dein Volk hier gestellt hat. Vielleicht können sie einmal ihre Hinterbliebenen besuchen kommen? Möchten doch die Vorfahren sehen, staunend sehen, was jetzt über mich gekommen ist, was ich nunmehr sehe, ich, den unsere Herren zurückgelassen haben; denn ich träume nicht, ich fahre nicht aus dem Schlafe auf, ich sehe es nicht im Traume, ich träume es nicht, daß ich dich gesehen, dir ins Antlitz geschaut habe, denn ich war bekümmert fünf, zehn Tage und schaute nach dem unbekannten Lande, aus dem du gekommen bist, aus den Wolken heraus, aus den Nebeln heraus. Denn das haben uns die Könige gesagt, daß du kommen wirst, deine Stadt zu besuchen, daß du dich auf deine Matte, deinen Stuhl setzen wirst, daß du wiederkommen wirst. Und jetzt ist es wahr geworden, du bist zurückgekehrt, mit Mühe, mit Ermüdung hast du es erreicht. Sei nun angelangt im Lande, ruhe dich aus, besuche deinen Palast, ruhe deinen Leib aus, unsere Herren seien angelangt in ihrer Heimat« (übersetzt von Eduard Seler). Cortés wertete diese Rede als politische Übergabe und bemühte sich, wie er an Karl V. schrieb, seine Antwort so zu formulieren, daß die Azteken den Eindruck gewinnen sollten, der spanische König sei in der Tat die so lange erwartete Person. Hier, wie in zahlreichen anderen Situationen zeigte sich, daß Hernán Cortés nicht nur in den Kategorien von Gold und eigenem materiellem Vorteil dachte. Die kampflose Übergabe der Stadt – und die anschließende Eroberung Mexikos – fügten sich für ihn in das neue nationale Selbst- und Sendungsbewußtsein Spaniens ein, das sich seit dem hohen Mittelalter entwickelt hatte, seinen ersten Höhepunkt in den Einigungsbestrebungen der Katholischen Könige gefunden und mit der Eroberung Granadas, der Entdeckung Amerikas und der Wahl des spanischen Königs Karl I. zum römisch-deutschen Kaiser Karl V. neue Nahrung bekommen hatte. Der nationale Gedanke begann, immer mehr in einen Universalismus umzuschlagen, der nicht nur europäische Staaten unterwarf, sondern auch einen universalen Machtanspruch in Form einer weltumspannenden spanischen Monarchie erhob. Cortés hat diese Sicht in seinem zweitem Briefbericht an Karl V. formuliert: »Euer Majestät kann sich von neuem Kaiser von Mexiko nennen, mit einem Titel, der nicht weniger wert ist, als derjenige von Deutschland, den Eure geheiligte Majestät durch die Gnade Gottes schon besitzt«. In gewissem Sinn sah sich Cortés als Werkzeug, dieses neue spanische Universalreich mit aufzubauen und in Mexiko die Herrschaft zu sichern.

Als seinen Gästen wies Moctezuma den Spaniern den Palast seines Vaters Axayacatl zu. Die Spanier waren überaus zufrieden mit diesem luxuriösen Quartier und genossen das Leben mit gutem Essen und Frauen. Von der großartigen Stadt, von den eindrucksvollen Tempelbauten, vom regen Treiben auf den Märkten, vom Handel, der den Reichtum des Landes widerspiegelte, von der Pracht der Hofhaltung und den verfeinerten Eßgewohnheiten berichtete Bernal Díaz ebenso begeistert wie der etwas nüchternere Cortés, der in seinem Brief an Karl V. zum Vergleich die größten und schönsten Städte Spaniens – Sevilla, Córdoba, Granada, Salamanca – heranzog, um der aztekischen Stadt gerecht werden zu können. Eine Skizze sollte ihm Lage und Anlage der Stadt verdeutlichen (Abb. 42). Auch für die Europäer, die sich nur aus den Berichten der Spanier, besonders aus denen von Cortés, ein Bild von der Größe und von der Anlage der Stadt machen konnten, war eine Bewertung nur im Vergleich möglich: Groß-Venedig wurde ein üblicher Name für Tenochtitlán (Abb. 43). Allerdings blieb die Bewunderung der Spanier bei der Begegnung mit den Hochkulturen in Mexiko – wie später auch in Peru – einseitig auf die materielle Seite der Kultur beschränkt. Sie übersahen keineswegs die vorhandenen materiellen Leistungen der Indios, obwohl sie sich verwunderten, daß so etwas überhaupt anderswo als in Europa möglich sei; sie bewunderten die Tempel als Bauwerke, die Städte, den Handel, die handwerklichen Fertigkeiten von Webern oder Gold- und Silberschmieden, auch wenn sie ihnen andersartig und fremd erschienen.

Sobald aber diese Andersartigkeit religiöse Vorstellungen berührte, sobald es um die Tempel als kultische Zentren oder um die Indios als heidnische, barbarische, an nicht-christliche Gottheiten glaubende Menschen ging, dann wandelte sich die Bewunderung der Spanier in Abscheu und Verachtung und erstickte sporadische Zweifel an ihrer Berechtigung als Eroberer. Selbst die materiellen Leistungen galten dann als Machwerke des Teufels. So erhielten die Eroberungszüge den Charakter von Kreuzzügen, von Missionierungszügen und wurden als gottgefälliges Werk betrachtet, glaubte man doch, daß Gott nicht ohne Grund die neuen Länder hatte entdecken lassen: zumal von Spaniern, die durch die jahrhundertelange Zurückeroberung (Reconquista) der Iberischen Halbinsel von den Arabern in der Christianisierung erprobt waren. In solchem Denken schloß sich die Conquista nahtlos an die Reconquista an. Aus diesem Selbstverständnis heraus fragte man weder nach dem »Warum« der Andersartigkeit indianischer Religiosität noch nach der Bedeutung der Priester oder der Funktion ritueller Tötungen zur Aufrechterhaltung der kosmischen und klimatischen Ordnung. Hätten diese Fragen von den beteiligten Akteuren, die ja keine Ethnologen waren, gestellt werden können, selbst wenn sie gewollt hätten? Schwerlich, waren sie doch ebenso wie auch die übrigen Europäer von der Überlegenheit der europäischen Kultur und der christlichen Religion überzeugt. Spanier, Akteure und Chronisten zu Haus, wie überhaupt die damaligen Europäer dachten und beurteilten nach den abendländisch-christlichen Wertvorstellungen. Sie gingen von der Allgemeingültigkeit gesellschaftlicher Normen und der Gleichheit des Menschengeschlechts aus. Was sie in Amerika – auf den Westindischen Inseln und nun in Mexiko – sahen bzw. wovon sie hörten und lasen, erschien ihnen deshalb als eine denaturierte Abweichung von der als

Abb. 40: Die Begegnung von Cortés und Moctezuma aus der Sicht der Europäer (Kupferstich von De Bry, 1599)

allgemeingültig erachteten europäischen Norm. Deshalb fiel es ihnen schwer, das bisher nicht Gekannte und Andersartige, zumal wenn die religiöse Seite betroffen war, als kulturell Eigenständiges, als Ergebnis eines eigenständigen historischen Entwicklungsprozesses zu verstehen. Zudem war der Begriff Toleranz noch ein Fremdwort. Kritik und Zweifel an der europäischen Kultur, die relativierend hätten wirken können, gab es zu dieser Zeit noch nicht. Man kann nachvollziehen, daß Praktiken wie der allerdings nur sporadisch angetroffene Kannibalismus, die Mehrehe, Promiskuität und vor allem die Menschenopfer Abscheu und Verständnislosigkeit hervorriefen. Allerdings haben die Spanier und die übrigen Europäer diese Praktiken ins Zentrum ihrer Betrachtung und Bewertung gestellt, daraus eine sich im Unterschied zur europäisch-christlichen Kultur manifestierende angebliche Inferiorität abgeleitet und dann mit dieser Minderwertigkeit ihre Eroberung und Kolonisierung legi-

Abb. 41: Die Begegnung von Cortés und Moctezuma aus der Sicht der Azteken (Abbildung aus der »Historia« von Durán)

timiert. Positive Merkmale wie die Friedfertigkeit der entdeckten Völker, ihre Genügsamkeit, das Fehlen von Gier nach Gold und von Individualbesitz, ihre Naturverbundenheit blieben – zumindest im 16. Jahrhundert – weitgehend außer Betracht und bestimmten keinesfalls das Bild der fremden Kulturen und des Indios; im Zentrum der – negativen – Charakterisierung standen vielmehr ihre Nacktheit oder solch spektakuläre Praktiken wie Menschenopfer, boten sie sich doch für Sensationsmeldungen an. Im Kontext der damaligen Zeit läßt sich diese Perspektive zwar erklären, nicht jedoch entschuldigen.

Auch Cortés war von dieser europäisch-christlichen Haltung geprägt und handelte dementsprechend. Trotz der erkennbaren Bewunderung für materielle Leistungen, die er eigentlich bei »Barbaren« und »Menschen, die ohne Kenntnis von Gott und fern der Kommunikation mit anderen vernunftbegabten Völkern leben«, gar nicht erwartet hätte, ging er bald zu europäischen Zivilisierungsmaßnahmen und zu Bekehrungsversuchen über. Unsensibel für die religiösen Gefühle der Azteken und ohne den Indios Zeit zu geben, sich mit der christlichen Botschaft vertraut zu machen, scheute er dabei auch vor Gewaltsamkeiten nicht zurück. Wie er es auf seinem Weg von Cozumel bis nach Tenochtitlán überall praktiziert hatte, versuchte er auch in der Hauptstadt schon auf einem der ersten Ausflüge in die Stadt und zu den Tempeln, die aztekischen Kultbilder zerstören und an ihrer Stelle christliche Symbole, das Kreuz und die Marienstatue, errichten zu lassen. Bernal Díaz hat dieses Vorhaben und die Reaktion Moctezumas miterlebt. Dieser hatte Cortés und einige seiner Leute auf den Haupttempel gebeten, von wo aus

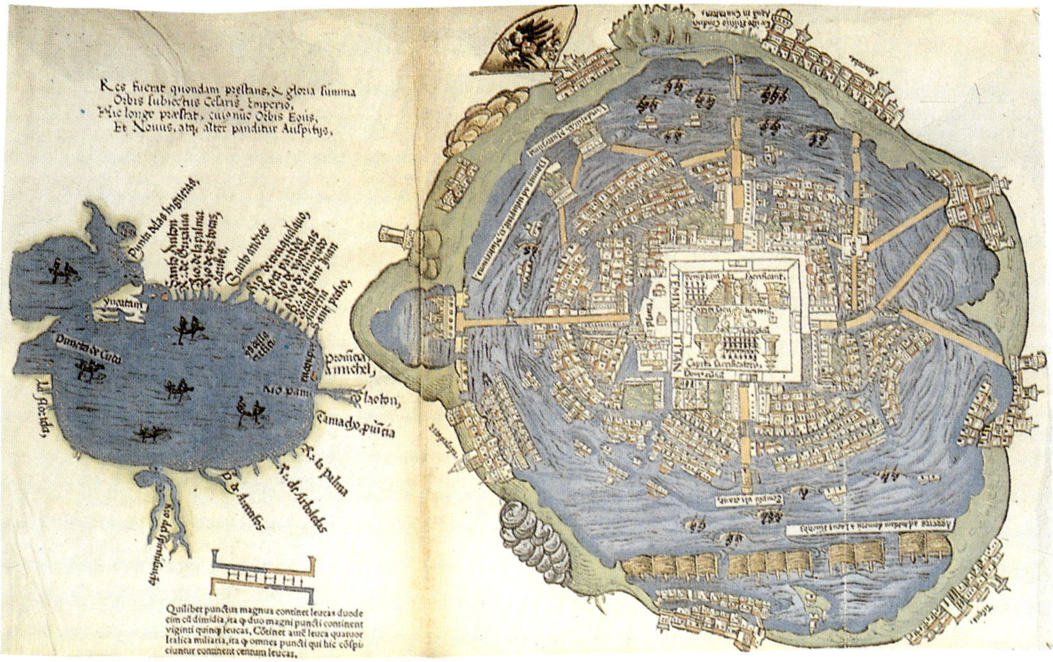

Abb. 42: Blick auf Tenochtitlán (Cortés-Karte) (kolorierter Holzschnitt, Nürnberg 1524)

sie einen guten Blick über die anderen Tempel der Stadt hatten. Überall sahen die Spanier Götzenbilder und Spuren von frischem Menschenblut. Obwohl der begleitende Pater vor allzu großer Hast bei der Missionierung warnte, bat Cortés den Aztekenherrscher um Erlaubnis für die Errichtung der christlichen Symbole: »Unser Generalkapitän sagte lächelnd zu Moctezuma: ›In der Tat, ich kann nicht begreifen, wie ein so großer und weiser Herrscher wie Ihr an diese Götzen glauben kann, die doch keine Gottheiten sein können, sondern böse Geister, Teufel. Erlaubt uns, auf die Spitze dieses Tempels ein Kreuz und in einem Raum neben Eurem Kriegs- und Höllengott ein Muttergottesbild zu setzen. Ihr und Eure Papas, Ihr werdet sehr bald sehen, welche Angst diese Götzen ergreifen wird‹. Moctezuma kannte das Madonnenbild. Er antwortete Cortés in Gegenwart von zwei Papas, die sehr böse dreinblickten, mit nur schlecht verhaltenem Zorn: ›Malinche! Hätte ich gewußt, welche Schmähreden du hier halten würdest, ich hätte dir meine Götter keineswegs gezeigt! In unseren Augen sind es gute Götter. Sie schenken uns Leben und Gedeihen, Wasser und gute Ernten, gesundes und fruchtbares Wetter, und wenn wir sie darum bitten, auch Siege. Deshalb beten wir zu ihnen, und deshalb opfern wir ihnen. Ich muß dich bitten, kein unehrbietiges Wort mehr gegen sie zu sagen!‹« (übersetzt von Georg A. Narciß).

Hätte Moctezuma gewußt, was Cortés sich noch alles erlauben würde, hätte er möglicherweise früher Widerstand geleistet. Schon eine Woche nach seiner Ankunft in Tenochtitlán griff Cortés zu einer weiteren Maßnahme des Arsenals, wie sie bei den Eroberungszügen allgemein praktiziert wurde: Er bemächtigte sich am 14. November 1519 des Aztekenherrschers als Geisel. Zwar erklärte er diese Maßnahme als Notwehr gegenüber der beginnenden Unbotmäßigkeit der Azteken, sie sollte aber als politischer Schachzug dienen, um die von Moctezuma bisher beherrschten Länder schneller unter die spanische Herrschaft zu bringen. Moctezuma blieb zwar am Leben, doch zwang ihn Cortés dazu, abzudanken und die Herrschaft förmlich an den spanischen König zu übertragen. Es zeigte sich jedoch in der nächsten Zeit, daß er mit der schmählichen Gefangennahme Moctezumas den Bogen überspannt hatte. Dadurch, daß er ihn vor seinem Volk und den übrigen führenden Fürsten und Oberhäuptern der Mexica und ihrer Verbündeten geradezu als Komplizen der Spanier bloßstellte, die ihrerseits durch ihr Verhalten den Nimbus von »Göttern« und »Götterboten« zu verlieren begannen, trug er selbst dazu bei, daß sich eine Opposition gegen Moctezuma und damit gegen die Spanier zu formieren begann.

Besonders die den Azteken fremde und unverständliche Goldgier der Spanier und die Art und Weise, wie diese mit dem kunstvoll gearbeiteten Schmuck, dem Götterschmuck, umgingen, führte dazu, daß sie zunehmend den Respekt vor den Fremden verloren und in ihnen nicht mehr die prophezeiten Götter, sondern ganz irdische, gewaltsame und beutegierige Eroberer zu sehen begannen. In eindrucksvoller Weise ist diese – übrigens auch von Bernal Díaz bezeugte – Habgier der Spanier in der aztekischen Überlieferung (*»Codex Florentino«*, Buch XII, Kap. 17 und 18) dargestellt: »Als die Spanier sich im Palast eingerichtet hatten, fragten sie Motecuhzoma nach dem Staatsschatz aus, nach den Rangabzeichen der Krieger, nach den Schilden. Sie bedrängten ihn hart und dann verlangten sie: Gold! Motecuhzoma willigte ein, sie zu den Schätzen zu führen. Sie umdrängten ihn, kamen nahe an ihn heran mit ihren Waffen. Er ging in der Mitte, sie schlossen ihn ein, in einem dichten Kreis. Als sie am *teucalco*, dem großen Schatzhaus waren, wurden die Reichtümer ihnen gezeigt: der Goldschmuck, Federn, der Federschmuck, die reichverzierten Schilde, die goldenen Brustscheiben, die Geschmeide der Götterbilder, die goldenen Nasenpflöcke, die goldenen Beinschienen, die goldenen Handgelenkriemen und die kostbaren Kronen. Die Spanier rissen sofort die wertvollen Federn von allen goldenen Schilden und Abzeichen weg. Alles Gold rafften sie zu einem Haufen. An die anderen Kostbarkeiten legten sie Feuer, und alles verbrannte. Das Gold schmolzen sie ein zu Barren, und von den wertvollen grünen

Abb. 43: Ansicht von »Groß-Venedig«, d.i. Tenochtitlán (Holzschnitt, Augsburg um 1522)

Edelsteinen nahmen sie nur die besten, die anderen stahlen die Tlaxcalteken. Das ganze Schatzhaus durchwühlten die Spanier, sie drängten und fragten und griffen nach allem, was ihnen gefiel. Dann gingen sie nach Totocalco, dem Platz des Vogelpalastes, in Motecuhzomas Schatzhaus, in dem seine eigenen Reichtümer waren. Vor Vergnügen fletschten sie die Zähne wie Tiere und beklopften einander vor Freude. Sie glaubten in ihrem Paradies zu sein, als sie die Schatzhalle sahen. Sie durchsuchten alles und verlangten nach allem, sie waren Sklaven ihrer eigenen Gier« (übersetzt von Renate Heuer). Spanier durchstreiften in Begleitung mexikanischer Gesandter die tributpflichtigen Gebiete, um Informationen über Goldvorkommen zu erhalten und sich bei diesen Zügen zu bereichern.

Auch der militante Bekehrungseifer, mit dem Cortés Moctezuma und die Azteken zur Abkehr von ihrer Religion und zur Annahme des Christentums drängte, die unsensible Bekämpfung des einheimischen Götterkultes sowie die Errichtung einer christlichen Kapelle im Haupttempel des Gottes Huitzilopochtli schürte den Unmut und die Unruhe unter den aztekischen Priestern und in der Bevölkerung. Die Lage spitzte sich derart zu, daß Moctezuma, dem es immer noch gelang, seine Priester und Heerführer zu beschwichtigen, Cortés und seinen Leuten den Abzug aus Tenochtitlán nahelegte. Dieser versuchte immer wieder, den Abzug an die Küste mit dem Argument zu verzögern, man müßte erst noch die erforderlichen Schiffe bauen lassen.

Der »Untergang Mexikos« – Die »Sterbenden Götter«

In dieser Situation traf die Nachricht ein, daß in Veracruz eine spanische Flotte eingetroffen sei. Diego Velázquez, der in der Zwischenzeit die offizielle Genehmigung der spanischen Krone zu neuen Entdeckungen auf dem Festland und zur Inbesitznahme dieses Gebietes erhalten hatte, während Cortés immer noch auf eine nachträgliche Legitimierung seines Vorgehens wartete, hatte eine Expedition von 18 Schiffen und 800 Mann unter der Führung von Pánfilo de Narváez gegen den Usurpator Cortés zusammengestellt. Sie war im April 1520 an der Küste gelandet. Damit war ein Rivale eingetroffen, der einerseits den Handlungsspielraum von Cortés einschränkte, gleichzeitig aber Moctezuma neue Handlungsmöglichkeiten bot. Als friedliche Verhandlungen fehlschlugen, entschied sich Cortés Ende Mai zu militärischen Auseinandersetzungen. Er ließ Pedro de Alvarado, den er zu seinem Stellvertreter ernannt hatte, mit einer Truppe von ungefähr 200 Spaniern als Besatzung in Tenochtitlán zurück und zog selbst mit 250 Soldaten in Eilmärschen an die Küste dem Expeditionsheer entgegen. Dort gelang es ihm, den zahlenmäßig stärkeren Gegner durch einen Überraschungsangriff zu schlagen, Narváez gefangenzunehmen und die Soldaten der Strafexpedition mit großzügigen Goldgeschenken und in Aussicht gestellten weiteren Reichtümern zum Überlaufen zu bewegen und in seine eigenen Reihen einzugliedern. Mit 1300 Soldaten, 96 Reitern, 80 Armbrustschützen und Musketieren und 2000 Tlaxcalteken marschierte er gestärkt nach der Hauptstadt zurück. Dort war jedoch die Position der Spanier mehr als prekär. Die unbesonnenen und grausamen Aktionen von Pedro de Alvarado anläßlich eines Festes zu Ehren des Gottes Huitzilopochtli hatten den schwelenden Unmut der Azteken zum Ausbruch kommen lassen. Nun zeigte sich offener Widerstand in Tenochtitlán.

Pedro de Alvarado, wegen seiner angenehmen Erscheinung von den Azteken sogar »die Sonne« genannt, hatte während der Abwesenheit von Cortés ein von ihm selbst genehmigtes Fest zu Ehren Huitzilopochtlis mit allen dazugehörenden Tänzen und Kulthandlungen wohl aus Furcht vor möglichen Angriffen von Seiten der zahlenmäßig überlegenen Azteken dazu benutzt, die Indios mittels Terror einzuschüchtern und von möglichen Aktionen abzuhalten. Während der Feierlichkeiten war er mit bewaffneten Soldaten »ohne jeden Anlaß« (Bernal Díaz) in den Tempel eingedrungen und hatte unter den wehrlosen Feiernden »maßlos und ohne christliches Erbarmen« (López de Gómara, Kap. CIV) ein Blutbad angerichtet, das sogar von den Spaniern voller Abscheu verurteilt wurde. Für die Azteken ließ dieser hinterhältige Überfall den Glauben an die »Weißen Götter« endgültig zusammenbrechen. Die Tatsache, daß er in mehreren aztekischen Quellen in Wort und Bild beschrieben worden ist und er in verschiedenen Codices, deren Eintragungen sonst eher den Charakter von Gedächtnisstützen und Stichworten haben, detailliert behandelt wurde, darf wohl als Beleg dafür gelten, daß die Spanier als Menschen und Christen das Vertrauen der Indios verspielt hatten. Eine erschütternde realistische Beschreibung liefert die Version des »*Codex Florentino*« (Buch XII): »Die Azteken erbaten von Motecuhzoma Erlaubnis, dem Gott Huitzilopochtli sein Fest auszurichten. Die Spanier wünschten, dieses Fest anzusehen, sie wollten betrachten, wie es gefeiert würde .... Als der Reigentanz sich zu den schönsten Figuren fügte und Gesang sich an Gesang schloß, an diesem Höhepunkt des Festes ergriff Mordlust die Spanier. Sie stürmten vor, bewaffnet und wie zum Kriege gerüstet. Sie verschlossen alle Ausgänge und Tore des Innenhofs, die Adlerpfosten am Kleinen Palast, das Tor an der Rohrspitze und das an der Spiegelschlange. Sie stellten Wachen auf, so daß niemand entkommen konnte. Und dann stürzten sie in den geheiligten Innenhof, um die Feiernden zu schlachten. Sie kamen zu Fuß, sie trugen ihre Eisenschwerter in den Händen und ihre Holzschilde und ihre Eisenschilde. So stürmten sie mitten unter die Tänzer und erzwangen sich einen Weg dorthin, wo die Pauken geschlagen wurden. Sie griffen den Mann an, der trommelte, und schlugen ihm die Arme ab. Dann schlugen sie ihm den Kopf ab, und der rollte weithin über den Boden. Dann griffen sie die Tanzenden an, erstachen sie, spießten sie auf, erschlugen sie mit ihren Schwertern. Einige durchbohrten sie von hinten, die fielen mit heraushängenden Eingeweiden zu Boden. Andere enthaupteten sie; erst spalteten sie ihnen den Kopf und schlugen ihn dann in kleine Stücke .... Einige versuchten, sich einen Weg nach draußen zu erzwingen, aber die Spanier ermordeten sie an den Toren .... Das Blut der Häuptlinge floß wie Wasser und sammelte sich in Pfützen .... Als die Nachricht von diesem Gemetzel aus dem geheiligten Tempelhof hinausdrang, stieg ein Entsetzensschrei auf: ›Mexikaner, eilt herbei! Wappnet euch, nehmt eure Speere und Schilde! Die Fremden habe unsere tanzenden Krieger ermordet‹« (übersetzt von Renate Heuer) (Abb. 44).

Wesentlich knapper und spröder, aber nicht weniger eindringlich sind die Darstellungen im »*Codex Aubin*« oder im sogenannten »*Codex Ms. mex. no. 40*« (fol. 15r), aus der Bibliothèque Nationale in Paris: »Dann verlangten sie danach, wie sie ihre Idole verehren (könnten), indem sie ein Fest für ihren Gott (Huitzilopochtli) feierten. Und dann veranstalteten ein Fest die Starken (die Adligen), die Itzcotea. Darauf töteten sie (die Spanier) sie heimlich (hinterlistig). Und damals warfen sie den Huitzilopochtli herab. (Dort, wo) sie auf dem Teponatzli spielten, warfen sie sie auf (ihre) Hände (und) trennten sie ihnen ab; (es war) ein gar schreckliches Trauerspiel, daß sie die Starken (die Adligen) (der) Mexica vernichteten. Mit Gewalt schleppten sie sie (die Mexica) fort, indem sie großen Kriegslärm machten. In dieser Weise töteten sie die Tenochca, die Itzcoteca, die edlen Fürsten (der) Mexica« (übersetzt von Gerdt Kutscher) (Abb. 45).

Alvarados Bluttat bedeutete für die Mexica eine »traurige Nacht« – allerdings hat sich dieser Name nur für den späteren, verlustreichen Abzug der Spanier aus Tenochtitlán eingebürgert. Sie mobilisierte jedoch nun den Widerstand. Die Mexica drängten Alvarado und seine Leute unter harten Kämpfen in das befestigte Quartier der Spanier zurück, wo sie sie mehrere Tage lang belagerten und auszuhungern begannnen, unbeeindruckt von Moctezumas Fürsprache für die Spanier. Die freudig begrüßte Ankunft von Cortés mit seinem verstärkten Heer und den indianischen Hilfstruppen aus Tlaxcala am 24. Juni 1520 befreite zwar die Eingeschlossenen aus der Belagerung, brachte aber keine Wendung zu ihren Gunsten. Der Widerstand der Bewohner Tenochtitláns war nicht mehr aufzuhalten und brach mit voller Gewalt los. Nachdem die Azteken nach der Rückkehr von Cortés die Damm- und Kanalbrücken zum Festland abgebrochen und drei kleinere Schiffe, die man vor Zeiten auf dem Texcoco-See gebaut hatte, zerstört hatten, saßen die Spanier nun tatsächlich in der Falle. Moctezumas letzte Vermittlungsversuche blieben erfolglos; seine frühere Autorität war gänzlich geschwunden, überdies hatten die Mexica seinen Bruder Cuitláhuac, einen kriegserfahrenen Mann, zum neuen Herrscher proklamiert und besaßen in ihm wieder einen effektiven Führer gegen die fremden Eroberer. Bei einem der Vermittlungsversuche erlitt Moctezuma Verletzungen und starb am 27. Juni 1520. Sechs Tage dauerte das erbitterte, auf beiden Seiten verlustreiche Ringen. Den Massenangriffen der Azteken standen die Spanier zunehmend machtlos gegenüber.

Angesichts dieser Ausweglosigkeit entschloß sich Cortés, Tenochtitlán aufzugeben und am 30. Juni 1520 heimlich bei Nacht aus der Stadt zu fliehen, indem er über den kürzesten Damm mit Hilfe einer tragbaren Holzbrücke das westliche Ufer des Sees zu erreichen versuchte. Bei dieser nächtlichen Flucht erlitten Cortés und die Spanier eine schreckliche Niederlage. Große Teile der bisherigen Beute an Gold- und Silberschätzen gingen verloren; über 800 Soldaten, über drei Viertel seiner Truppe, und Tausende von den indianischen Hilfstruppen fanden den Tod. Teilweise wurde ihnen ihre Goldgier zum Verhängnis, weil die vollbepackten Taschen sie an einer schnellen Flucht hinderten oder ins Wasser zogen. Die Ereignisse dieser Nacht, die seitdem bei den Spaniern als die *noche triste* (traurige Nacht) gilt, hat Bernal Díaz lebendig dargestellt: »Nun aber zu den Vorbereitungen für unseren Rückzug: Das Wichtigste war eine bewegliche Brücke aus starken Balken, auf der wir die Kanäle überschreiten wollten. Vierhundert Tlaxcalteken und einhundertundfünfzig Spanier sollten sie transportieren, auf- und abbauen und verteidigen.... Cortés ließ durch seinen Kämmerer den ganzen Gold- und Silberschatz zusammentragen. Das kaiserliche Fünftel wurde acht verwundeten Pferden und achtzig Tlaxcalteken aufgeladen. Cortés ließ ein Protokoll darüber aufnehmen, daß er alles versucht habe, das kaiserliche Fünftel zu retten. Dann gab er den Rest des Schatzes frei. Jeder Mann konnte so viel mitnehmen, wie er wollte. Ich nahm mir nur vier der begehrten indianischen Halbedelsteine und steckte sie zwischen Panzer und Brust. Diese Steine konnte ich später gut gebrauchen. Es war Mitternacht und ziemlich dunkel, als wir unseren Marsch antraten. Über der Stadt lag ein feiner Nebel. Dazu regnete es. Kaum war die Brücke zum erstenmal gelegt, da erhob sich plötzlich die wilde Kriegsmusik der Indianer. Sie schrien: ›Heraus mit den Kähnen! Die *Teules* (Götter) wollen fliehen! Schneidet ihnen den Weg über die Brücken ab!‹ Im Nu war der See so dicht mit Kähnen bedeckt, daß wir nicht mehr weiterkamen, obwohl viele von uns die Brücke schon hinter sich hatten.... Die Mexikaner waren so zahlreich und griffen so heftig an, daß wir die Brükke nicht zurückerobern konnten. Dafür füllte sich der Kanal mit toten Pferden und ihren Reitern, die von den Nachdrängenden ins Wasser gestoßen wurden. Wer nicht schwimmen konnte, war verloren.... Es gab herzzerreißende Szenen, denn jeder einzelne wurde von einer ganzen Meute von Mexikanern gejagt, zwischen den Häusern, auf dem Wasser und auf den engen Straßendämmen. An die vorgesehene Marschordnung war nicht mehr zu denken. Wer jetzt nicht selbständig handelte, war ein Tor.... Die Reiter konnten in dieser Lage ohnehin nichts ausrichten.... Die Musketen und die Armbrüste konnte man beim Kampf im Wasser nicht verwenden, denn sie waren naß. Dazu kam die Dunkelheit, die nur vorsichtige Bewegungen erlaubte, sosehr sie uns auf der anderen Seite nützte....

In Tacuba kamen wir endlich wieder auf festes Land .... Wir zündeten viele Feuer an und verbanden unsere Wunden. Zu essen gab es nichts. Dafür waren wir alle sehr erkältet und spürten die Schmerzen unserer Wunden doppelt. Aber viel schlimmer war der Verlust so vieler tapferer Männer .... Von den Leuten des Narváez blieben die meisten an den Brücken. Sie hatten sich zu viel Gold aufgeladen. Das gleiche Schicksal erlitten die Tlaxcateken mit dem Kronschatz« (übersetzt von Georg A. Narciß).

Im verbündeten Tlaxcala fand Cortés mit dem Rest seiner Truppen freundliche Aufnahme. Wochenlang konnten sich hier seine Soldaten erholen, während er selbst Vorbereitungen traf, Tenochtitlán und das Aztekenreich nun mit Waffengewalt zu erobern. Über ein halbes Jahr war er damit beschäftigt, für dieses Vorhaben eine günstige Ausgangsposition zu schaffen. Mit teilweise blutigen und grausamen Aktionen gegen die indianischen Völkerschaften der umliegenden Regionen gelang es ihm nach bewährter Eroberungstaktik, diese zu demoralisieren und zugleich die Moral seiner eigenen Truppe wieder zu festigen. Aus der Karibik erhielt er Verstärkung an Soldaten, Ausrüstung, Waffen und Pferden. Ende Dezember 1520, als er wieder auf Tenochtitlán vorzurücken begann, verfügte er über eine gut ausgerüstete Streitmacht von fast 1 000 Spaniern und 80 000 Mann tlaxcaltekischer Hilfstruppen. Um auch von der Wasserseite her operieren zu können, ließ er Schiffe bauen, die in Einzelteile zerlegt an den Texco-co-See transportiert wurden. Einen grausigen Verbündeten erhielt

Abb. 44: Gemetzel der Spanier unter Alvarado beim Fest der Azteken (Abbildung aus der »Historia« von Durán)

Cortés in der von den Spaniern eingeschleppten Pockenepidemie, die inzwischen im ganzen Land wütete und unzählige Opfer forderte. Auch der neue Aztekenherrscher Cuitláhuac war ihr im Dezember zum Opfer gefallen, und die Krankheit schwächte das Kriegeraufgebot der Mexica und ihrer Verbündeten derart, daß der Widerstand mehrerer Städte am Texcoco-See schnell zusammenbrach. Am 30. Mai 1521 – fast ein Jahr nach der *noche triste* – begann der konzertierte Angriff zu Land und zu Wasser. Cortés griff vom Wasser aus an, während drei Sturmkolonnen unter der Führung von Pedro de Alvarado, Cristóbal de Olid und Gonzalo de Sandoval auf den drei Deichen gegen Tenochtitlán vormarschierten, das unter der Führung des neuen jungen Herrschers Cuauthémoc eine kampflose Übergabe ablehnte.

Daraufhin ging Cortés, der die Schwachpunkte der Stadt kannte, zur Belagerung über (Abb. 46). Er ließ die Süßwasserleitung, die von Chapultepec nach Tenochtitlán führte, zerstören, schnitt durch eine lückenlose Blockade die Stadt mit ihren über 200 000 Einwohnern von jeglicher Zufuhr ab, ohne jedoch den Verteidigungswillen und die Opferbereitschaft der Bewohner sofort brechen zu können. Fast 80 Tage ertrugen die Mexica Hunger, Durst und Entbehrungen, gingen sogar zu Gegenangriffen über: auch um Gefangene für die Menschenopfer zu machen. Doch allmählich nahmen die Angreifer die Dammstraßen ein und drangen in das Innere der Stadt vor, wobei sie Wohnblock für Wohnblock zerstörten oder in Brand steckten. Auch der Tempel Huitzilopochtlis wurde ein Opfer der Flammen. Letztlich brachen Hunger und Krankheiten doch die Widerstandskraft der Belagerten, deren verzweifelte Lage eine aztekische Quelle (»*Manuscrito Anónimo de Tlatelolco*«, 1528) voll Entsetzen und Resignation in folgende Verse faßte:

»Zerbrochene Speere liegen auf allen Wegen
In unserem Gram haben wir uns das Haar zerrauft
Unsere Häuser verloren die schützenden Dächer
Sie haben jetzt rote Wände, vom Blut.
Würmer kriechen auf Straßen und Plätzen
Mit Kot und Blut sind die Mauern getüncht
Das Wasser ist rot wie Gerberlohe
Und wenn wir es trinken
Schmecken wir Tränen.
An den staubigen Ziegelmauern
zerstoßen sich die leeren Hände
Wir haben unser Erbe verloren, unsere Stadt ist tot
Die Schilde unserer großen Krieger
Retteten nichts.

Wir haben trockene Zweige und Schilfgras gekaut
Mit Staub und Ziegelbrocken stopften wir uns den Mund
Wir haben Eidechsen, Ratten und Würmer gegessen …
Wenn wir Fleisch hatten, aßen wir es fast roh
Wenn es kaum auf dem Feuer war
Griffen wir schon danach und verschlangen es.
Man setzte einen Kopfpreis auf uns alle
Auf die jungen Männer, die Priester, die Knaben und Mädchen
Ein armer Mann war nur zwei Handvoll Mais wert
Oder zehn Mooskuchen oder zwanzig salzige Queckenkuchen.
Gold, Jade, wertvolle Kleider, Quetzalfedern
Alles was einst kostbar war
Jetzt ist es wertlos ….«
(Übersetzt von Renate Heuer)

Am 13. August 1521 mußte die ausgehungerte und zerstörte Stadt kapitulieren, und der letzte Herrscher Cuauthémoc begab sich in die Gefangenschaft der Spanier. Diesmal zogen die Spanier nicht in eine blühende Stadt ein, nun lagen überall in den Straßen Leichen und Totenköpfe, und die Luft war von Verwesungsgeruch verpestet. Der Widerstand endete in der Flucht der wenigen Überlebenden vor dem grausamen Wüten der tlaxcaltekischen Hilfstruppen, die von Cortés nicht im Zaum gehalten wurden und alte Rechnungen mit den Erbfeinden beglichen, und vor den Plünderungen der spanischen Soldateska, deren Goldgier und Lüsternheit nach Befriedigung rief. Tenochtitlán war zerstört, das aztekische Mexiko gab es nicht mehr, wie ein mexikanischer Trauergesang von 1523 beklagte:

»Unsere Klageschreie gellen auf
Unsere Tränen fallen herab
Tlatelolco ist verloren
Die Azteken fliehen über den See
Sie laufen davon wie Weiber.
Was bleibt noch zu tun, meine Freunde?
Die Azteken verlassen die Stadt
Rauch deckt das Grauen
Unsere Stadt steht in Flammen.
…
Weint, meine Freunde, seht ein
Das Mexikanische Reich ist verloren
Das Wasser ist bitter geworden.«
(Übersetzt von Renate Heuer)

Abb. 45: Der Angriff Alvarados auf die feiernden Azteken (Abbildung aus »Geschichte der Azteken«)

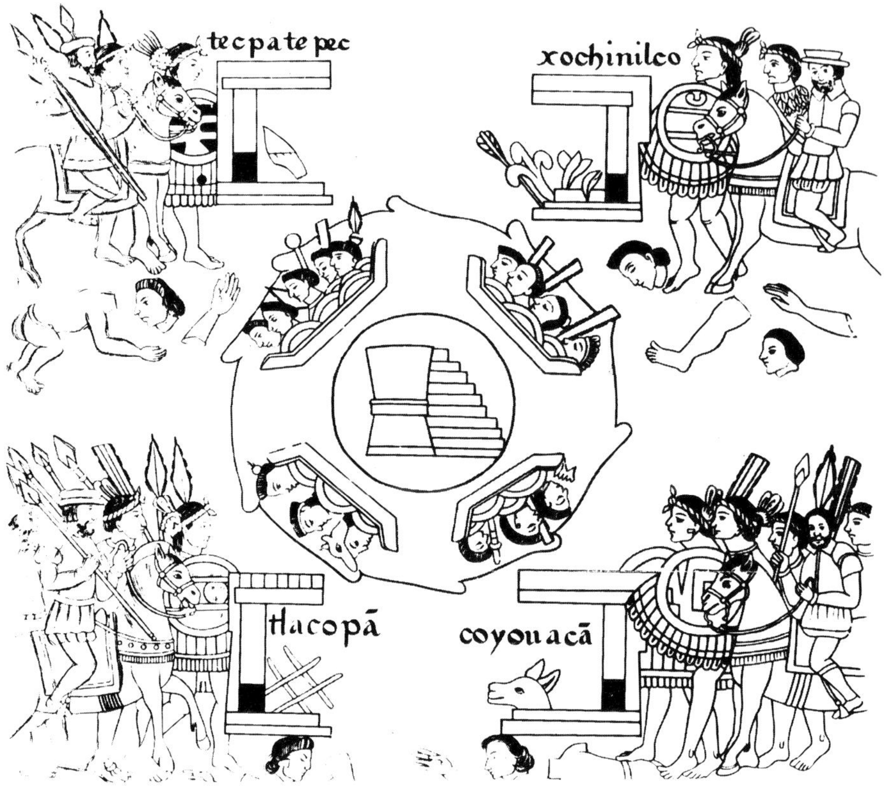

Abb. 46: Die Belagerung Tenochtitláns durch die Spanier (Llienzo de Tlaxcala, Mitte des 16. Jahrhunderts)

Die Gedanken der Sieger, zumindest der Soldateska, aber kreisten um Gold. Bei dem Festmahl in Coyohuacan prahlten einige Leute, wie Bernal Díaz indigniert feststellt, »daß sie Gold genug hätten, um auf goldenen Sätteln zu reiten, und die Schützen schworen, sie würden in Zukunft nur noch mit goldenen Pfeilspitzen schießen«. Obwohl Cortés dem gefangenen Aztekenherrscher Cuauthémoc eine ehrenvolle Behandlung und den Abzug der überlebenden Flüchtligen zugesagt hatte, gab er dem Drängen des königlichen Schatzmeisters nach, seinen besiegten Gast durch die Folter zwingen zu lassen, die Verstecke von großen Schätzen preiszugeben.

Die spanische Besiedlung von Mexiko

Nach der Eroberung Tenochtitláns konzentrierte sich Cortés auf die Sicherung der eroberten Gebiete; auch weitere Entdeckungs- und Eroberungszüge schlossen sich an. Seit dem 15. Oktober 1522 hatte er endlich auch die Legitimation dazu erhalten. Kaiser Karl V. hatte ihn angesichts der eroberten Territorien, ihrer reichen Gold- und Silbervorkommen und der zu erwartenden finanziellen Ausbeutung zum Gouverneur und Generalkapitän von Neu-Spanien ernannt und damit seine früheren Eigenmächtigkeiten nachträglich legalisiert. Er beauftragte ihn, das Land für die spanische Krone in Besitz zu nehmen – wie üblich war von »Befriedung« *(pacificación)* die Rede –, es zu besiedeln und die einheimische Bevölkerung zum Christentum zu bekehren. Auf den Grundmauern des ehemaligen Tenochtitláns ließ Cortés mit Hilfe indianischer Arbeitskräfte eine neue Stadt nach dem Grundriß des Schachbrettmusters bauen: Mexiko. Das alte Zentrum sollte auch das neue Zentrum von Neu-Spanien werden. Der Schock über die Eroberung Tenochtitláns und den Tod zahlreicher aztekischer Fürsten und Heerführer hatte Cuauthémoc dazu bewogen, die Oberhoheit des spanischen Königs anzuerkennen, was die weitere Stabilisierung der Herrschaft erleichterte. Die Unterwerfung erfolgte meist durch gewaltsame neue Eroberungszüge, zu denen Cortés seine Soldaten aussandte oder die er selbst leitete, wie den an die Küste nördlich von Veracruz, an den Panucofluß, wo er die Stadt Santisteban del Puerto gründete. Einzelne Fürsten erkannten aber auch die spanische Herrschaft freiwillig an und waren zur Zusammenarbeit bereit. Im Gegenzug erkannte Cortés die angestammten Rechte und den Adelstatus der mittleren und unteren indianischen Führungsschichten an. Zur weiteren Sicherung gehörten auch die Stadtgründungen. Entsprechend dem spanischen Kolonisationsprinzip ließ Cortés an strategisch wichtigen Orten, beispielsweise an den Küsten, spanische Siedlungen anlegen und sorgte mit der Übernahme des Systems von *Repartimiento/Encomienda* auch für deren Versorgung. Die Anlage von Siedlungen setzte allerdings siedlungswillige Spanier voraus. Von seinen Soldaten wollten aber nur diejenigen im Lande bleiben und seßhaft werden, die mit Belohnung für ihre Eroberungstaten über die ersten Beutezuwendungen hinaus rechnen konnten. Angesichts der finanziellen Schwäche der Krone war materielle Belohnung aus Spanien nicht zu erwarten; der Lohn mußte aus dem Land selbst kommen. So wendete Cortés das bereits auf den Westindischen Inseln praktizierte, wenn auch schon diskreditierte System von *Repartimiento/Encomienda*, d.h. die Zuteilung von indianischen Arbeitskräften an Spanier an. Mit den so zugeteilten Indios, die die Spanier eigener körperlicher Arbeit und der Sorge um einen gehobenen Lebensstandard enthoben, konnte er einerseits die Erwartung der ehemaligen Soldaten befriedigen, andererseits verfügte er damit über militärische Reserven, die einsatzbereit und einberufbar waren.

Cortés hat diese Praxis gegen das ausdrückliche Verbot der spanischen Krone durchgesetzt. Die königlichen Instruktionen an ihn vom

26. Juni 1523 untersagten ihm eindeutig, *Repartimientos* vorzunehmen und *Encomiendas* zu vergeben, und forderten ihn auf, schon erfolgte Vergaben rückgängig zu machen. Das Verbot basierte auf den bisherigen negativen Auswirkungen der *Encomienda* als Ausbeutungsinstitution. Sie habe den Tod zahlreicher Indios verursacht und eine sinnvolle und effektive Christianisierung verhindert. Im übrigen sei es Unrecht, die von Gott als freie Menschen geschaffenen Indios abhängig zu machen, Menschen, die überdies »fähig und in der Lage seien, in eigenen geordneten Gemeinwesen zu leben«. Augenscheinlich hatten am spanischen Hof die Diskussionen um die Rechtstitel der Eroberung und um die Art der Christianisierung ihre Wirkung gezeitigt, aber auch die höhere Kulturstufe der Azteken Eindruck gemacht – einmal ganz abgesehen von der Überlegung, daß nur lebende Indios zur Erschließung und Inwertsetzung der neuen Regionen beitragen konnten. Immerhin zeigte sich hier eine Diskrepanz im Verhalten und in der Einschätzung der Krone und der Zentralgewalt in Spanien einerseits und der Conquistadoren und Akteure in der Neuen Welt andererseits. Cortés hat das Verbot angesichts der massiven Erwartungen der Conquistadoren und seines Sicherheitsbedürfnisses ignoriert und die *Encomienda* beibehalten. Zwar verpflichtete er in seinen Anweisungen *(Ordenanzas)* von 1524 die *Encomenderos*, die ihnen anvertrauten Arbeitskräfte nur in der Landwirtschaft und bei der Viehzucht, nicht im Bergbau einzusetzen, sie gut zu behandeln, auf Zwangsmaßnahmen zu verzichten und für die religiöse Unterweisung zu sorgen; die Einhaltung dieser Anweisungen war jedoch eine andere Sache. Da sich die *Encomenderos* in erster Linie von ihren eigenen wirtschaftlichen Interessen leiten ließen, sahen sich die Indios zu einer abhängigen, minderwertigen und ausgebeuteten Schicht degradiert. Widerstand, provoziert durch ungerechte Behandlung und nicht durch »böse List« der Indios, wie Cortés im Brief vom 15. Oktober 1524 vorgibt, war die Folge. Die von ihm angeordneten und auch von ihm selbst durchgeführten Unterwerfungsexpeditionen waren deshalb häufig Bestrafungsexpeditionen gegen rebellierende Indios, dienten zur »Befriedung« *(pacificación)* des Landes, wie es in der damaligen Terminologie beschönigend hieß (Abb. 47).

Cortés begnügte sich aber nicht mit dem engeren Gebiet um die Stadt Mexiko, die nur einen Teil des bisher unerforschten, nicht erkundeten Festlands ausmachte. Er plante und verwirklichte Entdekkungsfahrten und Eroberungszüge entlang der mexikanischen Atlantik- und Pazifikküste in nördlicher und in südlicher Richtung, um die seit Kolumbus vergeblich gesuchte Wasserstraße durch Amerika zu finden. So sollte vom Panucofluß aus eine Expedition den Golf von Mexiko zur Halbinsel Florida überqueren und von da aus eine nördliche Passage erkunden. Schon bald nach seiner Ankunft in der

Abb. 47: Die weitere Eroberung Mexikos (Abbildung aus der »Historia« von Durán)

aztekischen Hauptstadt hatte er von der mexikanischen Westküste, vom »Südmeer« Balboas erfahren, das in ungefähr zehn bis zwölf Tagesreisen zu erreichen sei. Das eroberte Gebiet schien sich als die ideale Zwischenstation für den Ausgriff auf das Südmeer und den weiteren Weg nach dem asiatischen Indien anzubieten. Deshalb wurde Diego de Ordaz beauftragt, vom Golf von Mexiko aus den Coatzacoalcos aufwärts zu fahren und eine eventuelle Durchfahrtmöglichkeit zum Pazifischen Ozean zu erkunden. Statt einer Wasserstraße fand er die schmalste Stelle Mexikos zwischen Atlantik und Pazifik. Daraufhin ließ Cortés an der Pazifikküste die Hafenstadt Tehuantepec gründen, die zukünftige Operationsbasis für die geplanten Pazifik- und Asienunternehmungen. Hier wurden Schiffe gebaut, deren gesamtes Baumaterial von der Atlantikküste über die Berge zur circa 250 Kilometer entfernten Westküste transportiert wurde. Im Auftrag von Cortés brach Pedro de Alvarado im Dezember 1523 mit einem starken Expeditionsheer von Mexiko auf, um an der pazifischen Küste südlich von Tehuantepec nach der Durchfahrt zu suchen. Er fand sie nicht, eroberte jedoch – mit grausamen Methoden – das Maya-Gebiet des heutigen Guatemala bis in die Gegend des heutigen El Salvador, wo er auf Expeditionen aus Panamá stieß. Zur gleichen Zeit war eine andere Expedition unter Cristóbal de Olid entlang der Atlantikküste unterwegs, mit dem Auftrag und in der Erwartung, daß sich beide Expeditionen in der Durchfahrt treffen würden. Als Olid in Honduras meuterte beziehungsweise auf die Seite von Cortés' altem Rivalen Velázquez aus Kuba übertrat, entschloß sich Cortés, die Expedition selbst durchzuführen.

Mitte Oktober 1524 brach er mit einem großen Heer von über 3 000 Mann einschließlich indianischer Hilfstruppen und in Begleitung ehemaliger Eroberungsgefährten wie Gonzalo de Sandoval und Bernal Díaz sowie des aztekischen Fürsten Cuauthémoc und dessen Vetter aus Tacuba, die er aus Sorge vor einem Umsturz nicht in Mexiko zurücklassen wollte, auf. Jetzt marschierte allerdings nicht mehr der nüchterne Eroberer Cortés, sondern der »große Herr«, der sich mit Pomp und Luxus umgab. Die Expedition führte in bisher gänzlich unbekannte Länder mit tropischem Regenwald, schroffen Bergen und reißenden Flüssen. Sie folgte der Küste des Golfs von Mexiko, durchquerte die Halbinsel Yucatán, die bisher als Insel und nicht als Teil des mittelamerikanischen Festlands gegolten hatte, zog an der Küste von Honduras bis nach Trujillo und stieß auch in das Gebiet von Nicaragua vor, wo man auf andere Spanier aus Panamá stieß. Nach unendlichen Mühen und Strapazen und der Inbesitznahme der erkundeten Gebiete kehrte Cortés nach mehr als anderthalb Jahren im Juni 1526 in die Hauptstadt Mexiko zurück. Die beiden aztekischen Fürsten, die ihn begleiten mußten, hatte er unterwegs wegen einer angeblichen Verschwörung gegen ihn anklagen und hängen lassen.

Die Expeditionen waren insofern Erfolge, als jetzt keine Zweifel mehr daran bestehen konnten, daß es zwischen Mexiko und Panamá keine Durchfahrt vom Atlantischen zum Pazifischen Ozean gab. Das amerikanische Festland bildete eine geschlossene Barriere, deren Umschiffung nur an der Südspitze möglich war, in der von Magellan 1520 gefundenen Westpassage, der Magellan-Straße. Seitdem konzentrierte sich Cortés in seinen weiteren Entdeckungsunternehmen auf die Pazifikseite des Festlands, um über den Pazifischen Ozean Indien zu erreichen. Wie er in seinem Briefbericht vom 3. September 1526 an Karl V. schrieb, hoffte er, von Zacatula aus, das er schon 1522 von Pedro de Alvarado hatte anlegen lassen, den Weg zu den Gewürzinseln zu finden. Wie Kolumbus gegenüber den Katholischen Königen, so pries auch Cortés Karl V. das genehmigungspflichtige Unternehmen mit zukünftigen Einnahmen aus dem Erwerb von Gold und dem Handel mit Gewürzen an. Zugleich hielt er dem Kaiser die Ausweitung des christlichen Glaubens und die Ausdehnung der spanischen Herrschaft vor Augen. Er sah ein neues Weltreich entstehen, wie er es schon im Bericht vom 15. Oktober 1524 formuliert hatte: »Ich halte es für vollkommen sicher, daß ich mit diesen Schiffen, wenn es Gott gefällt, die Ursache sein soll, daß Eure Kaiserliche Majestät in diesen Weltgegenden Herr von mehr Reichen und Herrschaften ist, als man bis heute in unserer Nation kennt.... Ich glaube wahrlich, daß, wenn ich dies durchführe, Eurer Erhabenheit nichts mehr zu tun übrig bleibt, um Herrscher über die Welt *(monarca del mundo)* zu sein«. Karl V. selbst hat diese Vorstellung von einer national und territorial begründeten Universalherrschaft noch nicht zur Grundidee seines Handelns gemacht – erst unter Philipp II. wurde ein nationaler und imperialer Universalismus definitiv zum Leitbegriff spanischer Politik –, er hat Cortés aber den Auftrag zu einer Fahrt nach den Molukken erteilt. Am 31. Oktober 1527 brach eine Expeditionsflotte unter der Leitung von Alvaro de Saavedra Cerón, einem Vetter von Cortés, über den Pazifik auf; sie erreichte auch Ende Jahres Inseln der Marianengruppe, Anfang des Jahres 1528 die Philippinen und im März die Molukken. Obwohl ihr die Rückfahrt nicht gelang, wies sie den zukünftigen Weg einer Handelsverbindung von Mexiko nach Asien.

1528 kehrte Cortés zur persönlichen Berichterstattung und Rechtfertigung seines Handelns nach Spanien zurück, wo er unter großen Ehren empfangen wurde. Karl V. verlieh ihm den Titel eines Marqués del Valle de Oaxaca und stattete ihn im Tal von Oaxaca mit umfangreichem Landbesitz und Rechten aus. Er erhielt auch das Amt eines Generalkapitäns, eines militärischen Oberbefehlshabers in Neu-Spanien, doch politische Ämter, wie das des Gouverneurs, blieben ihm versagt. Eine *Audiencia,* ein Appellationsgerichtshof mit staatlichen Beamten *(Oidores)* hatte 1527 als oberste Verwaltungsbehörde in Mexiko die politische Macht übernommen. 1535 wurde Mexiko Vizekönigreich. In den Jahren von 1530 bis 1540 versuchte Cortés in Mexiko noch einmal an seine früheren Aktivitäten anzuknüpfen – so ließ er an der Pazifikküste mehrere Entdeckungsfahrten bis nach Kalifornien durchführen –, auf die politische Gestaltung konnte er allerdings keinen Einfluß mehr nehmen. 1540 kehrte er nach Spanien zurück und starb am 2. Dezember 1547 in der Nähe von Sevilla.

Für den beginnenden Ausbau des spanischen Kolonialreichs in Mexiko hat Cortés wichtige Grundlagen gelegt. Er hatte 1524 zwölf Franziskaner ins Land gerufen, Mönche eines Reformordens, aus dessen Reihen später Kritiker des Kolonialsystems und Freunde der Indios hervorgingen. Diese versuchten, bessere Lebensbedingungen für die Indios zu erwirken. Sie achteten die Azteken, projizierten auf sie als unverdorbene Menschen sogar ihre Hoffnung auf die Errichtung eines neuen, reformierten Christentums, das ihnen in Europa nicht mehr realisierbar erschien. Besonders im 1536 in Tlatelolco gegründeten, allerdings nur kurzlebigen Kolleg zur Erziehung einheimischer Priester und anderer Führungskräfte bemühten sich die Ordensbrüder um einen kulturellen Austausch mit den Eingeborenen, sie waren es auch, nämlich Fray Sahagún und Fray Durán, die die Schilderungen aus der Sicht der Azteken sammelten. Allerdings ließen sie, obwohl nicht blind für die Untaten der Spanier, keinen

Zweifel an der Berechtigung der Christianisierung und damit an der Präsenz Spaniens in der Neuen Welt.

Für die Azteken jedoch bedeuteten die Eroberung und die *Encomienda* den Verlust von Freiheit und Identität. Wie die Mexikaner, zumindest die überlebenden Angehörigen der geistlichen und politischen Führungsschicht, die »Befriedung«, die Europäisierung und das Eindringen einer neuen Religion und Ordnung bewerteten, wie sie ihre eigenen religiösen Vorstellungen und ihre Kultur davon abhoben und ihre Zukunft einschätzten, geht deutlich aus den sogenannten Streitgesprächen oder Wechselreden *(»Coloquios«)* hervor, die im Jahre 1524 die zwölf von Papst Hadrian VI. nach Mexiko entsandten Franziskaner mit mexikanischen Vornehmen und Priestern geführt haben. Diese Gespräche hat Fray Bernardino de Sahagún nach alten Informationen später in Spanisch und in Nahuatl aufgezeichnet. Eine deutsche Übersetzung aus dem Nahuatl hat 1938 der Berliner Altamerikanist Walter Lehmann geliefert. Besonders das siebte Kapitel, in dem ein Azteke den christlichen Missionaren antwortet, vermittelt einen erschütternden Eindruck von dem Verlust, den die Azteken durch das Zusammenstoßen europäischen Denkens und Glaubens mit der altmexikanischen Welt erlitten. Christliche Heilsbotschaft bedeutete für sie »Sterbende Götter«, Untergang der eigenen Kultur:

»O unsere Herren, o Fürsten, o angesehene Herren!
Ihr habt Mühen erduldet,
ans Land seid ihr gelangt.
Hier vor euch, auf euch
blicken wir, die Untertanen.
Euch hat ankommen lassen der Herr, unser Fürst,
ihr seid gekommen zu regieren eure Stadt.
Wo, in welcher Weise
haben sie sich herbegeben
von der Stätte unserer Fürsten, der Götter ihrer Heimat?
Zwischen Wolken, zwischen Nebeln,
vom Innern des Meeres her seid ihr herausgekommen.
…
Und jetzt was ist es, wie verhält es sich?
Was ist es, das wir sagen,
was wir auf eure Ohren erheben sollen?
Sind wir denn überhaupt etwas?
Nur kleine unbedeutende Untertanen sind wir,
wir sind voll Erde, voll Kot,
wir Räudigen, wir Armseligen,
wir Bedürftigen, wir Beladenen,

uns bloß hat zurückgesetzt der Herr, unser Fürst,
dadurch daß er an die Ecken der Matte des Sitzes uns stellte.
...
Wohin sollen wir denn vielleicht noch gehen?
Wir sind Untertanen,
wir sind vergänglich, wir sind sterblich,
wohlan, laßt uns denn zugrunde gehen!
Sind doch die Götter auch gestorben.
...
Ihr sagtet zu uns,
daß wir nicht kennen
den Herrn des Mit und Bei,
den Herrn Himmels und der Erden.
Ihr sagtet,
daß nicht wahre Götter unsere Götter sind.
Es ist ein neues unerhörtes Wort,
was ihr sprachet,
und darüber sind wir bestürzt,
daran nehmen wir Ärgernis.
Denn unsere Erzeuger,
die zu sein, die zu leben gekommen waren auf Erden,
nicht so sprachen sie.
Sie gaben uns ihre Sitte,
sie glaubten an sie,
sie dienten, sie erwiesen Ehrfurcht den Göttern.
Sie lehrten uns insgesamt das, womit gedient wird,
was in Ehren zu halten ist:
so essen wir vor ihnen Erde,
so zapfen wir uns Blut ab,
so büßen wir,
so legen wir Copal-Harz nieder,
und so veranstalten wir Menschenopfer.
Sie sagten:
Es sind die Götter, durch die alles lebt,
sie erwiesen uns Gnade.
Wann? wo? Noch die Zeit der Nacht war es.
Und sie sagten:
Es sind sie, die uns geben
unseren Unterhalt und insgesamt Trank und Speise,
die Lebensmittel, Maiskörner, Bohnen, Melden, Salbei.
Sie sind, die wir bitten um
Wasser, um Regen,
wodurch es gedeiht auf der Erde.
...

Und etwa nun wir
sollen wir zerstören das alte Gesetz?
Das Gesetz der Chichimeken,
das Gesetz der Tolteken,
das Gesetz derer von Colhuacan,
das Gesetz der Tepaneken?
Wir verstehen uns auf das,
worin man lebt,
worin man geboren wird,
wodurch man großgezogen wird,
wodurch die Götter angerufen werden,
wodurch sie angebetet werden.
Hört! o meine Herren!
Tut nicht etwas eurem Volke,
was um so mehr Unheil bringen,
um so mehr vernichten wird
das, worin auch der alte Mann, die alte Frau
erzogen, großgeworden sind.
Laßt uns nicht erzürnen die Götter,
...
Genug allein mit dem, daß wir einbüßten,
daß wir verloren, daß uns weggenommen wurden,
daß uns verboten wurden
die Matte und der Sitz.
Werden wir am selben Orte wohnen bleiben,
nur eingeschlossen werden wir sein.
Möget ihr mit uns machen,
was ihr wollt!«
(Übersetzt von Walter Lehmann)

Die von Cortés beschworene »Befreiung von der Tyrannei des Moctezuma« hatte zumindest zu seinen Lebzeiten für die Azteken, für die überlebenden indianischen Bewohner Neu-Spaniens noch keine sichtbaren Früchte getragen. Zwar war die beklagte und als Rechtfertigung für die Eroberung herangezogene Unrechtssituation im Aztekenreich, d.h. die Unterdrückung unterworfener Völker sowie die Praxis der Menschenopfer, abgeschafft worden, aber das Unrecht allgemein war keinesfalls überwunden worden. Da die Spanier, besonders die Gruppe der Kolonisten, sich nicht an das hielten, wozu sie als Christen verpflichtet gewesen wären und wozu sie auch die spanische Gesetzgebung aufforderte, waren an die Stelle des aztekischen Moctezuma viele spanische Moctezumas getreten. Vasco de Quiroga, seit 1530 *Oidor* an der *Audiencia* von Mexiko, Gründer zahlreicher selbstverwalteter Indianergemeinden und ab 1537 Bischof von Michoacán, hat 1535 voll Bitterkeit und Enttäuschung über die bisherigen negativen Folgen der Eroberung Mexikos folgende Zustandsbeschreibung gegeben: »Man kann wahrhaftig sagen, daß sie sie zwar von einem Tyrannen und Barbaren befreit haben, nicht aber von der Tyrannei und Barbarei, in der sie sich befanden ... und möge Gott verhüten, daß es nicht sogar doppelt und dreifach so wird .... Jeder Spanier, der etwas auf sich hält, (hat) fast ebenso viele Ausgaben wie Moctezuma und (braucht) fast ebenso viel, wie man diesem gab .... Da es also heute so viele Moctezumas in diesem Land zu unterhalten gibt, weiß ich nicht, wie man es ertragen kann, und sehe auch nicht, daß die Kriege, die geführt wurden, gerecht gewesen wären«. Der seit der Eroberung Mexikos in den nächsten dreißig Jahren rapide einsetzende Rückgang der indianischen Bevölkerung in Mexiko bzw. Zentralamerika um mehr als 90 Prozent – von geschätzten 20–25 Millionen Einwohnern im Jahr 1519, über 16,8 Millionen im Jahr 1532, 6,3 Millionen im Jahr 1548 auf 2,6 Millionen im Jahr 1568 – bedeutete die nahezu vollständige Ausrottung der eingeborenen Bevölkerung. Die Eroberungskriege, die Strafexpeditionen, die menschenunwürdige Behandlung als Arbeitskräfte, aber auch aus der Alten Welt eingeschleppte Krankheiten wie die Pocken hatten zu dieser demographischen Katastrophe geführt. Erst im 17. Jahrhundert konnte der dramatische Bevölkerungsrückgang etwas gebremst werden, dank der Aktionen von Missionaren und dank der eher eigennützigen spanischen Indianerschutzpolitik, die um die Mitte des 16. Jahrhunderts für die Erhaltung der indianischen Arbeitskräfte sorgte. Die Bevölkerungszahl pendelte sich bei etwa 3,5 Millionen ein.

Entdeckungen und Eroberungen auf dem südamerikanischen Festland

»In ganz Kastilien gab es großes Aufsehen, und alle sagten tagsüber und des Nachts in ihren Träumen: Indien, Indien, Gold Silber, Gold Silber von Peru.«
Guamán Poma de Ayala

Die Durchdringung des südamerikanischen Festlands vollzog sich in verschiedenen Schüben und von verschiedenen Ausgangspunkten her. Das Interesse konzentrierte sich vor allem auf solche Regionen, in denen am ehesten die begehrten Edelmetalle, die wichtigsten Wirtschaftsprodukte, zu erwarten waren, also hauptsächlich auf die nördlichen Andenregionen und auf die Westküste des amerikanischen Kontinents.

Die Eroberung des Chibcha-Reiches

Venezuela, ursprünglich von Spaniern entdeckt und zeitweise von Las Casas als Experimentiergebiet seiner »friedlichen Eroberung« betrachtet, war seit 1528 für zwei Jahrzehnte das Siedlungs- und Nutzungsgebiet des Augsburger Handelshauses der Welser. Die Welser hatten sich Karl V. gegenüber als willige und solvente Bankiers und Kreditgeber erwiesen und dafür einige Privilegien in der Neuen Welt erhalten. So durften sie jährlich 4 000 Sklaven dorthin bringen und sie hatten das Recht, das Gebiet des Maracaibosees im westlichen Teil von Venezuela zu erobern, zu besiedeln und rebellierende Indios zu versklaven. Deshalb gab es in diesem Raum auch deutsche Conquistadoren, die sich an der Erschließung bzw. Ausbeutung des Landes beteiligten, während sonst Ausländern die Reise in die spanische Neue Welt verboten war. Angestellte des Handelshauses der Welser wie Ambrosius Alfinger, Nikolaus Federmann aus Ulm, Georg Hohermuth aus Speyer und Philipp von Hutten, ein Verwandter des deutschen Humanisten Ulrich von Hutten, leiteten Expeditionen ins Landesinnere und unterschieden sich dabei, wie ihre eigenen Aussagen belegen, in nichts von den Spaniern. Abenteuerlust und die Suche nach Gold und Reichtum waren auch ihre Motive. Sie erwiesen sich dabei genau so grausam gegenüber den Indios wie die Spanier. Die relativ knappen, 1550 anonym im Anhang der deutschen Übersetzung der Cortés-Briefe erschienenen Briefberichte Huttens über seine Begegnung mit den Indios während seiner Eroberungszüge ins

Abb. 48: Darstellung der Sage vom »Vergoldeten«

Landesinnere oder der erst 1567 postum publizierte Bericht Federmanns über seine Eroberungszüge in Venezuela und Neu-Granada enthalten zwar nur kurze und knappe Informationen über die amerikanische Bevölkerung – weitgehend Tieflandindios –, sie zeugen aber von dem gleichen zeittypischen Unverständnis gegenüber den sich der Eroberung widersetzenden Indios. Wie die Spanier charakterisieren auch sie die Indios als nackte, kannibalische und gottlose Wilde. Sie taten die Indios als »Barbaren« ab und glaubten, sie deshalb auch versklaven zu dürfen. Ihre Einschätzung der Indios als »Barbaren« unterschied sie in nichts von der der Spanier. Daran läßt sich ablesen, daß die Abwertung der Indios also nichts spezifisch Spanisches war, sondern eine allgemeine europäische Haltung darstellte. Sklavenjagden und Beutemachen war auch das Metier der deutschen Conquistadoren.

Im Oktober 1528 kam die erste von den Welsern ausgerüstete Expeditionsflotte in Hispaniola an, wo das Handelshaus schon seit 1525 eine Faktorei besaß. Von dort segelte die Flotte mit 280 Kolonisten unter der Leitung des zukünftigen deutschen Gouverneurs Ambrosius Alfinger in Richtung Venezuela ab; gegenüber von Coro warf sie Anker. Hier gründete Alfinger die erste Welsersiedlung. Coro wurde zur Ausgangsbasis der weiteren Unternehmungen. Alfinger segelte von dort in den großen See und gründete an dessen Westufer die Stadt Maracaibo. Gold fanden die Eroberer jedoch nicht, so daß sie stattdessen auf Sklavenjagd gingen und die Indios in Santa Marta verkauften. Mit der zweiten Expeditionsflotte, die im Oktober 1529 aus Spanien unter der Leitung von Nikolaus Federmann lossegelte, kamen 120 Soldaten und 24 deutsche Bergleute. Federmann wurde Alfingers Stellvertreter und unternahm – allerdings ohne dessen Erlaubnis – von September 1530 bis März 1531 eine erste Expedition ins Landesinnere bis zum Rio Apure und zum nördlichen Teil des Orinoco. Er stieß mit mehreren Indiostämmen zusammen, erbeutete auch einiges Gold, den »Vergoldeten«, den *Dorado* – einen mit Goldstaub bedeckten Kaziken, von dem eine Legende erzählte, daß er in eine Lagune eintauchte und Goldopfer bringe, und der zum Symbol für Goldreichtum geworden war –, diesen *Dorado* fand er jedoch nicht (Abb. 48). Ende des Jahres 1531 mußte er sich nach Deutschland begeben, um sich für seine Eigenmächtigkeit, die er in seiner *»Historia Indiana«* beschrieben hat, zu verantworten. Während sich Federmann in Deutschland aufhielt, unternahm Alfinger eine zweite Expedition ins Landesinnere, die ihn über die heutigen kolumbianischen Städte Pamplona und Ocaña bis an den Madgalena führte. Im Frühjahr 1533 starb er während des Unternehmens. An seiner Stelle wurde Georg Hohermuth von Speyer zum Statthalter in Coro ernannt.

Im Dezember 1534 stach eine dritte Flotte der Welser in See, an Bord waren der neue Statthalter Hohermuth, ferner Nikolaus Federmann und Philipp von Hutten. Kaum in Coro angekommen, machte sich Hohermuth im Mai 1535 mit einer Expedition von 400 Leuten, darunter 100 Reitern, in Richtung Süden entlang der Ostabhänge der kolumbianischen Ostkordillere ins Gebiet des Orinoco und des nördlichen Amazonas auf. Erst nach drei Jahren im August 1538 kehrte er nach Coro zurück, ohne Erfolg gehabt zu haben. Die Mehrzahl seiner Leute war auf diesem Marsch durch Sümpfe und Flüsse, durch wüste und dornige Trockenzonen, durch unwegsames Gelände, geplagt von Mosquitos, Schlangen und Kaimanen sowie erschöpft von Hunger und Durst, wie es Philipp von Hutten in einem Brief an seinen Vater schrieb, gestorben. Hohermuth hatte ebenfalls den *Dorado*, den man in dieser Gegend vermutete, nicht gefunden. Angesichts solcher aufwendiger, zeitraubender, aber unergiebiger Expeditionen, die Philipp von Hutten im Jahre 1544 um eine weitere erfolglose vermehrte, kam die Erschließung des Landes nur wenig voran, so daß Karl V. im Jahr 1546 den Welsern das Eroberungs- und Siedlungsprivileg wieder entzog. Lediglich die zweite Expedition des Nikolaus Federmann von 1537 brachte ein Ergebnis: die Entdekkung und Eroberung des Chibcha-Reichs.

Die Legende vom »Vergoldeten« wurde auch mit der Region der Chibcha, konkret der Muisca, in Verbindung gebracht. Unter den zahlreichen Chibcha-Völkern, die in vorspanischer Zeit im nördlichen Südamerika siedelten, nahmen die Muisca auf der Andenhochebene von Bogotá bis Tunja eine besondere Stellung ein. Sie hatten zur Zeit der spanischen Eroberung einen politisch-sozialen Organisationsgrad erreicht, der sie aus den anderen Völkern der Chibcha-Sprachgruppe heraushob. Über ihre Herkunft, über ihre Verwandtschaft mit anderen Kulturen und Sprachgruppen in Mittelamerika oder im südlichen Andenraum herrscht noch nicht letzte Klarheit. Doch weiß man über sie soviel, daß sie dabei waren, ein Großreich mit den entsprechenden sozialen und politischen Strukturen zu schaffen. Diese Kenntnisse sowie die über die Eroberung beruhen allerdings weniger auf archäologischen Funden oder schriftlichen Zeugnissen der Muisca selbst, als vielmehr auf den Darstellungen spanischer Chronisten, die entweder auf der Basis eigener Anschauungen oder mündlicher Überlieferungen der einheimischen Indios oder aufgrund der mündlichen und schriftlichen Zeugnise von Conquistadoren, wie z.B. Gonzalo Jiménez de Quesada oder Nikolaus Federmann, über die Eroberung und Kolonisierung des Muisca-Gebiets berichtet haben. Zu den wichtigsten Quellen gehören die Geschichtswerke von Personen, die als Geistliche mit der ersten bzw. zweiten Eroberungswelle ins Land kamen wie Fray Pedro Aguado (*»Recopilación Historial«*; 1572) und Fray Pedro Simón (*»Noticias Historiales de las Conquistas de Tierra Firme en las Indias Occidentales«*; 1625) oder die selbst zu den Conquistadoren gehörten wie Juan de Castellanos (*»Historia del Nuevo Reino de Granada«*, 4. Teil der *»Elegías de Varones Ilustres de Indias«*; 1601).

Demnach befanden sich die Muisca zu Beginn des 16. Jahrhunderts an einer entscheidenden Etappe der Großreichbildung. Einerseits hatten sie die Stufe von sozial wenig differenzierten Stammesgemeinschaften schon hinter sich gelassen, hatten den Übergang zu sozial differenzierten und hierarchisch gegliederten Herrschaften, den sogenannten *Cacicasgos*, vollzogen. Andererseits waren sie mit diesen voneinander unabhängigen und miteinander rivalisierenden *Cacicasgos*, die aus einem Herrschaftsgebiet von mehreren Dörfern bestanden und von meist erblichen Häuptlingen (Kaziken) geführt wurden, noch nicht zu der Komplexität solcher Reiche wie der der Azteken oder der Inka gelangt. Es gab zwei konkurrierende größere Herrschaftszentren in Bogotá und Hunza (Tunja), wo es den jeweiligen Herrschern, dem *Zipa* bzw. dem *Zaque*, gelungen war, die *Cacicasgos* ihres Gebietes unter ihren Einfluß zu bringen und sie zu mehr oder weniger stabilen Konföderationen zusammenzuschließen. Beide »große Herren« kämpften um die Hegemonie im Muisca-Gebiet. Diese Tendenz zur Vereinheitlichung war auch in der Gesetzgebung zu erkennen; Nemequene, einer der letzten Herrscher des indianischen Bogotá, hatte die gebräuchlichen rechtlichen Normen seines Herrschaftsgebiets zu einem Rechts- und Sittenkodex zusammengefaßt, der als einer der bedeutendsten der vorspanischen Zeit gelten kann. Der Gesetzeskatalog sanktionierte ein System von Privilegien sozialer, politischer und ökonomischer Art, schuf Regeln für die Besteuerung und die Erbfolge und errichtete ein Strafrechtssystem, um besonders den Inzest oder sexuelle Verfehlungen, Eigentums- und Tötungsdelikte zu unterbinden und zu ahnden. Obwohl die Muisca keine eindrucksvollen Bauwerke, keine Großreiche wie die Azteken oder Inka besaßen, sind sie doch auf Grund ihrer politischen, sozialen und rechtlichen Organisation zu den Hochkulturen Amerikas zu rechnen. Ihre Kultur, die so gar nicht dem Bild vom unmoralischen Wilden entsprach, und ihre Kunstfertigkeit drückten sich unter anderem in ihren Goldarbeiten aus (Abb. 49). Die Lagune von Guatavita (Abb. 50) galt schon damals als der See, in den der »Vergoldete« eintauchte.

Ende 1536/Anfang 1537 brach Federmann von Coro aus erneut zu einem Zug auf. Wie Hohermuth blieb er zunächst in der Ebene und hielt sich dicht am Osthang der Kordillere. Statt wie Hohermuth weiter nach Südosten zu gehen, wandte er sich nach Westen und überschritt den kalten, 4 500 Meter hohen Gebirgszug bei Suma Paz und stieg von da auf die Hochfläche von Bogotá ab. Zu seinem Erstaunen mußte er feststellen, daß seine Expedition nicht die einzige war, die das Reich erobern wollte. Von Norden kommend, hatte Gonzalo Jiménez de Quesada im Auftrag des Gouverneurs von Santa Marta einen großen Teil der Hochfläche schon in Besitz genommen. Quesada war mit einer 900 Mann starken Expedition und versehen mit Dokumenten, die seine Eroberungsrechte gegenüber möglichen Rivalen bestätigten, seit April 1536 teils den Magdalena aufwärts gefahren, teils am Ufer durch unwegsame Wälder und Sümpfe entlang marschiert. Bis er an den Opón, einen Nebenfluß des Magdalena kam, hatte er schon zahlreiche Expeditionsteilnehmer durch Tod oder Desertion verloren. Die geschrumpfte Expedition drang weiter den Opón vor. Ungefähr elf Monate nach dem Abmarsch von Santa Marta erreichte er die Hochfläche. Im August 1537, vier oder fünf Monate, nachdem er das Chibcha-Gebiet betreten hatte, kam es zu größeren kriegerischen Auseinandersetzungen mit dem Herrscher von Tunja. Hier erbeuteten die Spanier erstmals Gold, Juwelen und Schmucksachen in größeren Mengen. Und auf dem Weitermarsch auf die Sabana von Bogotá machten sie weitere

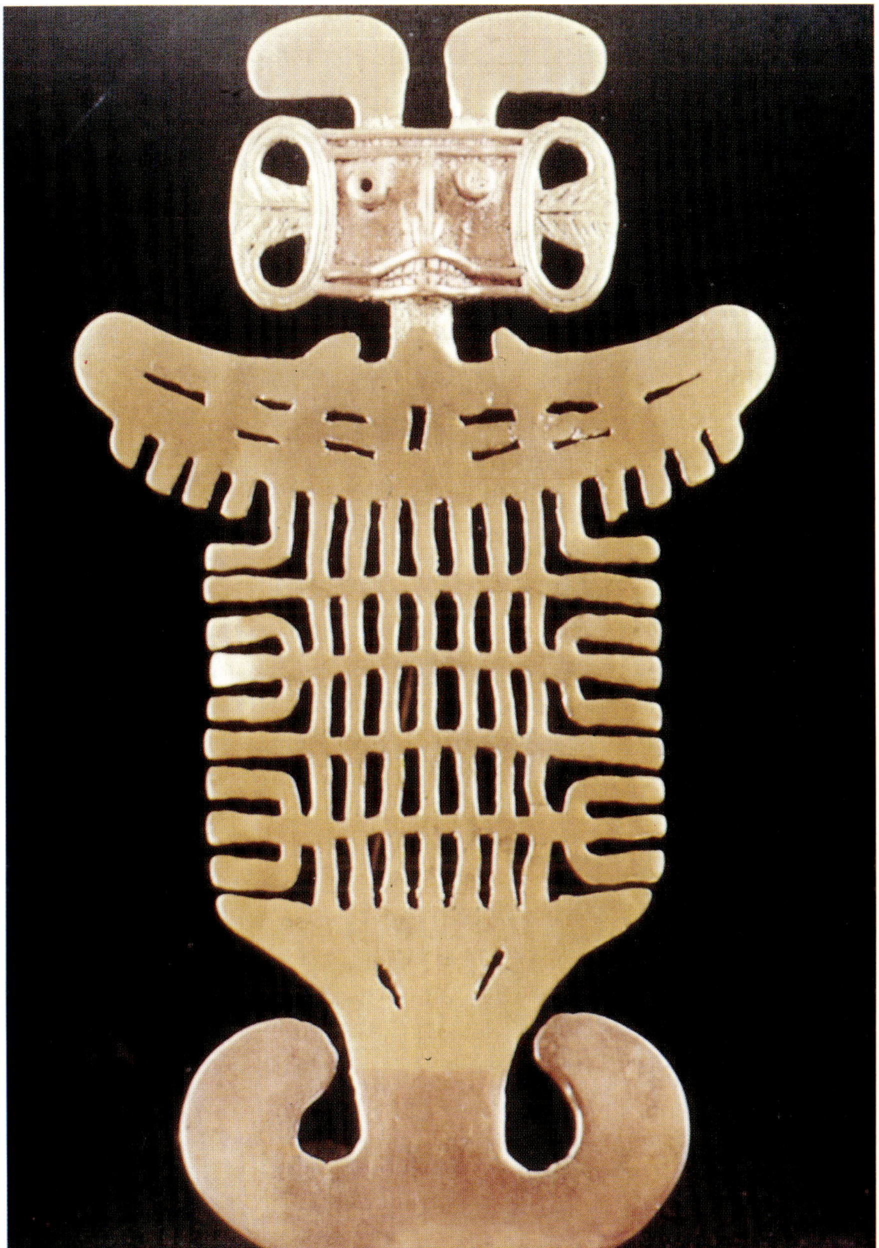

Abb. 49: Anthropomorphe Figur (Goldarbeit der Muisca)

Beute. Nach Federmanns Ankunft auf der Hochfläche von Bogotá Anfang Februar 1539 traf noch eine weitere Expedition ein; sie kam unter der Leitung von Sebastian de Benalcázar aus Süden von Quito. Im Unterschied zu anderen Regionen, wie in Peru, kam es nicht zu ernsthaften Auseinandersetzungen zwischen den drei fast gleichstarken Expeditionen. Man teilte die Beute und gründete sogar gemeinsam die Stadt Santa Fé de Bogotá. Im Mai 1539 brachen die drei Anführer gemeinsam in Richtung Magdalena auf, den sie flußabwärts fuhren. Von Cartagena aus begaben sie sich nach Spanien, um dort ihre Ansprüche geltend zu machen. Während Benalcázar zum Gouverneur von Popayán, einem vorher von ihm eroberten Gebiet, ernannt wurde, ging Federmann leer aus, weil er kurz vorher seines Amtes als stellvertretender Statthalter von Coro enthoben worden war, seine Unternehmung also als eigenmächtig galt und die Welser gegen ihn einen Prozeß angestrengt hatten. Erst 1541 kam ein Vergleich zustande, ein Jahr vor seinem Tod. Jiménez de Quesada mußte bis 1549 warten, bis er ein höheres Amt in Santa Fé de Bogotá erhielt. Mit der Eroberung des Chibcha-Reichs, das bald den Namen Neu-Granada erhielt, hatte Spanien sein Reich um ein bedeutendes und aufgrund dessen Gold- und Smaragdvorkommen auch lukratives Territorium erweitern können.

Die Inka und ihr »Reich der vier Weltgegenden«

Die Entdeckung und Eroberung Perus, des Inkareiches, enthüllt noch einmal alle Züge und Charakteristika der spanischen Besitzergreifung. Das gilt für die Motive und Antriebe, die Eroberungstaktik und Kolonisierungsmaßnahmen der Spanier, aber auch für das Verhalten der Indios und für ihre Einschätzung der weißen Eindringlinge. Hinzu kommen nun noch die Auseinandersetzungen zwischen einzelnen rivalisierenden Conquistadoren, die bis zu einem regelrechten Bürgerkrieg führen.

Ähnlich wie das Aztekenreich war auch das Reich der Inka ein Eroberungsreich. Die Inka waren eine militärisch und politisch begabte Elite, deren Vorfahren aus der Gegend des Titicacasees stammten und von dort aus in das von Quechuas bewohnte Hochtal von Cuzco gezogen waren. Seit dem 15. Jahrhundert hatten sie ein Imperium von kontinentalem Ausmaß geschaffen: *Tahuantinsuyu*, das »Reich der vier Weltgegenden«. Es erstreckte sich von Norden nach Süden über eine Gesamtfläche von mehr als einer Million Quadratkilometer mit einer Küstenlinie von mehr als 4 000 Kilometern, umfaßte damit die heutigen Republiken Ecuador, Peru, Bolivien und Nordchile mit Ausnahme der tropischen Wälder östlich der Anden. In die

Abb. 50: Die Lagune von Guatavita

östlichen Andenabhänge zum Tiefland der großen Flußsysteme drangen die Inka nicht vor; dorthin konnten die verdrängten Völker oder später die Inka selbst im Zuge der spanischen Eroberung fliehen. Die Bevölkerungszahl des Inkareichs belief sich zur Zeit der spanischen Eroberung nach unterschiedlichen Schätzungen auf zwei bis neun Millionen. Die ursprünglichen kulturellen und geistigen Errungenschaften der Inka wiesen anfangs nicht den hohen Stand mittel- oder südamerikanischer Kulturen auf wie die Chavín-Kultur, die Mochica-Kultur in Nordperu oder das Reich von Chimor an der Küste. Während ihrer Expansion zerstörten die Inka diese Kulturen nicht, eigneten sie sich vielmehr an, bauten auf den vorhandenen kulturellen Errungenschaften – Landwirtschaft mit Bewässerungssystemen, Lamazucht, Tuchherstellung, Töpferei, Goldverarbeitung und festem Häuser- und Städtebau aus Stein- und Lehmziegeln – auf und entwickelten sie weiter. Sie nahmen die Oberherrschaft über die eroberten Reiche wahr, denen sie teilweise auch Autonomie gewährten; gegen unbotmäßige Völker oder gegen innenpolitische Feinde gingen sie aber auch mit harten Maßnahmen vor.

Erfolg und Ausdehnung des Inkareiches beruhten vor allem auf den organisatorisch-politischen Fähigkeiten der Inka. Das Reich bestand aus vier Teilen, *suyu*, die in Cuzco, dem »Nabel«, als dem symbolischen Mittelpunkt des Reiches zusammenführten. Die Verwaltung der Provinzen unterstand einer in Rangklassen eingeteilten Beamtenschaft, die Steuern einnahm und Recht sprach. Die Ausbreitung und Sicherung ihrer Herrschaft erreichten die Inkaherrscher durch Umsiedlung der Bevölkerung; teils wurden unterworfene Völker wie beispielsweise die Cañari zur Isolierung in fremde Gebiete verpflanzt; teils mußten Gruppen loyaler Untertanen in die neueroberten Gebieten übersiedeln, um das Quechua, die peruanische Sprache, zu verbreiten, und durch ihr Beispiel untertänige Treue vorzuleben. Die Bevölkerung war in Zehner-, Hundert- und Tausendschaften registriert. So konnten große Heere innerhalb kürzester Frist unter dem Oberbefehl von Inka-Offizieren aufgeboten – die Inka hatten keine Kriegerelite wie die Azteken – und auch lange Zeit in den verschiedenen Teilen des Reiches unterhalten werden. Die Bewaffnung der Peruaner bestand aus Schleudern, Bogen, Wurfspeeren und Lanzen, sowie Streitäxten und spitzen Keulen aus Kupfer. Schilde und eine Art Rüstung aus gepolsterten Kleidungsstükken dienten zum Schutz des Körpers. Sie kannten auch das Lasso. Außer für den Kriegsdienst war die Bevölkerungseinteilung auch für den Arbeitseinsatz gedacht. Denn nach dem Zwangsarbeitssystem der *Mita* hatten die Sippen- und Dorfgemeinschaften, die *Ayllu*, in denen die Dorfbewohner für ihren eigenen Bedarf und für die Zahlung der Steuern das Gemeindeland bearbeiteten, für eine turnusmäßige Entsendung von arbeitsfähigen verheirateten Erwachsenen als Arbeitskräften zu sorgen, die nicht nur bei der Errichtung von Großbauten für den Herrscher oder in den Bergwerken der Inka eingesetzt wurden, sondern auch bei der Bewirtschaftung des Akkerlandes von Priestern, Häuptlingen und der Inka eingesetzt wurden, um so die Vorräte für Not- und Kriegszeiten in den Vorratsspeichern, *Tambos*, sicherzustellen. Über die Steuern wurde genau Buch geführt, durch ein System von Fäden, eine Art Knotenschrift, *Quipu*, welche die Schrift ersetzte und mit Hilfe von Farbe und Anzahl der Knoten Worte und Zahlen darstellte. Zusammengehalten wurde das Reich durch ein relativ engmaschiges Straßensystem, das den Spaniern größten Respekt abnötigte, ihren Vormarsch allerdings auch begünstigte. Hängebrücken, aus verflochtenen Weidenrutenseilen hergestellt, überspannten Schluchten und Flüsse; Stufen, mühsam in den Fels gehauen, überwanden die steilsten Höhen. Das Rückgrat dieses Systems bildeten als Hauptachse die Gebirgsstraße von circa 6 000 Kilometer Länge und parallel dazu die etwas weniger wichtige Küstenstraße von circa 4 000 Kilometer Länge. Entlang der Straßen waren die Vorratsspeicher im Abstand von einer Tagesreise angelegt, die den Herrschern und ihrem Gefolge als Herberge dienten, aber auch als Stationen für die Königboten und die Läufer, *Chasqui*, fungierten, die in einer Art Stafettenlauf für einen schnellen Nachrichtenaustausch sorgten. Die Überwachung der Verwaltung war über diese Straßen ebenso möglich wie Truppenverschiebung und Transport; für diesen stand den Inka, die wie die Azteken kein Rad kannten, das Lama zur Verfügung, jenes merkwürdige Schafkamel, wie es die Europäer bezeichneten, das sich gerade in der bergigen Region als ein nützliches Lasttier erwies.

Verwaltung und Herrschaft waren zentralistisch und hierarchisch gegliedert. An der Spitze stand der als Sohn der Sonne göttlich verehrte Sapay Inka, der als unumschränkter Herrscher mit seiner Schwester als Hauptfrau vermählt war, welche die Mondgöttin verkörperte. Darunter standen die Adligen, die zur administrativen und religiösen Hierarchie gehörten; sie waren entweder die Angehörigen früherer Herrscher oder der eigentlichen Inka-Elite, erkennbar an großen Ohrpflöcken, was die Spanier später zur Bezeichnung »Großohren«, *Orejones*, veranlaßte. Dann folgten die Häuptlinge unterworfener Stämme, die *Curacas*, also die bisherigen Eliten. Nur dem Adel war es gestattet, Kleider aus der wertvollen Wolle der Vicuñas, einer edleren Art der Lamas, sowie Gold- und Silber-

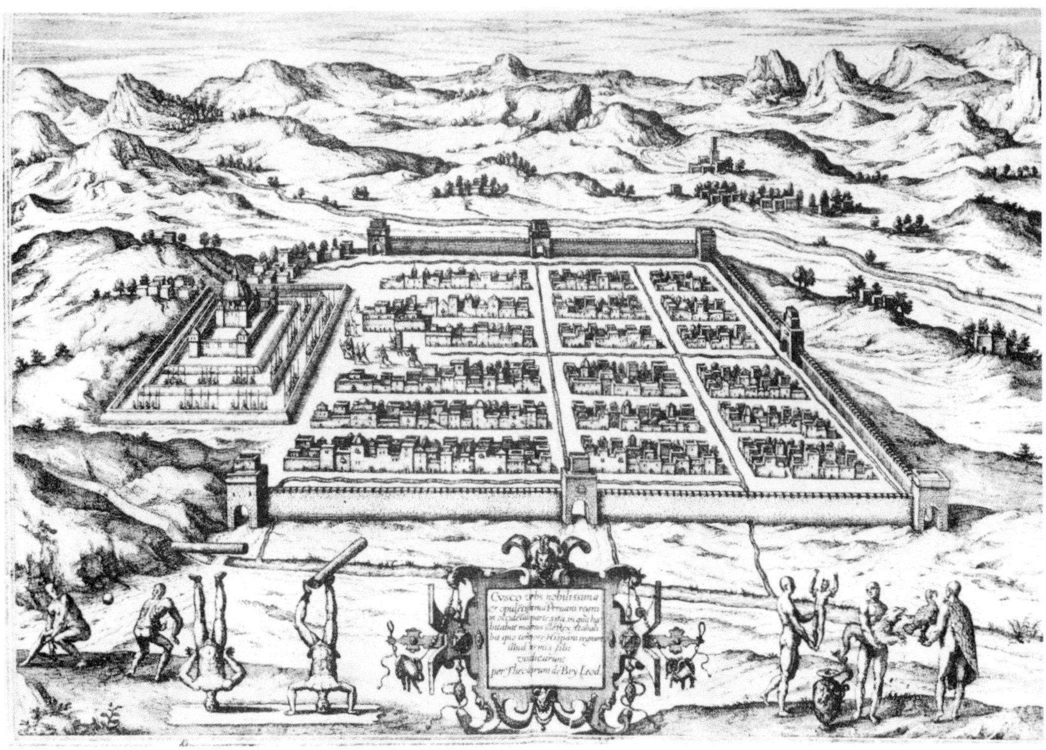

Abb. 51: Ansicht von Cuzco (Kupferstich von De Bry, 1597)

Abb. 52: Ansichten des heutigen Cuzco (oben) und der Inka-Festung Sacsayhuaman (rechts). Auf den stehengebliebenen Grundmauern der ehemaligen Inka-Gebäude wurden die heutigen Häuser erbaut.

schmuck zu tragen. Nur die Söhne dieser Gruppen erhielten in Cuzco eine gemeinsame vierjährige Ausbildung in Quechua, Kultur, Wissenschaft, der inkaischen Geschichte und der Religion, Kenntnisse, die dem übrigen Volk vorenthalten blieben. Die Integration der bisherigen Fürsten- und Häuptlingssöhne in das Inkasystem und eine von der allgemeinen Bevölkerung abgehobene Elitenbildung gingen so Hand in Hand.

Die Residenz der Inka lag seltsamerweise abseits. Sie wohnten auf dem großen Andenplateau, das sich von Norden nach Süden in einer Höhe von 3 000 bis 4 000 Metern hinzieht und von den beiden gigantischen Wällen der östlichen und der westlichen Kordillere eingerahmt wird. Um hier einzudringen, mußte man die westliche Kordillere, die parallel zum Stillen Ozean verläuft und die Küstenregion von dem Andenplateau trennt, übersteigen. Cuzco besaß Paläste, Tempel und öffentliche Gebäude aus großen Steinquadern, die ebenso wie die Festung *Sacsayhuaman* oberhalb der Stadt für die Ewigkeit gebaut zu sein schienen und auf alle Fälle erdbebensicher waren. Noch heute stehen die Grundmauern dieser Gebäude, die regenfeste Dächer aus dichtem Stroh besaßen (Abb. 51 und 52). Der Anblick dieser Stadt muß auf andere Art als Tenochtitlán imposant gewesen sein, die Hofhaltung des Inka aber war durchaus vergleichbar mit der der Aztekenherrscher. Sie war über alle Maßen glänzend: Selbst die Gebrauchsgegenstände bestanden aus Gold oder Silber, und in den prächtigen Gärten, die den Palast umgaben, waren Pflanzen jeder Gattung in edlen Metallen nachgebildet (Abb. 53). Das Hofzeremoniell war äußerst streng, Kontakt zum Inka als Abkömmling der Sonne war ein außerordentliches Privileg und nur auf wenige Personen beschränkt. Nicht einmal die eigenen Verwandten durften sich dem Herrscher nahen, ohne die Schuhe auszuziehen und als Zeichen ihrer Unterordnung eine Last auf dem Rücken zu tragen.

Die Religion in Peru, zumindest die offizielle Religion, war eng mit dem Staat verknüpft. Der Inkaherrscher leitete seine Legitimation von der Überzeugung ab, ein Sohn der Sonne zu sein, so wie seine Gemahlin als Tochter des Mondes galt. Die Ahnen der Inkafamilie wurden als göttlich verehrt, und ihre Mumien bewahrte man mit Gold und Schmuck behängt im Sonnentempel in Cuzco auf. Die wichtigste Gottheit der offiziellen Religion war die Sonne, *Inti*, die eigentliche Staatsgottheit, die man sich männlich vorstellte. Das weibliche Pendant bildete der Mond, *Quilla*, auch als Erdmutter, *Pachamama*, verehrt. Auch der Blitz, *Illapa*, wurde als Gottheit personifiziert, der als Regen die Erde fruchtbar machte. Als Schöpfergott von Welt, Menschen und Tieren sowie als Kulturheros galt *Huiracocha*, auch *Viracocha* genannt. In Tempeln und Heiligtümern wurde der Kult der Staatsgottheiten mit Gebeten und Opfern von Priestern und Priesterinnen gepflegt. Priesterinnen kamen oft aus der Gruppe von jungen Mädchen, die alle Schichten des Volkes als Tribut zu zahlen hatten. Sie wurden als *Acllas* in den Sonnenklöstern erzogen und für den Dienst des Sonnengottes vorbereitet. Bei bestimmten religiösen Zeremonien, bei bestimmten Gelegenheiten des Jahreskreislaufs, aber auch bei bestimmten politischen Anlässen wie beispielsweise der Krönung des Inka wurden besonders Kinder geopfert. Allerdings erreichten diese Menschenopfer bei weitem nicht die Zahlen der Opfer in Mexiko. Im Unterschied zur aztekischen Religion war die der Inka eher optimistisch-positiv geprägt und bedurfte nicht der Menschenopfer, um die Kraft der Sonne zu erhalten, und im Laufe der Zeit war man auch zu Ersatzopferungen von Tieren übergegangen, die im und mit dem Namen des Menschen geopfert wurden. Zur Zeit der spanischen Eroberung waren Menschenopfer eher die Ausnahme.

Die Inka verlangten, daß auch in den eroberten Gebieten ihre Götter, besonders die Sonne, verehrt würden; sie ließen aber auch die bestehenden regionalen religiösen Traditionen zu. Wie die Azteken holten sie die fremden Gottheiten, deren Bilder oder Symbole zum Zeichen der Unterwerfung nach Cuzco, bedienten sich aber auch der Religion als eines Mittels der politischen Integration oder Disziplinierung. Unbotmäßige Bevölkerungsgruppen wurden unter anderem auch dadurch bestraft, daß ihre Götterbilder vernichtet wurden. Neben der offiziellen Staatsreligion gab es noch Volksreligionen, lokale Kulte oder den Glauben an überirdische Kräfte, *huaca*, in Gestalt von

Steinen oder Felsen als Spendern von Fruchtbarkeit für Leben und Landwirtschaft.

Unter der Herrschaft des Inka Huayna Capac (1493 bis etwa 1527) hatte das Inkareich mit der endgültigen Eroberung Ecuadors im Raum der Bucht von Guayaquil und bis an die Grenze des südlichen Kolumbiens seine größte Ausdehnung erreicht, hatte neue Macht und Reichtum gewonnen, zugleich war es aber auch an die Grenzen der Verteidigungsmöglichkeit, Regierbarkeit und inneren Sicherheit gestoßen. Die Größe seines Raumes bedeutete zugleich eine Gefährdung seines Bestandes. Auflösungs- und Separationsbestrebungen traten besonders in kürzlich unterworfenen Regionen auf, vor allem nachdem 1527 Huayna Capac möglicherweise an einer Pockenepidemie gestorben war, ohne die Nachfolgefrage klar geregelt zu haben. Das entstandene Machtvakuum provozierte einen Bruderkrieg zwischen den Söhnen Huayna Capacs, Atahualpa und Huascar, die beide für sich die Nachfolge beanspruchten. Huascar, der ältere, repräsentierte die alte Zentralgewalt in Cuzco und konnte sich auf die Adligen und die Priesterschaft stützen. Atahualpa, sein Halbbruder und der Lieblingssohn des verstorbenen Inka, besaß großen Rückhalt bei den Generälen und wurde von den Oberbefehlshabern der Truppen in Ecuador favorisiert. Nach Huayna Capacs Tod zerfiel das Inkareich faktisch in einen Südteil mit dem alten Zentrum Cuzco und in einen Nordteil mit Quito als Residenz. In den folgenden Jahren kam es zu schweren Auseinandersetzungen mit wechselndem Erfolg. Erst 1532 endete der Bruderkrieg mit einem Sieg Atahualpas bzw. seiner Generäle Quizquiz und Chalcochima in der Entscheidungsschlacht von Cuzco. Huascar geriet in Gefangenschaft, Atahualpas Truppen nahmen Cuzco ein. Atahualpa, der sich selbst in Nordperu aufhielt, schien am Ziel seiner Wünsche. Zur gleichen Zeit jedoch landete Francisco Pizarro in Tumbes an der Nordküste Perus.

Die Eroberung Perus in spanischen und inkaischen Quellen

In dieses »Reich der vier Weltgegenden«, das durchaus als »Kolonialreich« angesehen werden kann, seinen Höhepunkt jedoch schon überschritten hatte und durch inneren Zwist geschwächt war, brachen die Spanier seit den 1520er Jahren in immer dichteren Wellen ein. Über die Eroberung des Inkareiches, dessen Einnahme für das spanische Imperium einen enormen Gebiets- und Wirtschaftszuwachs bedeutete, haben ähnlich wie im Falle der Azteken und Mayas sowohl die erobernden Spanier als auch die Besiegten selbst

Abb. 53: Goldarbeiten der Inkas (kolorierter Kupferstich von De Bry, 1597)

berichtet. Auf spanischer Seite liegen neben den erhaltenen Rechts- oder Verwaltungsakten zwischen Krone und Conquistadoren, ferner Briefen der Hauptakteure sowie den allgemeinen Darstellungen von Chronisten wie Gonzalo Fernández de Oviedo *(»Historia General«)*, der zur Zeit der ersten Kontaktaufnahme mit Peru in Panamá lebte und später Kommandant von Santo Domingo war, also über ausreichend Informationen verfügte, oder von Francisco López de Gómara *(»Historia General de las Indias«)* auch Berichte von Augenzeugen und Teilnehmern der Eroberung von Peru vor. Ein Vetter des Hauptakteurs Francisco Pizarro, Pedro Pizarro, folgte 1530 im Alter von fünfzehn Jahren dem neu ernannten Gouverneur von Peru aus Spanien und diente ihm als Page. Im Jahr 1572 veröffentlichte er einen kurzen Augenzeugenbericht über die Entdeckung und Eroberung Perus *(»Relación del descubrimiento y conquista de los Reinos del Peru«)*. Der Sevillaner Francisco de Jerez oder Xerez, der ab 1519 mit wechselvollem Glück an den Aktivitäten in Amerika, zuletzt als Sekretär Francisco Pizarros, beteiligt war, veröffentlichte schon 1534 einen kurzen »Wahrhaften Bericht über die Eroberung Perus« *(»Verdadera Relación de la Conquista del Peru y Provincia del Cuzco«).* Desgleichen hatte Miguel de Estete schon in Mittelamerika Erfahrungen gesammelt und die Eroberung Perus als königlicher Beamter, als Inspektor der Edelmetallschmelzerei, *Veedor*, miterlebt; über seine Beobachtungen schrieb er einige Notizen *(»Noticias del Peru«)*, die zum Teil bei Xerez enthalten sind. Mit der Entdeckung und Eroberung Perus befaßte sich ebenfalls Agustín de Zárate, ein hoher Beamter im kolonialen Wirtschafts- und Finanzwesen, der zur Zeit der Bürgerkriegsunruhen in den 1540er Jahren in Peru tätig war; 1555 veröffentlichte er seine Geschichte der Entdeckung und Eroberung Perus in Antwerpen *(»Historia del Descubrimiento y Conquista de la Provincia del Peru«).*

Wesentlich umfangreicher und detaillierter war die »Chronik Perus« *(»La Crónica del Peru«)* des Pedro Cieza de León, eines Soldaten, der von 1535 bis 1547 an den militärischen Unternehmungen in Neu-Granada und von 1548 bis 1550 in Peru teilgenommen, sich daneben aber mit historischen Studien beschäftigt hatte. Cieza de León hatte seine Chronik vierteilig angelegt. Lediglich der erste Teil, sozusagen der Einleitungsteil, der das kulturelle und geographische Szenarium beschreibt, wurde 1553 gedruckt, während die anderen Teile – der zweite über die Herrschaft des Alten Peru, der dritte über die Entdeckung und Eroberung Perus, also die Jahre von 1524 bis 1536, sowie der vierte über die Bürgerkriege – erst im 19. bzw. 20. Jahrhundert zum ersten Mal veröffentlicht wurden. Die »Chronik Perus« von Cieza de León ist insofern wichtig, weil sie ein differenzierteres Bild der Begegnung zwischen den beiden unterschiedlichen Kulturen als üblich zeichnet, einerseits die Untaten und Habgier der Spanier nicht übersieht, andererseits die Indios und ihre Kultur verstehen will. Schon aus dem Umfang seiner Beschäftigung mit den Indios läßt sich ein großes Interesse ablesen; er spricht ständig von ihnen, beschreibt ihre Feste, ihre Bestattungsriten, ihre Religion, ihre Städte und Wege, ohne sie dabei abzuwerten. Im Unterschied zu vielen anderen spanischen Chronisten behauptete er nicht unbesehen Dinge wie Menschenopfer oder Bestialität; er sprach lediglich von der Meinung einiger Befragter: »... man sagt, daß die Ureinwohner sehr bestialisch waren und viele Menschenfleisch aßen und andere die Tochter oder die Mutter zur Frau nahmen ... und sich zu Tyrannen aufschwangen« *(»Crónica del Peru«).* Ein menschliches Mitgefühl mit den Indios ist zu spüren, die nicht verabscheuenswürdig, sondern vielmehr bemitleidenswert erscheinen. Schon im Vorwort zur *»Crónica del Peru«* brachte der Autor diese Haltung zum Ausdruck, wenn er seine Geschichtsschreibung folgendermaßen begründete: »… indem wir zweitens bedenken, daß wir Spanier und alle diese Indios, alle von denselben Ureltern Adam und Eva abstammen und daß der Sohn Gottes für alle Menschen vom Himmel stieg und – Mensch geworden – den grausamen Kreuzestod erlitt, um uns zu retten und von der Macht des Teufels zu befreien; daß ferner der Teufel mit Gottes Billigung diese Menschen lange Zeit in Knechtschaft hielt, dann war es recht und billig, alle Welt erfahren zu lassen, wie diese vielen Menschen durch die Anstrengung der Spanier in den Schoß der heiligen Mutter Kirche zurückgeführt wurden«. Bei Cieza de León deutete sich ein Verstehen des Anderen an, das gleichzeitig mit direkter Kritik an der Art des Vorgehens der Spanier verbunden war. Verstehen insofern, als er die für ihn unverständlichen und nicht zu billigenden heidnischen Unsitten wie Menschenopfer und Kannibalismus, die allerdings zu seiner Zeit schon nicht mehr praktiziert wurden, oder Sodomie und Inzest nicht auf eine verderbte Natur des Indio oder auf ein Nicht-Mensch-Sein zurückführte, sondern lediglich auf sein Unwissen, d.h. sein Fernsein vom christlichen Gott. An der Berechtigung der Spanier, in Peru zu kolonisieren, zweifelt auch Cieza de León nicht, erfüllten sie doch seiner Meinung nach hier der göttlichen Vorsehung gemäß den Auftrag der Christianisierung und Zivilisierung. Zu den späteren Chroniken, die frühe Beschreibungen und wohl auch Berichte von spanischen und inkaischen Augenzeugen verarbeiteten, gehört schließlich noch die »Geschichte der Neuen Welt« *(»Historia del Nuevo Mundo«)* des Paters Bernabé Cobo aus dem 17. Jahrhundert.

Auch auf Seiten der Besiegten haben indianische Chronisten und Autoren von Heldenliedern oder Dramen ihre Sicht der Eroberung des Inkareiches dargestellt. Es liegen zwar nicht so zahlreiche Chroniken oder Gesänge wie im Falle Mexikos vor, doch auch die wenigen Texte legen ein beredtes Zeugnis davon ab, welche traumatische Wirkung die Eroberung auf die Indios im Inkareich besaß. Unter den vier hauptsächlichen Chronisten, die während der zweiten Hälfte des 16. und zu Beginn des 17. Jahrhunderts schrieben, darf die Darstellung des Felipe Guamán Poma de Ayala als die wichtigste gelten. Poma de Ayala (etwa 1532 – 1615), dessen Familie nach seinen eigenen Angaben zum inkaischen Adel gehört hatte, war in den Dienst der spanischen Kolonialherren getreten, hatte Spanisch und Schreiben gelernt und war auch Christ geworden. Als Schreiber und Übersetzer in der spanischen Verwaltung erlangte er nicht nur Einblick in die spanische Kolonialpraxis, d.h. das oft rigorose Vorgehen der spanischen Beamten und Missionare gegenüber den Indios, sondern erlebte auch am eigenen Leib den Verlust der indianischen Identität. Aus dieser Spannung verfaßte er als indianischer Augenzeuge eine mehr als 1000 Seiten umfassende, mit über 400 Federzeichnungen illustrierte Geschichte der inkaischen Vergangenheit und der kulturellen Begegnung zwischen Spaniern und Indios: *»El Primer Nueva Corónica y Buen Gobierno«* (»Die erste neue Chronik und gute Herrschaft«). Über dreißig Jahre hatte er an dieser etwa 1615 abgeschlossenen und als offenen Brief an den spanischen König Philipp III. konzipierten Geschichte geschrieben, mit der er die Diskrepanz zwischen den gepredigten Idealen der christlichen Nächstenliebe und der gelebten Wirklichkeit der spanischen Eroberung darstellen und eine »neue, gute Regierung« einfordern wollte. Guamán Pomas Chronik über die Eroberung und über die Probleme des »Kulturkontaktes«, in einem oft schwer lesbaren und unkorrekten Spanisch oder in einem Gemisch aus Spanisch und Quechua geschrieben, ist damals ebenso wie viele andere kritische Darstellungen über die Conquista nicht an die Öffentlichkeit gelangt. Erst 1936 wurde sie zum ersten Mal veröffentlicht, nachdem der deutsche Historiker Richard Pietschmann 1908 ein handschriftliches Exemplar in der Königlichen Bibliothek in Kopenhagen gefunden hatte.

Eine andere wichtige indianische Quelle über die Eroberung ist der Bericht des Titu Cusi Yupanqui darüber, wie die Spanier nach Peru kamen und was sie mit Manco II., seinem Vater, machten. Titu Cusi Yupanqui war von 1557 bis 1570 Inka des in Vilcabamba errichteten neuen Inkastaates und gab diesen Bericht *(»Relación de la Conquista del Peru y Hechos del Inca Manco II«)* dem Pater Marcos García, der nach Vilcabamba gekommen war, um den Inka im christlichen Glauben zu unterweisen. Der Pater transskribierte den Bericht des 1568 getauften Yupanqui, dessen Taufname Diego de Castro lautete. Die dritte, Anfang des 17. Jahrhunderts verfaßte indianische Quelle, der Bericht über die »Altertümer dieses Reiches von Piru« *(»Antigüedades deste Reyno del Pirú«)* des Juan de Santa Cruz Pachacuti, eines getauften Indios adliger Abstammung mit Namen Yamqui Salcamaygua, enthält nur einen kurzen, aber interessanten Abschnitt über die Eroberung Perus. Interessant ist er weniger wegen der Antipathien gegenüber Atahualpa als vielmehr wegen der nachträglichen Erklärung des Eroberungsvorgangs: Es war Gottes Wille, gegen den die Indios machtlos waren. Auch die Darstellung des »Inka« Garcilaso de la Vega (1539-1616), eines unehelichen Sohns des spanischen Eroberers Garcilaso de la Vega und der getauften Inkaprinzessin Chimpu Ocllo, der Kusine von Atahualpa und Huascar, gehört in diesen Zusammenhang, obwohl sich beim »Inka« der Prozeß der Transkulturation, der Mischung der beiden Kulturen schon sehr bemerkbar macht. Schon spanisch-europäisch erzogen, jedoch ohne den Stolz auf seine adelige indianische Herkunft verloren zu haben, reiste er um 1560 nach Spanien, wo er sein weiteres Leben zuerst als Militär, dann als Gelehrter und Literat verbrachte und als Vermittler zwischen spanischer und inkaischer Kultur wirkte, indem er neben einigen anderen Werken die »*Comentarios Reales*«, die »Wahrhaften Kommentare zum Reich der Inka«, schrieb. 1609 erschien in Lissabon der erste Teil, der einen geschichtlichen und kulturhistorischen Überblick über das Inkareich gab; 1617, nach seinem Tod, erschien der zweite Teil unter dem Titel »*Historia General del Peru*«, der die Eroberung und die spanische Kolonisierung behandelte. Obwohl Garcilaso de la Vega seine Heimat liebte, ist bei ihm nicht die innere Spannung wie bei Guamán Poma de Ayala zu spüren – es schreibt kein unterworfener, sondern ein akkulturierter Indio. So akzeptierte er die spanische Kolonisierung und Christianisierung als wichtige Phase innerhalb der kulturellen Vollendung seiner Heimat, der *patria*. Mit den »*Comentarios Reales*« nahm er für die damalige Zeit in zweierlei Hinsicht eine Sonderstellung ein: Zum einen war seine Einschätzung als Indio hinsichtlich der Eroberung nicht repräsentativ, zum anderen aber war seine Darstellung die erste »indianische«, die in Europa damals überhaupt publik wurde. Sie war durchaus dazu angetan, durch das indianische Element und die Wertschätzung der inkaischen Kultur, das Bild vom barbarischen Indio zu revidieren und sogar identitätsbildend zu wirken. Für wie stark man diese Wirkung in Spanien erachtete, geht schlaglichtartig aus der Tatsache hervor, daß fast 160 Jahre später, während des großen Indioaufstandes des Túpac Amaru von 1780 in Cuzco die Kolonialverwaltung versuchte, sämtliche Exemplare der »*Comentarios*« zu beschlagnahmen.

Neben diesen Chroniken existieren zahlreiche Texte, die – auch wenn sie keine zeitgenössische Beschreibung liefern – gleichwohl belegen, wie sehr die Erinnerung an den Vorgang der Eroberung im indianischen Bewußtsein präsent ist. Zu den interessantesten Dokumenten gehört ein Theaterstück auf Quechua, das das tragische Ende Atahualpas zeigt; Jesus Lara hat es ediert und eine spanische Übersetzung »*Tragedia del Fin de Atahualpa*« besorgt. Die Tatsache, daß dieses Stück noch heute in einzelnen Dörfer der peruanischen Sierra gespielt wird, zeigt, daß der Schock, den die Eroberung für die indianische Bevölkerung bedeutete, immer noch nicht überwunden ist. Auch Gedichte und Gesänge auf Quechua behandeln die Eroberung, vor allem das Schicksal Atahualpas, in dem sich beispielhaft das des gesamten Volkes widerspiegelt. Besonders eindrucksvoll ist die Elegie auf Quechua »*Apu Inca Atawallpaman*«, ins Spanische übersetzt durch den bekannten peruanischen Anthropologen und Dichter José María Argüedas.

Pizarros erste Entdeckungsfahrten nach Peru

Als Francisco Pizarro im Jahr 1532 in Tumbes an der Küste Nordperus landete, war er bereits ein Veteran der spanischen Eroberung (Abb. 54). Er wurde 1471 als der uneheliche Sohn eines armen Kleinadeligen in Trujillo in der Estremadura geboren. Mit den ersten Eroberungszügen auf das mittelamerikanische Festland war er 1509 in die Neue Welt gekommen. Von Hispaniola aus schloß er sich der Expedition Hojedas an; er erwies sich als guter Soldat und erhielt den Befehl über die Leute, die Hojeda an der karibischen Festlandsküste zurückließ. 1513 begleitete er Balboa auf dem Marsch zum »Südmeer«, an die Westküste der Landenge, wo man die ersten Informationen von reichen Ländern im Süden erhielt. Später diente Pizarro unter Pedrarias Dávila, auf dessen Befehl hin er Balboa festnahm. Er wurde Bürger Panamás und widmete sich mit Hilfe der ihm »anvertrauten« Indios der Viehzucht. Auf der Landenge und besonders in Panamá kursierten schon seit der Entdeckung des »Südmeers« Nachrichten über *Birú*. Sie hatten sich 1522 durch die Fahrt des Pascual de Andagoya verdichtet, eines jungen Spaniers aus dem Umkreis von Pedrarias, der mit Genehmigung des Gouverneurs an der Pazifikküste entlanggefahren, allerdings kaum über den Isthmusbereich hinausgekommen war. An der Küste zwischen dem heutigen Panamá und Kolumbien hatte Andagoya weitere Hinweise auf das Inkareich erhalten, wegen einer Verletzung aber umkehren müssen. Seit dieser Zeit herrschte in der Stadt Panamá ein regelrechtes Peru-Fieber. Erfolgreich bemühte sich Francisco Pizarro darum, die Rechte Andagoyas zu übernehmen und von Pedrarias Dávila die Genehmigung für die Entdeckung des Landes im Süden zu bekommen. Zur Durchführung des Unternehmens tat er sich mit einem weiteren Abenteurer, Diego de Almagro, dem Sohn eines namenlosen Kleinbauern aus dem kastilischen Dorf Almagro, zusammen, der mit Dávila nach Darién gekommen war. Ihnen schloß sich als dritter Partner der Priester Hernando de Luque an, dessen Aufgabe darin bestand, das nötige Kapital für die Ausrüstung aufzubringen. Sogar der Gouverneur trat dieser Kompanie bei.

Pizarros und Almagros erste Entdeckungsfahrt nach Süden Ende des Jahres 1524 und zu Anfang des Jahres 1525 blieb erfolglos. Dennoch gaben sie nicht auf, kauften sogar Dávilas Anteil auf und schlossen im März 1526 mit Hernando de Luque als stillem Teilhaber einen regelrechten Vertrag, um die Entdeckungsmodalitäten, die Vereinbarungen über die Finanzierung und die Frage der Anteile an den erwarteten Reichtümern zu regeln. Auch die zweite Entdeckungsexpedition, zu der Pizarro und Almagro mit zwei Schiffen und ungefähr 160 Mann zu Beginn des Jahres 1526 aufbrachen, schien anfangs erfolglos zu bleiben. An der sumpfigen Urwaldregion der Westküste Kolumbiens fuhr man planlos herum, bis in einem Dorf am Rio San Juan, beim späteren Buenaventura, etwas Gold gefunden wurde, das dem Unternehmen wieder Auftrieb gab. Pizarro schickte Almagro mit einem Schiff nach Panamá zurück, um Nachschub und Verstärkung zu holen; das zweite Schiff schickte er unter Bartolomé Ruiz weiter nach Süden auf Erkundungsfahrt. Ruiz lief mehrere Orte an der Küste des heutigen Ecuadors an und passierte dabei als erster Europäer den Äquator im Pazifischen Ozean. Er traf bei seiner Fahrt auf stattliche Ortschaften und bebautes Land und sah vor allem die begehrten Reichtümer Gold, Schmuck aus Edelsteinen und Kleider aus feiner Wolle. Seine Rückkehr zu den wartenden Gefährten am Rio San Juan, wo viele von Pizarros Leuten schon umgekommen waren, gab der Expedition neuen Mut, und als dann auch noch Almagro mit Proviant eingetroffen war, begab man sich erneut auf Südkurs. An Bord hatten sie auch einige Quechua sprechende Indios, die Ruiz gefangengenommen hatte, um sie später als Dolmetscher einsetzen zu können. Besonders Martinillo und Felipillo leisteten später gute Dienste, als sie zwischen den Spaniern und Atahualpa dolmetschten; Felipillo sollte aber auch zu traurigem Ruhm gelangen. Bei ihren Versuchen zu landen erlebten die Spanier bei Atacames jedoch unliebsame Attacken der Indios. Da die eigene Zahl für eine Eroberung des Landes nicht ausreichte, fuhr Almagro erneut nach Panamá zurück, um Freiwillige anzuwerben, während Pizarro mit einem Teil der Mannschaft auf der *Isla del Gallo*, der Hahneninsel, im Golf von Tumaco auf 2° nördlicher Breite über dem Äquator gelegen, warten sollte; dort waren sie vor Angriffen der Indios sicher.

Mehrere Monate wartete die Restexpedition auf der unwirtlichen Insel auf die Rückkehr Almagros, dem es in Panamá nicht gelang, Freiwillige und Nachschub aufzutreiben. Viele starben. Als schließlich zwei Schiffe eintrafen, waren es Beauftragte des Gouverneurs von Panamá, der die Fortführung der Expedition für unsinnig und zu kostenträchtig hielt und deshalb die Überlebenden heimholen lassen wollte. Angesichts der schwierigen Versorgungslage und der anscheinend minimalen Erfolgsaussichten zogen es die meisten Expeditionsteilnehmer vor, nach Panamá zurückzukehren. Ende August 1527 kamen sie dort an und machten Stimmung gegen die Expedition zum Reich im Süden. Nur dreizehn Gefährten blieben bei Pizarro, der sich der Aufforderung, die Expedition abzubrechen, widersetzt hatte, und warteten mit ihm auf die Ankunft von Almagro, um die Entdeckungsfahrt doch noch fortzusetzen. Wegen der Unwirtlichkeit der *Isla del Gallo*, der enormen Regenmengen und der Mosquitoplage verlegten sie ihren Standort. Sie bauten ein kleines Boot und wechselten auf die größere Insel Gorgona über, die etwas weiter nördlich auf 3° nördlicher Breite gelegen war. Hier mußten sie weitere Wochen ausharren, bis endlich Bartolomé Ruiz mit einem kleinen Schiff eintraf, das die beiden anderen Partner Pizarros in Panamá organisiert hatten; sie schickten zwar Nachschub, Proviant und Munition, aber Freiwillige – außer der Schiffsbesatzung – hatten sie zu einer aussichtslos erscheinenden Expedition nicht überreden können. Dennoch brach die kleine Truppe auf und setzte die Entdeckungsfahrt längs der Küste nach Süden fort, bis sie im Golf von Guayaquil vor der Inka-Garnison Tumbes ankerten. Hier kam es zur ersten Begegnung zwischen Spaniern und der Bevölkerung aus Peru.

Am Strand strömten die Menschen zusammen, um die seltsamen weißhäutigen und bärtigen Menschen und die großen hölzernen Häuser, die schwimmenden Burgen anzustaunen. Pizarro schickte zur ersten Erkundung einige Männer an Land, unter ihnen den Artilleristen Pedro de Candía, einen großen und starken Mann, der in seiner Rüstung auf die indianische Bevölkerung besonderen Eindruck machte. Die Chronisten berichten, daß die Indios zwei wilde Tiere auf ihn losließen, die ihn jedoch nicht zerfleischten, sondern – möglicherweise durch die Schüsse und den Knall seiner Muskete ebenso wie die Bevölkeung erschreckt – sich ihm schwanzwedelnd näherten und sich von ihm streicheln ließen. Es ist verständlich, daß die Indios dieses Verhalten der Tiere darauf zurückführten, daß Candía wie überhaupt den seltsamen Fremden etwas Übernatürliches anhaftete. In diesem Sinn gibt es auch Berichte darüber, wie sehr dies merkwürdige Verhalten den Inka Huayna Capac alarmierte. Zwar gibt es darüber keine inkaischen Quellenbelege, doch scheint die Beschreibung in der »*Historia*« des Bernabé Cobo auf authentische mündliche Überlieferungen der Inka zurückzugehen. Laut Cobo erfuhr Huayna Capac durch erschreckte Boten über die Ankunft der sonderbaren Fremdlinge und war zugleich sprachlos und besorgt über das Gehörte, besonders entmutigte ihn das Verhalten der Tiere: »Der Inca war sprachlos über das Gehörte, und ihn überkam eine solche Bestürzung und Melancholie, daß er sich in sein Gemach einschloß und nicht mehr herauskam bis zum Anbruch der Dunkelheit. Da kamen weitere *Chasqui* oder Boten von dem Gouverneur der Küste und informierten ihn darüber, wie jene Leute in ihre Häuser und Paläste eindrangen, sie ausraubten und alle Schätze mitnahmen. Sogar in der Löwengrube, wo der Inca seine wilden Tiere hielt, hätten sie keinerlei Angst oder Befangenheit gezeigt. Über die neuen Meldungen geriet Huayna Capac außer sich. Er befahl den Boten, noch einmal von vorne zu erzählen, was geschehen war. Jene sprachen: ›Herr, es gibt weiter nichts zu sagen, als daß die Löwen und wilden Tiere, die Du in deinen Palästen hältst, sich vor jenen auf die

Abb. 54: Francisco Pizarro (anonymes Gemälde, 16. Jahrhundert)

Erde werfen und schmeichelnd mit dem Schwanze wedeln, wie wenn sie zahme Tiere wären.‹ Der Inca sprang aufs höchste erregt auf, schüttelte seinen Mantel und rief: ›Hinaus, hinaus, ihr Herren und Wahrsager! Wollt Ihr meine Macht erschüttern und den Staat in Verwirrung bringen?!‹ – aber im nächsten Augenblick setzte er sich nieder... und hieß die Boten wieder und wieder von neuem anfangen; denn er vermochte das Gehörte noch nicht zu glauben« (übersetzt von Liselotte und Theodor Engl).

Betrachtet man andere Chroniken zur Eroberung wie beispielsweise die »*Comentarios Reales*« oder auch die »*Relación*« des Titu Cusi Yupanqui und die darin enthaltenen Hinweise auf bestimmte Vorzeichen oder Prophezeiungen, so ordnet sich auch diese konstatierte Übernatürlichkeit der Ankömmlinge in die allgemeine Erwartung der Inka ein. Wie bei den Azteken und Maya war auch bei den Inka zur Zeit der spanischen Eroberung eine besondere mythisch-religiöse Stimmung verbreitet. Selbst wenn es sich dabei um eine nachträgliche Interpretation handeln sollte, belegen solche Beschreibungen doch, wie stark das Trauma der Eroberung gewesen ist, wie sehr dieser unerhörte Vorgang erklärungbedürftig war. Der »Inka« Garcilaso de la Vega berichtete in seinen »*Comentarios Reales*« davon, wie in den letzten Regierungsjahren von Huayna Capac das Land durch eine Reihe von ungewöhnlich starken Erdbeben aufgeschreckt wurde. Weiterhin sei eines Tages während der Feierlichkeiten am Fest des Sonnengottes ein Kondor von einem Falken gejagt worden und sei mitten auf den Hauptplatz in Cuzco gefallen, wo er zwar versorgt, aber doch gestorben sei. Ferner habe der Mond in einer klaren Nacht plötzlich einen dreifachen Hof gehabt: einen blutroten, der den Bruderkrieg, einen grünlich-schwarzen, der den Zerfall des Inkareiches, und einen dritten wie von Rauch, der den Weltuntergang voraussagte. Wie im ganzen amerikanischen Raum gab es auch bei den Inka den Mythos eines Kulturheros, der nach einer gütigen Herrschaft geheimnisvoll verschwand, aber versprach, eines Tages zurückzukehren. In Mexiko war es Quetzalcóatl, der in Richtung Osten gezogen war, in den Anden war es Huiracocha oder Viracocha, der im Meer des Westens verschwunden war. Waren die Spanier in Mexiko aus dem Osten gekommen, so kamen sie nun in Peru aus dem Westen. Aufgrund ihrer mythisch-religiösen Vorstellungen und angesichts des besonderen und fremden Aussehens und Verhaltens der Spanier – weiße Haut, Bärte, Pferde, Schrift, Bücher und Stärke – sahen auch die Inka die Ankunft der Spanier als Rückkehr von Göttern an – zumindest anfangs. Inkaische Chronisten wie Titu Cusi berichten, wie die Inka die Spanier für Viracochas, die Söhne des göttlichen Schöpfers hielten: »Sie sagten, sie hätten gewisse Leute in ihr Gebiet kommen sehen, die in ganz anderer Tracht und Kleidung gingen als wir und wie Viracochas aussahen; das ist der Name, mit dem wir früher den Schöpfer aller Dinge bezeichneten, und zwar Tecsi Huiracochan, was Fürst oder aller Erschaffer bedeutet. Und sie nannten die Leute, die sie gesehen hatten, auf diese Weise zum einem, weil sie sich sehr von unserer Tracht und Erscheinung unterscheiden, und zum anderen, weil sie sahen, daß sie auf sehr großen tierischen Wesen ritten, die Füße aus Silber hatten; dies sagten sie wegen des Glanzes der Hufeisen. Auch nannten sie sie so, weil sie

sie ganz allein hätten sprechen gesehen, und zwar zu weißen Tüchern, so als spräche eine Person zu anderen, und dies lag daran, daß sie in Büchern und Briefen lasen. Und auch nannten sie sie Huiracochas wegen der Pracht und Erscheinung ihrer Personen und wegen der großen Verschiedenartigkeit untereinander, denn die einen hatten schwarze Bärte und die anderen blonde, und weil sie sie von Silber essen sahen; und auch weil sie *Yllapas* hatten, so nennen wir die Donnerschläge, und sie sagten das wegen der Feuerbüchsen, weil sie dachten, es seien Donnerschläge des Himmels« (übersetzt von Brigitte König).

Für Pizarro und seine Begleiter aber waren die begeisterten Schilderungen seiner Leute sowie die anschließende eigene Kenntnisnahme der Hochkultur sowie die eingetauschten oder erbeuteten Schätze an Gold und Schmuck wichtig, bestätigten sie doch den erwarteten Reichtum des Landes. Mit diesen Nachrichten und Beweisen bestand die Aussicht, seine Entdeckungsfahrt in Zukunft fortsetzen zu können. Vorerst, nachdem sie noch bis auf die Höhe von Trujillo weiter südlich gesegelt waren, mußte Pizarro jedoch auf Drängen seiner Leute umkehren. Nur mit einer großen Expedition ließ sich die Eroberung des entdeckten Gebietes realisieren. Pizarro kehrte nach Panamá zurück. Seine zweite Entdeckungsfahrt hatte achtzehn Monate gedauert. Von den etwa 300 Teilnehmern hatten nur knapp 80 überlebt, nur ein kleiner Trupp hatte Peru gesehen. Dennoch ließen er und seine beiden Partner sich nicht von ihrem Vorhaben abbringen, die Eroberung Perus fortzusetzen. Da in Panamá weder Leute noch Geld vorhanden waren und der Gouverneur nicht zur Unterstützung zu bewegen war, weil er alle Mittel für die Eroberung Mittelamerikas einsetzte, begab sich Pizarro nach Spanien, um beim König vorstellig zu werden. Mit einer kleinen Gruppe, unter ihnen auch Pedro de Candía und einige Indios, sowie mit Belegen der peruanischen Reichtümer traf Pizarro im Sommer 1528 am Hof in Toledo ein. Es war ein günstiger Zeitpunkt, da zur gleichen Zeit auch Hernán Cortés am Hof weilte. Obwohl Pizarro noch nicht die Reichtümer wie Cortés vorweisen konnte, erreichte er dennoch die königliche Bestätigung seiner Unternehmung.

Die Krone und der oberste Indienrat *(Consejo Real y Supremo de Indias)* – eine 1524 in Madrid eingerichtete, kollegial aufgebaute Ratsbehörde von Juristen und Geistlichen, die als höchste Verwaltungsbehörde und Rechtssprechungsinstanz arbeitete und für alle Angelegenheiten der überseeischen Reiche zuständig war – schienen das peruanische Unternehmen für gewinnträchtig zu halten. In einer von der Königin-Regentin im Juli 1529 unterzeichneten *Capitulación* erhielt Pizarro eine umfassende Vollmacht, auf eigene Kosten die Provinz Peru auf einer Küstenlänge von 200 *leguas* (circa 1 000 Kilometer) zu entdecken, zu erobern und zu besiedeln, Städte zu gründen, Indios nach dem System der *Encomienda* zu verteilen und das Land kommerziell auszubeuten. Allerdings war dieser Vertrag auf ein Jahr befristet: sechs Monate Vorbereitung in Spanien für Ausrüstung, Verproviantierung und Anwerbung von insgesamt 250 Mann, davon 150 aus Spanien, die restlichen 100 von den Westindischen Inseln und dem Festland, aus Panamá aber nicht mehr als 20; weitere sechs Monate zur Durchführung der Expedition von Panamá aus. Die Krone verpflichtete Pizarro auch zur Mitnahme der offiziellen Aufsichts- und Finanzbeamten sowie von Geistlichen. Für die bisherigen Verdienste wurden Pizarro, Almagro und die dreizehn Gefährten der *Isla del Gallo* geadelt. Pizarro erhielt die Würde eines *Adelantado*, eines Gouverneurs von ganz Peru, während Almagro zum Kommandanten von Tumbes ernannt wurde. Luque sollte als Bischof von Tumbes vorgeschlagen werden. Daß seine Verdienste weniger berücksichtigt wurden, empfand Almagro als Beleidigung. Hier begann die Rivalität zwischen den beiden Partnern, die später zu folgenschweren Auseinandersetzungen in Peru führen sollte.

Pizarro versuchte nun in seiner Heimatstadt Trujillo, zusammen mit seinen Brüdern Hernando, Juan, Gonzalo und Francisco Martín und seinem jungen Vetter Pedro Pizarro, fristgerecht Leute für seine Expedition anzuwerben: Ende Januar 1530 segelte er mit weniger Leuten als vorgeschrieben los. Auch in Panamá ging die Anwerbung von Freiwilligen angesichts der bekannten früheren Mißerfolge und Strapazen nur langsam vonstatten. Erst Ende Januar 1531 verließ Pizarro mit etwa 200 Männern, darunter 37 Reitern, und drei Geistlichen die Stadt Panamá. Almagro blieb vorerst in der Heimatbasis zurück. Wie auf der zweiten Fahrt versuchte Pizarro, von der ecuadorianischen Küste aus in der Höhe des Äquators ins Landesinnere vorzustoßen, doch das tropische Sumpfland, die Berge, die wechselnden Wetterbedingungen und feindliche Indios machten ein planvolles Vorgehen unmöglich. In der Stadt Coaque fand man wenigstens Gold und Silber, das Pizarro für die Anwerbung von neuen Leuten in Panamá verwandte. Zu diesem Zweck schickte er zwei Schiffe unter Bartolomé Ruiz los. Mehrere Monate mußte man auf Nachschub warten. Danach drang die Expedition weiter an der Küste entlang bis zum Golf von Guayaquil auf die Insel Puná vor, die mit Tumbes im Streit lag. Als weitere Schiffe unter Hernando de Soto angekommen waren, wagte man die Überfahrt auf das peruanische Festland nach Tumbes, das die Spanier jedoch zerstört und entvölkert vorfanden. In Tumbes ließ Pizarro eine Garnison zurück und begab sich selbst an der Küste entlang weiter südlich bis in die Nähe des Kap Pariñas, wo er an einem günstigen Stützpunkt sowohl für den Marsch ins Landesinnere als auch für die Verbindung mit Panamá die Stadt San Miguel de Piura gründete, Bürgerrechte verlieh, Grund und Boden sowie *Encomiendas*, d.h. indianische Arbeitskräfte zuteilte. Über achtzehn Monate war er bislang unterwegs gewesen, die gesetzte Frist war längst überschritten.

Die Eroberung beginnt – Die Gefangennahme und der Tod Atahualpas

Am 24. September 1532 verließ Pizarro mit seinen Leuten San Miguel, um ins Hochland im Landesinneren vorzustoßen; eine Garnison mit 80 Leuten blieb in San Miguel zurück. Seine Truppe bestand aus 62 Reitern, 106 Mann Fußvolk, darunter Armbrustschützen und Musketiere, auch einige kleine Kanonen führte er mit sich. Acht Jahre nach seiner ersten Unternehmung war für ihn der entscheidende Moment gekommen. In gewissem Sinn hatten sich die Verzögerungen für ihn sogar günstig ausgewirkt, denn der nach dem Tod Huayna Capacs eingetretene Bruderkrieg und die innenpolitische Instabilität des Inkareichs bedeutete einen Verlust an Widerstandskraft und erleichterte den Spaniern das Vorgehen. Schon an der Küste hatte Pizarro von diesen Umwälzungen erfahren; er ließ auch während des Vormarsches in die Sierra immer wieder Trupps vorauseilen, um die Lage zu sondieren. Abgesandte der beiden Parteien, auch der verschiedenen unterworfenen, nun rebellierenden Völker boten ihre Dienste an. Unbehelligt und dank der Vorratshäuser an den Straßen auch gut versorgt marschierten die Spanier durchs Gebirge. Als sie am 15. November 1532 bei großer Kälte das Hochtal von Cajamarca erreichten, wußte Pizarro, daß kurz zuvor in der Entscheidungsschlacht bei Cuzco Atahualpas Truppen gesiegt hatten, Huascar gefangengenommen war und Atahualpa seinerseits mit einem Nachschubheer von 20 000 bis 30 000 Mann auf dem Wege von Ecuador nach Cuzco in der Nähe der Stadt Cajamarca bei den dortigen Heilbädern Station machte. Während sich Pizarro in Cajamarca einquartierte, schickte er zwei Reitertrupps von je zwanzig Mann – den ersten unter Hernando de Soto, den zweiten unter seinem Bruder Hernando – mit einem Dolmetscher in das Lager Atahualpas, um diesen zu sich nach Cajamarca einzuladen. Obwohl sich diese Botschafter in arroganter und ungebührlicher Weise dem Inka genähert hatten – waren sie doch nicht nur nicht vom Pferd abgestiegen, sondern hatten Atahualpa und sein Gefolge auch durch forsches Herangalloppieren zu erschrecken versucht –, akzeptierte Atahualpa die Einladung, um die merkwürdigen, berittenen Fremden, von denen ihm schon berichtet worden war, kennenzulernen (Abb. 55).

Am folgenden Tag kam es zu der entscheidenden Begegnung, die

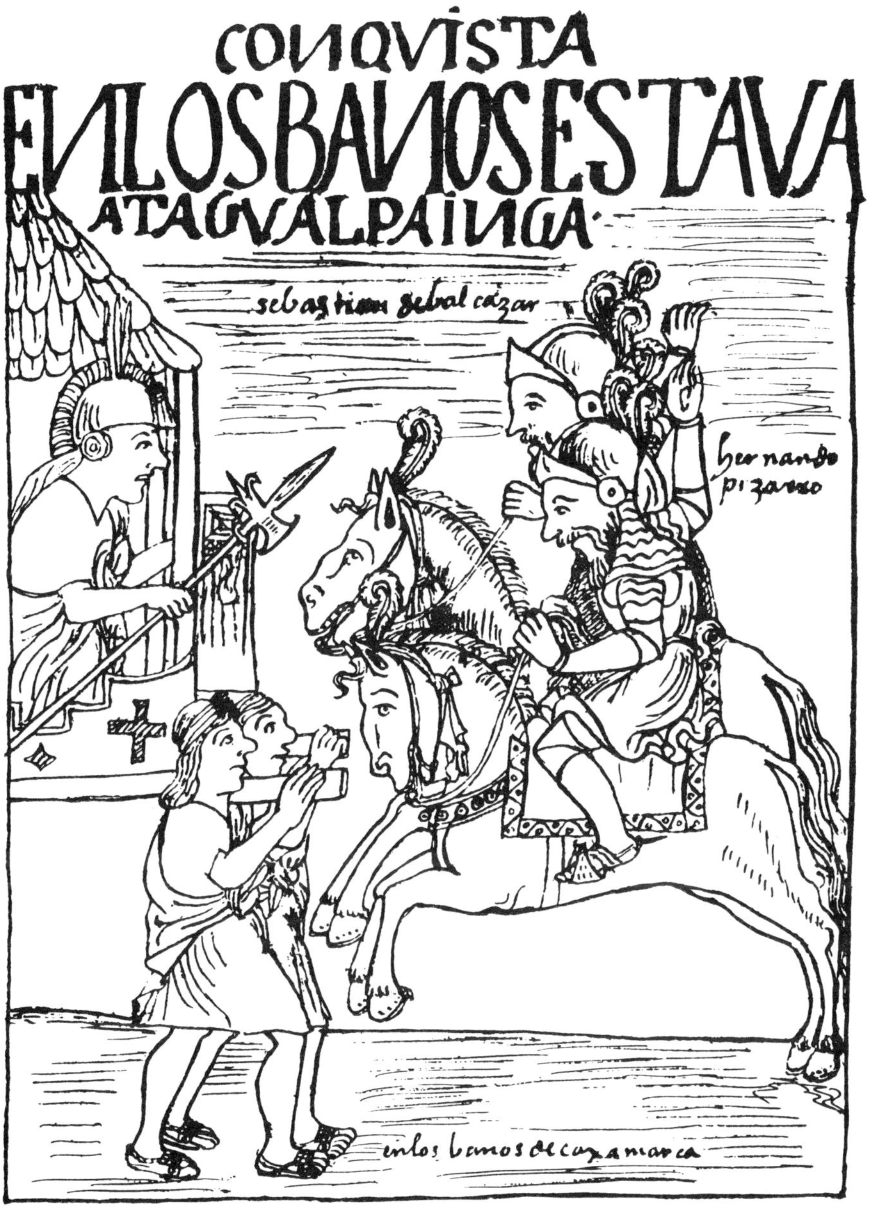

Abb. 55: Die Begegnung von Atahualpa und Pizarro (Federzeichnung des Guamán Poma de Ayala, um 1600)

Abb. 56: Atahualpa kommt nach Cajamarca (kolorierter Kupferstich von De Bry, 1597)

den Sturz des Inkareichs endgültig einleitete. Pizarro hatte seine Leute und die Feuerwaffen an strategischen Punkten der Stadt postiert. Sobald Atahualpa mit den Indios den Zentralplatz erreicht hatte, sollte der Trompeter zum Angriff blasen und das Feuer eröffnet werden. Die in einem Schuppen verborgenen Reiter sollten dann hervorbrechen. Auch Atahualpa hatte Vorbereitungen getroffen, möglicherweise aber nicht mit der List und der Taktik der Spanier gerechnet. Am Nachmittag füllten die Truppen Atahualpas die Ebene, und die Spanier sahen zum ersten Mal den Inka. Der Augenzeuge Pedro Pizarro schrieb voll Bewunderung: »Zur Stunde der Hauptmesse begann Atahualpa seine Truppen zu sammeln und sich nach Cajamarca aufzumachen. Seine Hundertschaften füllten die Ebene. Sobald der Inca die Sänfte bestieg, setzte sich der Zug in Bewegung. Voraus liefen 2 000 Indios, die den Weg vor ihm säuberten. Das Kriegsvolk war auf

Abb. 57: Die Gefangennahme Atahualpas (kolorierter Kupferstich von De Bry, 1597)

beiden Seiten der Straße – ohne diese zu betreten – über die anliegenden Felder verteilt. Der Herr von Chincha begleitete den Inca in einer Sänfte, die der seines Herrn an Pracht nicht nachstand … Der reiche Gold- und Silberschmuck gleißte betörend im Sonnenlicht. Vor Atahualpa schritt eine große Anzahl von Indios singend und tanzend einher. Für die halbe Meile Wegs zwischen den Bädern und Cajamarca brauchte der Herrscher von der Stunde der Hauptmesse an bis drei Stunden vor Einbruch der Nacht« (übersetzt von Liselotte und Theodor Engl) (Abb. 56). Auch Pizarros Sekretär Xerez hebt in seiner *»Relación«* die Prachtentfaltung des Inka hervor: »Vorausging eine Hundertschaft in bunten, mit Schachbrettmustern versehenen Livreen; sie entfernten jeden Strohhalm am Wege und kehrten ihn sauber. Drei weitere, anders gekleidete Hundertschaften folgten singend und tanzend. Dann erschienen bewaffnete Männer mit goldenem und silbernem Schmuck und Kronen. Über ihren Köpfen Atahualpa selbst in einer mit Papageienfedern verschiedenster Farbe geschmückten und mit Gold und Silber beschlagenen Sänfte, die zahlreiche Indios auf ihren Schultern trugen; es folgten weitere hochgestellte Persönlichkeiten, gleichfalls in Sänften und Hängematten und eine ganze Hundertschaft mit Kronen aus Gold und Silber« (übersetzt von Liselotte und Theodor Engl).

Was dem Inka als Einladung angekündigt worden war, endete mit seiner Gefangennahme – einer nach den spanischen Spielregeln »gerechtfertigten« Gefangennahme im Rahmen der Modalitäten von »Friedensangebot« und »Kriegserklärung«, wie sie das *Requerimiento* vorsah. Bei kaum einem Chronisten fehlt diese Szene, die auch zu verschiedenen bildlichen Darstellungen angeregt hat. Auch wenn in diesem Fall Dolmetscher die vorgeschriebene spanische Ansprache übersetzt haben – in der einen Chronik war es Martinillo, in der anderen Felipillo –, mußte der Inhalt der Worte dem Inka Atahualpa unverständlich bleiben. Nach Pedro Pizarro spielte sich der Vorgang folgendermaßen ab: »Sobald Don Francisco Pizarro sah, daß Atahualpa sich der Plaza näherte, schickte er den Mönch Vicente de Valverde ..., Hernando de Aldana ... und den Dolmetscher Don Martinillo zu ihm hin. Sie sollten ihn im Namen Gottes und des Königs auffordern, sich dem Gesetze Jesu Christi und dem Dienste Seiner Majestät zu unterwerfen; der Marqués [Francisco Pizarro] würde ihn wie einen Bruder halten und es nicht dulden, daß ihm Leid oder Schaden in seinem Land zustoße. Als der Mönch vor Atahualpas Sänfte stand, teilte er ihm mit, wozu er gekommen sei, und predigte ihm das heilige Evangelium; der Dolmetscher übersetzte. Der Mönch las die Predigt aus dem Brevier, welches er in Händen hielt. Atahualpa verlangte es zu sehen, der Mönch reichte ihm das verschlossene Buch hinauf. Der Inca mühte sich vergebens, es zu öffnen, und warf es auf den Boden. Atahualpa rief Aldana zu, er solle näherkommen und ihm sein Schwert geben. Aldana zog es aus der Scheide, zeigte es ihm, wollte es ihm aber nicht geben. Da rief Atahualpa, sie seien Räuber und Schurken, und er werde sie alle töten« (übersetzt von Liselotte und Engl) (Abb. 57). Auch der Bericht des Miguel de Estete in der »*Noticia*« kritisiert ebensowenig wie der von Pizarro den Zynismus des Vorgehens und die provozierte Reaktion des Inka, durch die er sich ins »Unrecht« setzt. Estete argumentiert in der üblichen Weise, daß Entdeckung und Eroberung ein gottgewollter Vorgang sei, um »Barbaren« zu christianisieren und zu zivilisieren. In diesem Kontext stehen die Predigt Valverdes und die Reaktion Atahualpas: »Jesus habe befohlen, zwischen den Seinen dürfe kein Krieg und keine Zwietracht herrschen, sondern nur vollkommener Friede; er erbitte und erflehe diesen Frieden in seinem Namen; außerdem sei man ja am vorigen Tage verblieben, daß der Inca friedlich und allein ohne Kriegsvolk komme. Auf diese und viele andere Worte, die der Mönch machte, verharrte der Inca in Schweigen und gab keine Antwort; erst als der andere nicht aufhörte zu mahnen, Gottes Gebot zu gehorchen, welches in jenem Buch, das er in der Hand halte, geschrieben stehe, stutzte der Inca, nach meinem Gefühl wohl mehr wegen des Schriftbildes als wegen des Inhalts, verlangte danach, öffnete es und blätterte darin, besah sich Form und Anordnung, warf es sodann unter das Volk mit zorngerötetem Antlitz und rief: ›Sagt es ihnen, sie sollen herkommen! Ich weiche nicht von der Stelle, bis sie mir nicht Rechenschaft geben und für alles zahlen, was sie im Lande angerichtet haben.‹ Als der Mönch das sah und wie seine Worte verfingen, hob er sein Buch auf und rannte mehr als er ging mit gesenktem Kopf zurück zu Pizarro und rief ihm zu: ›Seht Ihr nicht, was los ist? Wie könnt Ihr Euch noch aufhalten mit höflichem Getue und *Requerimientos* mit jenem Hund, der vor Hochmut birst und ringsum alles voller Indios? Ich gebe Euch die Absolution!‹« (übersetzt von Liselotte und Theodor Engl).

Auch Guamán Poma de Ayala hat diese Szene beschrieben. Aus seinen Worten klingt natürlicherweise Verständnis für die Haltung Atahualpas und zugleich Kritik am Vorgehen der Spanier, die nur auf den Anlaß zum Eingreifen gewartet haben. Bezeichnenderweise fehlt auch nicht der Hinweis auf das Staunen, das Erschrecken der Indios und die damit verbundene Lähmung gegenüber den wenigen Fremden: »Da begannen Don Francisco Pizarro und Don Diego de Almagro [hier irrt Guamán Poma, Almagro kam erst später] durch den Dolmetsch Felipe, einen Guancabilca-Indio, zu ihm zu sprechen. Er sagte ihm, er sei Botschafter und Gesandter eines großen Herrschers und er solle sein Freund werden, nur deshalb sei er gekommen. Der Inca verfolgte mit großer Aufmerksamkeit, was Don Francisco Pizarro und dann der Dolmetsch Felipe, der Indio, sagten, und antwortete mit großer Majestät, daß es wohl wahr sein möge, daß sie aus so fernen Landen als Botschafter gekommen seien, und er glaube auch, daß sie von einem großen Herrscher kämen, doch er müsse keine Freundschaft schließen, denn auch er sei ein großer Herrscher in seinem Reich. Nach dieser Antwort brachte Fray Vicente sein Anliegen vor, er trug in der rechten Hand ein Kreuz und in der linken das Brevier. Und er sagte zu Atahualpa Inca, auch er sei Botschafter und Gesandter eines anderen Herrschers, der ein großer Freund Gottes sei, und er solle nun dessen Freund werden und das Kreuz anbeten und an das Evangelium Gottes glauben und sonst nichts anbeten, denn alles andere sei Blendwerk (Abb. 58). Atahualpa Inca antwortete und sagte, er müsse nichts anbeten als die Sonne, die niemals stirbt, ebensowenig wie ihre *guacas* und Götter, die sie

Abb. 58: Die Gefangennahme Atahualpa nach der Verlesung des Requerimiento (Federzeichnung des Guamán Poma de Ayala, um 1600)

nach ihrem Gesetz auch hätten, und das halte er ein. Darauf fragte der Inca Fray Vicente, wer ihm das denn gesagt hätte. Fray Vicente antwortete, das Evangelium, das Buch habe es ihm gesagt, und Atahualpa sagte: ›Gib es mir, das Buch, damit es selbst es mir sage.‹ Und so gab er es ihm, und er nahm es in die Hände und begann, die Blätter des Buches genau zu betrachten. Darauf sagte der Inca, mit großer Majestät auf seinem Thron sitzend: ›Warum sagt es mir nichts und spricht nicht zu mir, dieses Buch?‹ Und Inca Atahualpa schleuderte das Buch aus seinen Händen. Da stimmte Fray Vicente ein Geschrei an und sagte: ›Hierher, Caballeros, auf sie, diese heidnischen Indios sind gegen unseren Glauben!‹ … Und sogleich feuerten die Caballeros ihre Hakenbüchsen ab und begannen ein Scharmützel, und die Soldaten töteten Indios wie Ameisen, und da sie erschrocken waren wegen der Hakenbüchsen und wegen des Lärms der Schellen und der Waffen und zum erstenmal nie gesehene Menschen sahen, und da der Platz von Cajamarca voller Indios war, stürzten sie die Einfriedungsmauern des Platzes von Cajamarca um …. Und so ergriffen Don Francisco und Don Diego de Almagro besagten Atahualpa Inca und zerrten ihn von seinem Thron herab, ohne ihn zu verletzen, und er wurde in Fesseln und von Spaniern bewacht bei dem Hauptmann Don Francisco Pizarro gefangen gehalten. Er war sehr traurig und tief betrübt, und seiner Majestät beraubt saß er auf dem Boden und sein Thron und sein Reich waren ihm genommen« (übersetzt von Wilfried Böhringer).

Tausende von Indios kamen in dem kurzen Gemetzel um; die Zahlen schwanken zwischen zwei- bis siebentausend. Andere flohen, ohne Widerstand zu leisten, oder wurden gefangengenommen und auf die Spanier als Arbeitskräfte und Bedienstete verteilt. Wieder andere, zwangsrekrutierte Truppen, die aus fernen Provinzen kamen, schickte Pizarro nach Hause, wodurch er sich langfristig Verbündete schuf. Rumiñahui, einer der drei Feldherrn und Berater Atahualpas, zog nach dessen Gefangennahme mit 5 000 Mann nach Quito ab, um dort das Land zu verteidigen. Die Beute an goldenen und silbernen Geräten, an Schmuck und kostbaren Kleidern in Cajamarca und im Lager Atahualpas war enorm. Das ursprüngliche Eroberungsmotiv wurde fürs erste befriedigt. In dieser Goldgier, die den Indios als hervorstechender Wesenszug der Spanier auffiel und demzufolge im Zentrum der inkaischen Texte steht, sah der gefangene Atahualpa einen Weg, die Freiheit wiederzuerlangen. Am Tag nach seiner Gefangennahme bot er Pizarro als Lösegeld für seine Freilassung an, das fünf Meter lange und drei Meter breite Zimmer Pizarros bis zu einer Höhe von zweieinhalb Metern und dazu noch einen Speicher innerhalb von zwei Monaten mit Gold und Silber anfüllen zu lassen. Das Lösegeld solle auf die bei seiner Gefangennahme beteiligten Spanier verteilt werden. Einen ergreifenden Eindruck davon, wie sich den Inka und Atahualpa diese Begegnung mit den fremden Menschen darstellte, die auf Gold aus waren, gibt eine Szene aus dem Drama über das Ende Atahualpas. Hier geht es um den Vertrag Gold gegen Freiheit:

Das Ende Atahualpas

Sairi Tupac: Bärtiger Feind, roter Mann
warum suchst du allein
meinen Herr, meinen Inka?
Weißt du nicht, daß Atahualpa
der Inka ist und einziger Herr?
Weißt du etwa nicht,
daß er Herr dieser goldenen Keule ist,
weißt du etwa nicht, daß diese
zwei goldenen Schlangen
sein Eigentum sind?
Bevor er diese goldenen Kette
erhebt, bevor dich diese
zwei goldenen Schlangen verschlingen,
mach dich davon, geh zurück in dein Land,
bärtiger Feind, roter Mann.
(Pizarro bewegt nur die Lippen)
Sairi Tupac: Roter Mann, der du wie Feuer glühst,
und am Kinn dichte Wolle trägst,
mir ist es unmöglich,
deine seltsame Sprache
zu verstehen.
Ich weiß nicht, was du sagst,
ich kann es überhaupt nicht begreifen.
Bevor mein einziger Herr, mein Inka,
in Wut gerät, geh weg,
mach dich auf.
(Pizarro bewegt nur die Lippen)
Felipillo: Sairi Tupac, Inka, der befiehlt,
dieser blonde Mann sagt zu dir:
»Welch törichtes Zeug sagst du mir da,
armer Wilder?
Ich kann deine dunkle Sprache
nicht verstehen.
Aber ich frage dich:
wo ist dein Herr, der Inka?
Ich bin auf der Suche nach ihm
und habe vor, ihn mit mir zu führen;

wenn nicht, erhalte ich vielleicht
seinen Kopf oder sein königliches Zeichen,
damit der mächtige Herr,
der König von Spanien, es sieht.«
Das sagt dir dieser Krieger,
Sairi Tupac, Inka, der befiehlt.
Sairi Tupac: Bärtiger Feind, roter Mann,
ich verstehe deine Sprache ebensowenig.
Nähere dich dem Wohnsitz meines Herrn,
vielleicht versteht er dich.
Triff ihn und sprich mit ihm,
der die meiste Macht hat.
(Felipillo spricht zu Pizarro)
Sairi Tupac (zu Atahualpa): Ach, ach, geliebter
Atahualpa, mein Inka!
Es ist unmöglich, die Sprache
des Feindes zu entschlüsseln.
Das Funkeln seiner Schleuder
aus Eisen macht mir Angst.
Es ist an dir, einziger Herr, mein Inka,
ihn zu sehen und von gleich zu gleich
mit ihm zu sprechen;
vielleicht kannst du seine
donnernde Sprache verstehen.
Ich konnte ihn überhaupt nicht verstehen.
Hier habe ich deine goldene Keule,
hier habe ich auch deine zwei Schlangen,
hier habe ich auch deine goldene Schleuder,
die unbesiegbare Kräfte hat.
Atahualpa: Nichts ist da zu machen.
Meine vielgeliebten Inkas,
übertrefft euch alle darin, sie,
sei es mit der Schleuder oder mit der Keule
sie dazu zu bringen, in ihr Land zurückzukehren:
an den Ort, von wo sie erschienen sind,
an den Ort sollen sie zurückkehren.
Laßt euch nicht besiegen
von den bärtigen Feinden.
Huaylla Huisa: Meine vielgeliebten Inkas,
handelt ohne Säumen.
Laßt uns zusammen gegen
die bärtigen Feinde antreten.
Wir werden sie besiegen und sie vertreiben,
bis hin zu ihrem Volk, in ihre Heimat.

Huarma: Einziger Herr, der allen Furcht einflößt,
der alle besiegt und regiert,
Atahualpa, mein Inka,
bärtige und hitzige Männer
wenden sich hierher
und färben ihren Weg blutrot.
Atahualpa (zu Pizarro): Bärtiger Feind, roter Mann,
von woher hast du dich hierher verirrt,
weshalb kommst du hierher,
welcher Wind hat dich gebracht,
was willst du,
hier in meinem Haus, hier in meinem Land?
Auf dem Weg, den du gekommen bist,
hat dich das Feuer der Sonne nicht versengt
und die Kälte nicht durchbohrt,
und der Berg hat sich unter deinen Schritten
zurückgezogen und dich nicht mit
seinen Klippen erschlagen,
und die Erde konnte dich, obwohl sie sich
unter deinen Füßen öffnete,
nicht begraben,
und der Ozean hüllte dich ein, aber
ließ dich nicht verschwinden.
Wie bist du hierher gekommen
und was willst du von mir?
Geh, kehr in dein Land zurück,
bevor ich diese meine goldene Keule erhebe
und ein Ende mit dir mache.
Bärtiger Feind, ich habe dir
schon gesagt,
daß du in dein Land zurückkehren sollst.
(Pizarro brüllt wütend gestikulierend)
Felipillo: Mein Herr und Inka Atahualpa,
dieser Herr, der befiehlt, sagt:
»Es ist unnütz, daß du etwas sagst
und die Worte hervorsprudelst,
die ich nicht verstehe.
Ich bin ein unbeugsamer Mann,
und vor mir erniedrigen sich alle.
Ich gebe dir noch einen Augenblick,
damit du dich fertig machst
und dich verabschiedest,
von diesen, die dir nahe stehen.
Mach dich bereit, denn du wirst mit mir

Abb. 59: »Wir essen das Gold«
(Federzeichnung des Guamán Poma de Ayala, um 1600)

in die Stadt namens Barcelona aufbrechen.
Genauso wie du deinen Bruder,
den Inka Huascar erniedrigt hast,
wirst du dich vor mir beugen«.
Sairi Tupac: Bärtiger Feind, warum fesselst du
den Inka, meinen einzigen Herrn,
mit solcher Roheit?

Er ist frei und ohne Fesseln geboren
genau wie Taruca
und ist stark wie ein Puma.
Es gibt außer ihm keinen
so bedeutenden und großzügigen Mann.
(Pizarro bewegt nur die Lippen)
Felipillo: Sairi Tupac, Herr, der befiehlt,
dieser blonde Mann sagt zu dir:
»Ich habe schon gesagt,
warum ich in dieses Land gekommen bin,
ich soll diesen Herrn vor das Angesicht
meines allmächtigen Herrschers führen
und ich werde dies nicht noch einmal sagen.«
Atahualpa: Weh mir, mein geliebter Herr,
der Huiracocha ähnlich ist,
ich befinde mich schon in deinen Händen.
Warum erregst du dich schon?
Vielleicht bist du müde,
ruhe ein wenig:
solltest du von der Sonne besiegt kommen,
komm in den Schatten
unter diesen meinen goldenen Baum.
Ich liege schon vor dir,
zu deinen Füßen, in deiner Gewalt.
Nust'Acuna (die Prinzessin): Einziger Herr Atahualpa,
mein Inka,
der bärtige Feind wirft dich in Ketten,
mein Inka,
um deinem Leben ein Ende zu setzen,
mein Inka,
um dein Reich an sich zu reißen,
mein Inka,
der bärtige Feind hat,
mein Inka,
ein Herz, das nach Gold und Silber dürstet, (Abb. 59)
mein Inka,
wenn er Gold und Silber verlangt,
mein Inka,
geben wir es ihm sofort,
mein Inka.
(Pizarro bewegt nur die Lippen)
Felipillo: Einziger Inka, Atahualpa,
dieser starke Mann sagt zu dir:
 »Noch heute brichst du auf,

Abb. 60: Titelkupfer der deutschen Las Casas-Ausgaben seiner »Geschichte der Greueltaten der Spanier« (1597 und 1599). Der Band, von dem vorliegendes Frontispiz entnommen ist, stammt aus dem Bamberger Jesuitenkolleg bei Sankt Martin. Wie der handschriftliche Vermerk am oberen Bildrand zeigt, hielten die Jesuiten die in dem Band beschriebenen Grausamkeiten der spanischen Eroberer in Amerika nicht für möglich: Das Buch schien ihnen nur Lügen zu enthalten (»liber mendaciis refertus«).

wohin ich es befehle.«
Atahualpa: Ach Herr, Huiracocha,
zeig diesen Erdteil nicht.
Wünschst du Gold und Silber,
so gebe ich es dir, so viel,

Abb. 61: Atahualpa als Gefangener
(Federzeichnung des Guamán Poma de Ayala, um 1600)

daß, so weit wie meine Schleuder reicht,
alles davon bedeckt ist.
Felipillo: Einziger Herr, Inka Atahualpa,
dieser starke Mann sagt zu dir:
»Ich will, daß diese ganze Ebene

mit Gold und Silber bedeckt wird.«
Sairi Tupac: Mein vielgeliebter und einziger Herr,
Atahualpa, mein Inka,
wir werden laufen, fliegen
wie der Huaychu
und für diese bärtigen Feinde
werden wir Gold und Silber bringen,
bis diese ganze Ebene davon bedeckt ist.
(Pizarro bewegt die Lippen)
Felipillo: Einziger Herr, Inka Atahualpa,
dieser starke Herr sagt:
»Ich komme mit dem unverrückbaren Ziel,
deinen Kopf mitzunehmen,
oder zumindest deine kaiserlichen Insignien,
damit mein Herrscher sie sieht.« (Abb. 60)
Atahualpa: Ach bärtiger Feind, Huiracocha,
bei unserem gestrigen Treffen
konntest du mich inmitten meiner
unzähligen Vasallen sehen,
geehrt, oben auf der goldenen
königlichen Sänfte getragen.
Und jetzt, wo du mich dir zu Füßen
erniedrigt siehst,
sprichst du anmaßend zu mir. (Abb. 61)
Aber weißt du denn nicht,
daß von meinem Willen alles abhängt,
daß das Silber und das Gold
unter meiner Herrschaft stehen?
Bitte mich um das,
was du mitnehmen willst,
ich werde es dir mit meinen Händen bringen.
Hier habe ich meinen Schild aus Gold,
hier habe ich auch meine Keule aus Gold,
hier habe ich auch meine Schleuder aus Gold.
Ich werde dir auch alles dies geben.
Nur nimm mir nicht das Leben,
mächtiger Herr …
(Übersetzt von Maralde Meyer-Minnemann)

Nach Pizarros Zustimmung sandte Atahualpa entsprechende Befehle aus. In der folgenden Zeit kamen seine Untertanen Tag für Tag mit Goldtransporten an, um den Raum zu füllen (Abb. 62). Als sich nach zwei Monaten abzeichnete, daß das Lösegeld noch nicht vollständig erbracht war, entsandte Pizarro auf Atahualpas Anregung drei Spanier mit Begleitung nach Cuzco, um von dort die fehlenden Goldmengen herbeizuschaffen. Tatsächlich kehrten die Spanier, die während ihrer Reise in Hängematten oder Sänften auf den ausgebauten Straßen bequem gereist waren und unter dem Schutz eines der Brüder Atahualpas gestanden hatten, mit reicher Beute zurück: mit Krügen, Gefäßen, Pokalen aus Tempeln oder Weihegaben aus den Gräbern der Inka-Ahnen, mit goldenen Platten, die die Wände des Sonnentempels geziert hatten, alles Zeugen einer hohen Kultur.

In der Zwischenzeit, ab Januar 1533, unternahm Hernando Pizarro mit zwanzig Reitern und einigen Musketieren eine Expedition zum berühmten Heiligtum Pachacamac in der Küstenebene, um sich des Tempelschatzes zu bemächtigen und zugleich Erkundungen über die Situation im Landesinneren und über feindliche Truppenbewegungen einzuholen. Die Lage war für die Spanier in Cajamarca ja noch keineswegs sicher, obwohl sie die internen Spannungen zwischen den Parteien ausnützten oder von der Unterstützung unzufriedener, gegen die alte Inkaherrschaft opponierender Völker profitierten. So versprachen sich beispielsweise die Chachapoya von den Spaniern langfristige Hilfe und Befreiung von den Inka und hatten die Versorgung der spanischen Truppen in Cajamarca übernommen. Der Tempelschatz wurde nicht gefunden bzw. als Lösegeld nicht bereitgestellt. Doch gelang es Hernando Pizarro auf dem Rückmarsch, Atahualpas General Chalcochima, der mit einem großen Heer im Tal von Jauja lagerte, dazu zu bewegen, freiwillig mit ihm nach Cajamarca zu kommen. Ende Mai 1533 kehrte der kleine Trupp mit einer neuen »freiwilligen« Geisel nach Cajamarca zurück. Hier war im April 1533 Diego de Almagro mit etwa 150 Mann aus Panamá und Nicaragua eingetroffen. Einerseits bedeutete ihre Ankunft weitere Verstärkung, andererseits verkleinerte sich der Anteil am Lösegeld, das ursprünglich nur den Kämpfern von Cajamarca vertraglich zugesichert worden war. Nun verlangten auch die Neuankömmlinge eine Belohnung, die allerdings vergleichsweise gering ausfiel, so daß sich Zwistigkeiten und Unstimmigkeiten im Lager der Spanier ergaben. Besonders Almagro sah sich wieder einmal übervorteilt; ein weiterer Riß zwischen den beiden Partner deutete sich an, der nur oberflächlich geheilt wurde.

Tatsächlich kam das Lösegeld zusammen. Um die Verteilung handhaben zu können – nach Rang und Leistung sollte ein Fußsoldat 4 800 Goldpesos, ein Reiter das Doppelte, die Hauptleute und der Gouverneur selbst ein Vielfaches sowie der König circa 100 000 Goldpesos erhalten – ließ Pizarro bis auf einige besondere Kunst- und Kultgegenstände die zahllosen Teller, Schüsseln, Gefäße, Schalen und Kunstgegenstände einschmelzen und in Silber- und Goldbarren gießen. In wochenlanger Arbeit mußten die indiani-

Abb. 62: Das Lösegold Atahualpas (kolorierter Kupferstich von De Bry, 1597)

schen Goldschmiede die Erzeugnisse ihrer eigenen Kunstfertigkeit zerstören. Zeugnisse der hohen Kultur des Andenraums, Symbole der traditionellen Religion wurden zerschlagen, und mit ihnen ging ein Stück indianischer Identität verloren. Das Gesamtgewicht soll sich auf 1 325 Pfund Gold im Wert von 1 326 539 Goldpesos und auf 26 000 Pfund Silber belaufen haben. Eine enorme Beute, die jedoch nicht alle Spanier zu nutzen wußten. Viele verspielten ihren Reichtum noch in Peru oder in der Neuen Welt; Kaiser Karl V., dessen Anteil Hernando Pizarro im Herbst 1533 nach Spanien brachte, finanzierte damit Spaniens europäische Kriege. Die Nachricht vom Goldland Peru verbreitete sich schnell in Europa. Auch in Deutschland gab es schon kurz nach der Eroberung Berichte in den damals üblichen sensationellen Informationsblättern, den »Neuen Zeytungen« wie »*Newe Zeytung aus Hispanien und Italien Mense Februario 1534*« oder »*Copey etlicher brieff so auss Hispania kumme seindt/ anzay-*

gent die eygenschafft des Newen Lands so newlich von Kay. May. Armadi auff dem newen Mör gefunden ist worden durch die Hispanier M.D. XXXV.«. Diese Zeitungen über die Eroberung Perus (»Perhus«) durch Pizarro, die schon kurz nach den ersten, in Sevilla im April und Juli 1534 erschienenen Veröffentlichungen in Deutschland gedruckt wurden, gehen zwar auf die kriegerischen Vorgänge ein, sind aber vor allem auf die Schätze Perus fixiert: »In disem land wechst sylber vnd golt so veberflussig / gleich wie das eysen in Pisthgowo wechst« *(»Newe Zeytung aus Hispanien«)*. Im Unterschied zu früheren Zeitungen, für die fremde und exotische Kulturen noch Sensationsmeldungen darstellten, hat sich das Interesse auf den Reichtum Amerikas verschoben, wenngleich mit der unkorrekten Bemerkung über die Nacktheit der Bevölkerung – »Vnnd ist zu mercken / das solches volck meren thail nackent war / vnnd nicht an hat / dann schaf fellen« *(»Copey«)* – die seit Kolumbus und Vespucci gebräuchliche, ambivalente Charakterisierung *des* Indios nicht fehlt. Ein neues Goldfieber brach aus. Die von Poma de Ayala beobachtete Goldgier der Spanier und seine diesbezügliche ironische Feststellung – »In ganz Kastilien gab es großes Aufsehen, und alle sagten tagsüber und des Nachts in ihren Träumen: Indien, Indien, Gold Silber, Gold Silber von Peru, und sogar die Musiker sangen die Romanze: Indien, Gold, Silber« – war zweifellos zutreffend.

Pizarro hatte Atahualpa die Gefangenschaft so angenehm wie möglich zu machen versucht; dennoch mußte sich der Inkaherrscher darüber im klaren sein, daß sein Leben auf dem Spiel stand. Sein Wert als Geisel mußte steigen, solange er das einzige Faustpfand Pizarros war und dieser keine andere Koalition eingehen konnte. Deshalb ließ Atahualpa seinen Gegenspieler, der ohnehin schon in der Gewalt seiner Truppen war, beseitigen. Auch die Nachricht von der Absicht der Spanier, Gold und Silber außer Landes zu schaffen, muß ihn getroffen haben. Wie weit er daraufhin Anstalten machte, seine Truppen zu mobilisieren, ist unklar. Dennoch wurde dies ein Anklagepunkt gegen ihn. Während Atahualpa seinen Teil des Geiselvertrags erfüllt hatte, hielt Pizarro den seinen nicht ein. Vielmehr klagte man Atahualpa des Verrats an. Hauptbelastungszeuge war der Dolmetscher Felipillo. Er war den Frauen Atahualpas zu nahe getreten und von diesem zur Rechenschaft gezogen worden. Felipillo seinerseits belastete den Inka, heimlich die Truppenmobilisierung befohlen zu haben. Atahualpa wurde in einem Scheinprozeß zum Tode verurteilt. Die Todesart wurde, nachdem er sich hatte taufen lassen, von Tod durch Verbrennen zum Tod durch die Garrotte gewandelt und Ende August 1533 vollstreckt (Abb. 63).

Groß war die Trauer über diesen Tod, der selbst nach Ansicht eroberungserfahrener Spanier unnötig war, weil die Situation im

Land nicht mehr bedrohlich war. Auch wenn nach dem Tod des Inkaherrschers noch einmal Widerstand aufbrach, war im Bewußtsein der Bevölkerung mit dem Tod Atahualpas das Inkareich zerbrochen. Sein Tod symbolisierte auch das Ende der Inka und ließ sie schutzlos zurück, nicht wissend, wohin sie sich unter der Fremdherrschaft flüchten sollten, wie es die »*Elegie über den Tod Atahualpas*« formuliert:

> Welch ein Regenbogen ist dieser schwarze Regenbogen,
> der hoch sich aufwölbt?
> Für den Feind Cuzcos ein furchtbarer Pfeil,
> der am Himmel erscheint.
> Allenthalben hämmert Hagelschlag
> unheilvoll.
>
> Mein Herz ahnte
> in jedem Augenblick,
> selbst in den Träumen, die mich heimsuchten,
> im Schlaf,
> die blaue Fliege, Künderin des Todes,
> nie endenden Schmerz.
>
> Die Sonne wird fahl, sie sinkt
> geheimnisvoll,
> ein Leichentuch für Atahualpa, seinen Körper
> und seinen Namen;
> der Tod des Inka ein Zeichen
> der Zeit, die einen Wimpernschlag währt.
>
> Sein geliebtes Haupt umzingelt schon
> der grauenerregende Feind;
> und ein Schwall von Blut fließt, verbreitet sich
> in zwei Strömen.
>
> Seine Zähne knirschen schon
> vor grausamer Traurigkeit;
> wie Blei sind seine Augen geworden, die wie die Sonne waren,
> Inka-Augen.
>
> Zu Eis ist erstarrt schon das große Herz
> Atahualpas.
> Das Weinen der Menschen der Vier Regionen
> ertränkt ihn.

Abb. 63: Die Ermordung Atahualpas (kolorierter Kupferstich von De Bry, 1597)

Die Wolken des Himmels
verfinstern sich;
die Mutter Luna, elend, mit krankem Antlitz,
schrumpft.
Und alles und alle verbergen sich, verschwinden,
leidend.

Die Erde weigert sich zu begraben
ihren Herrn,
als schämte sie sich des Leichnams
dessen, der sie liebte,
als fürchtete sie, ihren Heerführer
zu verschlingen.

Und die Felsabstürze zittern um ihren Herrn,
Trauergesänge anstimmend,

der Fluß brüllt laut vor großem Schmerz,
seine Flut auftürmend.

Die Tränen sammeln sich
in Strömen.
Welcher Mensch bräche nicht in Tränen aus
um den, der ihn liebte?
Welcher Sohn lebte nicht
für seinen Vater?

Seufzend, schmerzerfüllt, verwundeten Herzens,
ruhmlos.
Welche liebende Taube gibt sich nicht
dem Geliebten hin?
Welcher rasende und unruhige Hirsch
gehorcht nicht seinem Instinkt?

Tränen aus Blut gespeist, gespeist
aus seiner Fröhlichkeit,
herabstürzender Spiegel seiner Tränen,
malt seinen Leichnam!
Badet alle, in seiner großen Liebe
euren Schoß.

Von seinen vielfachen, mächtigen Händen
Liebkoste,
von den Fittichen seines Herzens
Beschützte,
von dem weichen Flies seiner Brust
Umhüllte
schreien nun,
mit der schmerzerfüllten Stimme trauriger Witwen.

Die auserwählten vornehmen Frauen haben sich verneigt,
gemeinsam,
alle in Trauergewändern.
Der Huillaj Umu hat sich mit seinem Umhang bekleidet,
für die Opferhandlung.
Alle Männer sind vorübergeschritten
an ihren Grabstätten.

In rasender Trauer leidet Todespein
die Mutter Königin;
die Ströme ihrer Tränen stürzen auf

den fahlen Leichnam.
Ihr Antlitz ist starr, reglos,
und ihr Mund (sagt):
»Wohin entschwandest du
meinen Augen,
und überließest diese Welt
meiner Trauer?
Und rissest dich auf Ewigkeit los
von meinem Herzen?«

Bereichert mit dem Gold der Lösesumme,
die Spanier.
Ihr furchtbares Herz von Machtgier verzehrt,
sich einander fortstoßend,
mit immer finstererer Gier,
wütende Raubtiere.
Du gabst ihnen, soviel sie begehrten, du überhäuftest sie
mit Reichtum;
sie ermordeten dich, dennoch.

Soviele Wünsche sie auch immer herausschrieen, du stopftest ihre
Mäuler,
du allein;
und sterbend in Cajamarca
verlöschtest du.

In deinen Adern ist schon gestockt
das Blut;
in deinen Augen ist verlöscht
das Licht;
auf den Grund des hellsten Sterns ist gefallen
dein Blick.

Es seufzt, leidet, wandelt, flattert verwirrt
deine Seele, geliebte Taube;
rasend, rasend, weint, leidet
dein geliebtes Herz.
Unter dem Martyrium der endgültigen Trennung
bricht das Herz.

Der strahlende Thron von lauterem Gold
und deine Wiege;
die goldenen Gläser, alles,
zerbrachen.

Abb. 64: Die Ermordung Atahualpas
(Federzeichnung des Guamán Poma de Ayala, um 1600)

Unter der Fremdherrschaft, unter der Last der Martyrien,
und zerstört;
verwirrt, entführt, die Erinnerung ausgelöscht,
allein;
tot der schützende Schatten;
weinen wir;

nicht wissend, zu wem und wohin heimkehren,
rasen wir.

Wird dein Herz,
Inka,
unser umherirrendes, zerstreutes Leben
ertragen,
das von namenloser Gefahr umzingelt, in fremder Gewalt,
mit Füßen getreten wird?

Deine Augen, die wie Glückspfeile trafen,
schlage sie auf;
deine großherzigen Hände,
strecke sie aus;
und nimm so von uns, den in dieser Vision Gestärkten,
Abschied. (Abb. 64)
(Übersetzt von Brigitte König).

Die Einnahme Cuzcos und die Neugründung der Stadt

Pizarro erkannte bald, daß er sich mit dem Tod Atahualpas um ein wertvolles Pfand der Autorität gebracht hatte. Um die Autorität eines Inkaherrschers für sich zu nutzen, setzte er deshalb bald Tupac Hualpa, einen Bruder Huascars, als neuen Inka ein. Bei dessen Inthronisierung erfolgte auch zugleich nach den Regeln des *Requerimiento* die förmliche Inbesitznahme des Reiches und die Unterwerfung des neuen Inka. Dann machten sich die Spanier mit dem neuen Inka und mit General Chalcochima als Geisel auf den Marsch in das 1500 Kilometer entfernte Cuzco, um mit der Einnahme der Hauptstadt die spanische Herrschaft in Peru zu sichern, bevor sich Widerstand formieren konnte. Auf dem Marsch kam es noch zu einzelnen Gefechten mit der Bevölkerung, der junge Inka starb – angeblich von Chalcochima vergiftet –, was Pizarro die Gelegenheit gab, sich der Geisel »rechtmäßig« zu entledigen. Der ehemalige General Atahualpas wurde verurteilt und auf dem Scheiterhaufen verbrannt. Als Nachfolger des Inka akzeptierte Pizarro den jungen Inka Manco, einen Sohn Huayna Capacs, der als erste Aufgabe die Beseitigung der Truppen von Quito unter General Quizquiz erhielt, die Cuzco lange Zeit belagert und drangsaliert hatten.

Am 15. November 1533 zogen die Spanier begleitet von indianischen Hilfstruppen in das ehemalige Zentrum des »Reiches der vier Weltgegenden« ein. Pedro Pizarro gibt einen lebendigen Eindruck von der Schönheit und dem Reichtum dieser Stadt, ihrer Sitten und Gebräuche:

»Jetzt werde ich erzählen, was es in jenem Cuzco, als wir es zum ersten Mal betraten, alles gab: riesige Bestände an Gewändern und Stoffen, sehr feinen wie auch schlichten. Lager von Schemeln, Lebensmittelvorräte und Coca, sodann schillernde Federn, die feinstes Gold schienen, auch grüngoldene Vögelchen, die kaum größer als Grillen sind .... Dann gab es wieder andere Federn in den verschiedensten Farben, aus denen man Gewänder anfertigte, die ausschließlich die adeligen Herren und Damen zu den hohen Festen trugen .... Es gab Depots von Schuhen mit Sohlen aus Hanf und buntem feinem Wollgewebe über dem Rist, ähnlich den flämischen Pantoffeln .... Ich vermag nicht alles zu beschreiben, was ich sonst noch gesehen habe, ... Man fand Riesenbestände an Kupferbarren zur weiteren Verarbeitung, Tragtaschen und Seile, hölzerne Becher und unheimlich viele goldene und silberne Platten; aber die Indios hielten von letzteren nicht viel, denn sie hatten, wie mir später klar wurde, das Beste versteckt .... In einer großen Felsenhöhle bei Cuzco fand man zwölf goldene und silberne Leuchter ..., wunderschön geformte Krüge, zur Hälfte aus Ton, zur Hälfte aus Gold ... Außerdem viele Goldgefäße mit plastisch aufgesetzten Nachbildungen von Vögeln, Schlangen, Spinnen, Eidechsen und sonstigem Gewürm« (übersetzt von Liselotte und Theodor Engl).

Der Einzug in Cuzco bedeutete gleichzeitig die Plünderung der Paläste, der Tempel, die Schändung der Grabstätten der Inka-Mumien, denn überall vermutete man und entwendete man Gold (Abb. 65). Wie Cortés in Tenochtitlán gründete auch Pizarro auf der alten Stadt Cuzco im März 1534 das neue spanische Cuzco. Mit der Neugründung und der Verteilung der *Repartimientos* erfolgte der Übergang von der Eroberung zur Besiedlung und Kolonisierung, die allerdings erst nach weiteren zwanzig Jahren unter dem tatkräftigen Vizekönig Francisco de Toledo völlig gesichert war.

Es erwies sich jedoch bald, daß das neue Reich von Cuzco aus nur schwer regierbar war, weil es für die Spanier strategisch ungünstig lag, fernab von der Küste und von dem noch erforderlichen Nachschub aus Spanien via Panamá nur umständlich zu erreichen. Zwar war der Inka Manco als Vasall des spanischen Königs für die friedliche Haltung seiner Untertanen zuständig, doch dem Vordringen spanischer Rivalen an der Küste und ihren Ansprüchen konnte Pizarro von der Sierra aus nicht begegnen. Deshalb gründete er im Januar 1535 an der Küste im Gebiet des Kaziken Lima die »*Ciudad de los Reyes*«, Lima, als neue Hauptstadt. Cuzco, die alte Residenz der Inka, wurde zur Provinz. Um sie kam es bald zwischen den Spaniern selbst zu Konflikten. Diego de Almagro hatte sich nach der Einnah-

Abb. 65: Freveltaten spanischer Eroberer in Cuzco (Federzeichnung des Guamán Poma de Ayala, um 1600)

me und Neugründung Cuzcos wieder an die Küste begeben, wo er 1534 Pedro de Alvarado zurückgedrängt hatte, der auf der Suche nach neuen Erfolgen und nach neuem Ruhm und Reichtum Guatemala verlassen hatte, an der Küste Ecuadors aufgetaucht und von dort ins Gebirge vorgestoßen war, um sich Nordperus mit Quito zu bemächtigen. Nach dem Sieg über Alvarado war Almagro nach Cuzco zurückgekehrt, um sein Amt als Stadtgouverneur aufzunehmen. Jedoch kam es mit den Pizarros zu handgreiflichen Auseinandersetzungen, deren Zuspitzung Almagro nur dadurch aus dem Wege gehen konnte, daß er sich 1535 auf eine Expedition begab, um im Südteil des Inkareichs, in Chile sein Glück zu versuchen. Nach einem verlust- und entbehrungsreichen Zug durch unwegsames Gelände, durch Gebiete feindlicher Indios, die durch das brutale Vorgehen der spanischen Eindringlinge provoziert waren, kehrte er Anfang 1537 in die Gegend von Cuzco zurück. Erst Pedro de Valdivia nahm die Eroberung Chiles 1540 erneut in Angriff. 1541 gründete er Santiago. Allerdings war das Interesse an Chile nicht allzu groß, da es nicht über die Reichtümer Perus verfügte und da die tapferen Araukaner ein Vordringen der Spanier zu blockieren vermochten.

In Cuzco hatte sich der Inka Manco nach anfänglicher Zusammenarbeit mit den Spaniern erhoben, nicht nur weil er selbst in teilweise erniedrigender Weise behandelt wurde, sondern auch weil die von der Herrschaft der alten Inka »befreiten« indianischen Völkerschaften sahen, daß die Willkür und die Anforderungen der neuen Herren hinsichtlich des Einsatzes indianischer Arbeitskraft viel unerträglicher waren. Inka Manco hatte deshalb einen Aufstand entfesselt und Cuzco von April 1536 ab belagert. Mit Almagros Erscheinen konnte Cuzco befreit werden. Doch Almagro erfreute sich nicht lange seines Erfolges; im Juli 1538 ließ ihn Hernando Pizarro während des ersten sogenannten »Bürgerkriegs« zwischen Almagristen und Pizarristen hinrichten. Inka Manco zog sich nach seinem Scheitern zunächst nach Ollantaytambo und schließlich nach dem etwa 200 Kilometer von Cuzco entfernten Vilcabamba zurück, wo sich ein selbständiger Inkastaat etablierte, der die spanischen Städte und die Verkehrswege dauernd durch Überfälle bedrohte. Bis 1572, bis zum Tode des Tupac Amaru, konnte dieser Staat sich halten.

Die Eroberung Quitos

Francisco Pizarro hatte in San Miguel de Piura eine Garnison zurückgelassen und diese nach der Gefangennahme und Ermordung Atahualpas noch einmal unter dem Kommando von Sebastian de Benalcázar oder Belalcázar verstärkt. Während Pizarro von Cajamarca aus weiter auf Cuzco zu marschierte, brach im Oktober 1533 Benalcázar von San Miguel auf, um den nördlichen Teil des Inka-Imperiums, das Reich Quito zu erobern oder, wie es beschönigend und zugleich rechtfertigend hieß, zu befreien. Benalcázar, wie Pizarro aus der Estremadura gebürtig, hatte sich schon als junger Mann von knapp zwanzig Jahren der Expedition von Pedrarias Dávila nach Darién angeschlossen und auf der Landenge Erfahrungen als Eroberer gesammelt. Mit ungefähr 200 Soldaten, die aus Nicaragua kamen und eigentlich Pizarro hatten verstärken sollen, und 80 Reitern sowie indianischen Hilfstruppen zog er nun in die Gebirgsregion der Anden, zur Straße der Vulkane, um den Königsschatz Atahualpas in Quito in seine Gewalt zu bringen und gleichzeitig das Reich von »Tyrannenherrschaft« zu befreien. Hier im nördlichen Teil des Inkareiches war die Oberhoheit der Inka noch nicht so durchstrukturiert, als daß der Widerstand unterworfener Stämme schon endgültig gebrochen worden wäre. Im Gegenteil, neuer Widerstand bildete sich heraus, nicht zuletzt wegen der strengen Regierung des neuen Herrschers von Quito, Rumiñahui. Das Ersuchen der Cañaris an Benalcázar, ihnen gegen den »Tyrannen« Rumiñahui zu Hilfe zu kommen, gab dem Eroberungszug einen gewissen Anstrich von Legitimität.

Die Eroberung erwies sich als schwieriges Unternehmen, obwohl die Spanier außer von den Cañaris auch von weiteren Indiostämmen etwa aus der Gegend des heutigen Riobamba Hilfe und Unterstützung gegen den gemeinsamen »Feind« erhielten und Naturkatastrophen wie der Ausbruch des Cotopaxi bei vielen Indios Schrecken und böse Ahnungen auslösten und lähmend wirkten. Doch Rumiñahui war ein erfahrener Feldherr und organisierte einen erfolgreichen Widerstand gegen die spanischen Eindringlinge; mehr als einmal fügte er ihnen empfindliche Niederlagen zu und mit Hilfe der Taktik der verbrannten Erde entzog er den Spaniern nicht nur Lebensmittel und Nachschub, sondern auch das begehrte Gold. Als Rumiñahui nach wochenlangem Widerstand doch der Überlegenheit der europäischen Pferde und Waffen weichen mußte, überließ er den Spaniern eine verbrannte und von Schätzen geleerte Hauptstadt und floh in die Berge.

Ende 1533 nahm Benalcázar Quito ein, ließ sich jedoch vorerst in Riobamba nieder, wo er freundliche Indios angetroffen hatte. Pfingsten 1534 zog er dann feierlich in das teilweise wieder aufgebaute Quito ein. Er war zwar als »Befreier« in das Land gekommen, doch entsprach sein und seiner Leute Verhalten der üblichen Conquistadorenmentalität, die sich durch die Eroberung auf Kosten der indianischen Bevölkerung bereichern oder als Anführer einen Anteil an der Herrschaft gewinnen wollten. Von Quito aus setzte er sich für die Neugründung der Stadt Guayaquil ein, die dann 1537 im Auftrag Pizarros noch ein drittes Mal und nun endgültig von Francisco de Orellana, der wie Pizarro aus Trujillo stammte, gegründet wurde. Benalcázar selbst setzte in Quito einen Stellvertreter ein und zog weiter nach Norden auf der Suche nach dem *Dorado* in das Goldland der Chibcha. Unterwegs gründete er im Caucatal die Städte Popayán (1536) und Cali (1537), bis er 1538 die Hochfläche von Bogotá erreichte. Dort waren ihm allerdings schon Jímenez de Quesada von der Magdalenamündung her und der Feldhauptmann der Welser, Nikolaus Federmann, von Venezuela her zuvorgekommen. Nach der gemeinsamen Stadtgründung zog sich Benalcázar ins Caucatal nach Popayán zurück, das unter seiner Statthalterschaft eine eigene Provinz wurde.

Die Suche nach dem Zimtland und dem *Dorado*

Während durch die Entdeckungs- und Eroberungsunternehmungen an der Westküste des amerikanischen Kontinents die Konturen der Landmasse Schritt für Schritt, Eroberungszug für Eroberungszug und in den Regionen der andinen Hochkulturen zugleich die zukünftigen Herrschafts- und Siedlungsgebiete immer deutlicher hervortraten, waren sowohl die Ostküste als auch das Landesinnere noch weitgehend unerforscht geblieben. Die Entdeckungsfahrten an der Ostküste des südlichen Amerikas und Brasiliens hatten zwar »Süßwassermeere«, d.h. Flüsse entdeckt; aber woher sie kamen, wo sich der Oberlauf dieser Flüsse befand, war immer noch unbekannt. Man wußte zwar von den Flüssen, die von den Ostabhängen der Anden herabströmten; aber wie und daß die Flußsysteme zusammenhingen, war nicht bekannt. Möglicherweise bestand eine vage Vorstellung davon, daß diese Flüsse in die Karibik oder in den Atlantischen Ozean münden würden. Erst 1542 erfolgte die Bestätigung dieser Vermutung, allerdings weniger durch eine gezielte Suche, als vielmehr durch das Zufallsergebnis einer Expedition, die wie die meisten dieser Zeit durch die Suche nach Gold und Reichtum zustandegekommen war. In diesem Fall ging es konkret um die Suche nach dem Land der Zimtbäume, der *Tierra de la Canela*, also nach Gewürzen, und nach der Lagune des »Vergoldeten«, der *Laguna del Dorado* – Regionen, die beide von Quito aus jenseits der Anden liegen sollten. Östlich von Quito sollte es angeblich Bäume mit wohlriechenden Blättern und Früchten geben, die Hoffnung auf eine neue Gewürzregion erweckt hatten.

Schon Benalcázar hatte während seines Aufenthalts in Quito von diesen Legenden gehört, besonders vom »Vergoldeten«, dem *Dorado*, einem indianischen König, der mit Goldstaub beschmiert in eine Lagune eingetaucht wird. Daraufhin war er auf der Suche nach diesem Land in nordöstlicher Richtung, nach Cundinamarca und der Hochebene von Bogotá, abgezogen. Von dem gleichen Wunsch wurde auch Gonzalo Pizarro, der jüngere Bruder von Francisco Pizarro gepackt, der 1539 nach dem Weggang Benalcázars von seinem Bruder zum Gouverneur von Quito eingesetzt war und im Dezember 1540 von Cuzco kommend seine neue Herrschaft erreichte. Zur Entdeckung und Eroberung der Zimtprovinz und der Region, in der die Lagune des *Dorado* liegen sollte, rüstete Gonzalo Pizarro mit Genehmigung seines Bruders und auf eigene Kosten für sehr viel Geld eine Expedition aus. Sie sollte, wie er in einem späteren Rechenschaftsbericht an Karl V. beschönigend formulierte, dazu dienen, »die Königreiche und den Kronbesitz Eurer Majestät zu mehren«; von eigenen Interessen war natürlich nicht die Rede. Ende Februar/Anfang März 1541 brach er mit 200 Spaniern, teils Reitern, teils Fußvolk, 4000 Indios als Lastträgern und Hilfstruppen, 4000 Schweinen als lebender Fleischversorgung, einer großen Lamaherde als Lasttiere und Schlachtvieh sowie 1000 Bluthunden in östlicher Richtung von Quito auf. Von der Küste, vom Hafen Guayaquil, hatte er den Hauptmann Francisco de Orellana mit einigen Spaniern, wahrscheinlich Seeleuten, und mit Werkzeugen für den Bau von Schiffen und Brücken in die Sierra kommen lassen.

Über hohe Bergketten, durch weglose Wälder, über große Flüsse, durch gefährliche Sümpfe zog die Expedition ins Flußsystem des oberen Amazonas, wo überdies die Regenzeit die Flüsse steigen ließ und das Land nahezu unpassierbar machte. Viele Indios starben schon beim Übergang über die eisigen Anden, andere fielen der schwülen und erstickenden Hitze des tropischen Tieflands zum Opfer. Die mitgeführte Fleischversorgung wie überhaupt die Nahrungsmittel wurden immer knapper, ohne daß die Expedition bisher ein Ergebnis gehabt hätte. Auch die Informationen von den Indios waren unergiebig. Nicht einmal unter Folter und Drohungen konnten sie etwas sagen, wovon sie nichts wußten. Selbst als Gonzalo Pizarro mit einem kleineren Trupp auf Erkundung ging, war das Ergebnis mager; zwar fand man sogenannte Zimtbäume, erkannte aber, daß deren Nutzung nicht die erhofften Gewinne bringen würde. Nur die Hoffung auf Gold, auf den *Dorado*, und auf reiche Gebiete trieb die Eroberer weiter. Die Indios – möglicherweise von dem verständlichen Wunsch beseelt, die spanischen Eindringlinge aus ihrem eigenen Gebiet abziehen zu sehen – hatten von fruchtbaren und dichtbesiedelten Gegenden gesprochen, die zehn Tagereisen entfernt an einem Fluß gelegen seien und in denen es Gold im Überfluß gäbe. Tatsächlich traf vermutlich im November 1541 die schon arg zusammengeschrumpfte Expedition auf den Cocafluß, der in südlicher Richtung in den Rio Napo, einen Nebenfluß des großen Stroms, des Amazonas, mündet. Nach Auseinandersetzungen mit den Indios der Omagua nahmen die Spanier den Einheimischen Kanus ab, um den Fluß überqueren zu können. Da die Versorgungslage immer schwieriger wurde und sich die Beschaffung von Lebensmitteln an beiden Ufern des Flusses mit den kleinen indianischen Kanus äußerst mühsam gestaltete, faßte Gonzalo Pizarro den folgenschweren Entschluß, ein kleines, aber stabiles Schiff bauen zu lassen, das auf dem Weitermarsch Gepäck und Ausrüstung sowie die Kranken transportieren und Nahrung beschaffen sollte. Sogar eine Weiterfahrt bis zur Mündung des Flusses in die Karibik oder in den Atlantik hat Pizarro für möglich gehalten, falls er sonst kein geeignetes Siedlungsgebiet finden würde. In dem erhaltenen Brief vom 3. September 1542 aus Quito an Karl V. erwähnte er solche Gedanken, womit deutlich wird, daß es zumindest Vermutungen über eine solche Passage gegeben hat; denn von der tatsächlichen Durchfahrt, die erst im August 1542 abgeschlossen worden war, konnte er zu diesem Zeitpunkt noch nichts wissen.

Unter der Leitung Orellanas begann der Bau des Schiffes, eines großen offenen Ruderbootes, in dem auch ein Segelmastbaum aufgerichtet werden konnte. Das erforderliche Holz fand man in den Wäldern; aus den Hufeisen der Pferde und aus allem vorhandenen Eisenmaterial wurden Nägel gefertigt; »Baumsaft«, aus den Bäumen gezapftes Gummi diente als Pech; für Werg wurden die ohnehin schon zerfetzten Kleider verwendet. Die Fertigstellung des Schiffes nach ungefähr zwei Monaten bedeutete noch keine Lösung der Nahrungsprobleme, denn die umliegenden Gebiete erwiesen sich als menschenleer und ohne Versorgungsmöglichkeiten. Angesichts dieser Situation und der Aussicht, bei einem gemeinsamen langwierigen Weitermarsch auch in den folgenden Tagen auf keine Dörfer zu stoßen, bot sich Orellana an, mit dem Schiff und ausreichend Leuten bis zum nächsten Fluß, wo es nach Aussagen der Indios angeblich Dörfer gebe, vorauszufahren und mit Proviant zurückzukommen. Pizarro ging auf diesen Vorschlag ein, machte aber für alle Fälle als Treffpunkt den Zusammenfluß der beiden Flüsse aus. Kurz nach Weihnachten des Jahres 1541 segelte Orellana mit dem Schiff und zwei Kanus los; fünfzig Spanier befanden sich an Bord und die gesamte Ausrüstung einschließlich der Feuerwaffen. Dank der starken Strömung des Flusses kam die kleine Flotte schnell in Fahrt.

Vergebens warteten Gonzalo Pizarro und die Restexpedition auf die Rückkehr Orellanas mit dem lebensnotwendigen Proviant. Unter großen Strapazen folgten sie noch ein Stück den Fluß abwärts, trafen auch noch auf einige Zeichen, die Orellanas Leute in die Bäume geschnitten hatten, aber vom Schiff und seiner Besatzung sahen sie nichts. Die Zurückgebliebenen begannen, sich im Stich gelassen zu fühlen. Auf einigen erbeuteten Kanus ließ sich Gonzalo Pizarro mit einem kleinen Trupp den Fluß bis zur Vereinigung der beiden Flüsse treiben, wo man sich hatte treffen wollen, ruderte dann den anderen Fluß aufwärts und fand bald reichlich Proviant. Da aber die gesamte

Ausrüstung abhanden gekommen war, die Soldaten erschöpft waren und nicht mehr an den Erfolg der Suche nach dem *Dorado* glaubten, blieb Pizarro nichts anders übrig, als die Expedition abzubrechen und sich auf den Rückmarsch zu begeben. Es wurde ein mühseliger Marsch voller Strapazen und Entbehrungen zurück durch den überschwemmten Regenwald und über die eisigen Anden, zu Fuß, da man die Pferde schlachten mußte, um den ärgsten Hunger stillen zu können. Ende August 1542 traf Gonzalo Pizarro mit einem kleinen Häuflein von halbtoten Spaniern wieder in Quito ein. Von den 4 000 Indios hatte keiner überlebt. Was die Suche nach dem Zimtland und nach dem *Dorado* betraf, war die Expedition ein Mißerfolg. Zu viele Menschen waren gestorben. Gonzalo Pizarro selbst kostete sie zusätzlich zu den fehlinvestierten Geldern auch das Amt des Gouverneurs. Denn in der Zwischenzeit war am 26. Juni 1541 sein Bruder Francisco in Lima von den Anhängern des Almagro ermordet worden, und an seiner Statt war Vaca de Castro als Gouverneur nach Peru gekommen. In den folgenden Jahren gelang es Gonzalo Pizarro noch einmal, eine führende Rolle in Peru zu spielen. Er wurde der Anführer und die treibende Kraft der aufständischen *Encomenderos* gegen die spanische Krone, die mit den »Neuen Gesetzen« von 1542 die ausbeuterische Verfügungsgewalt der spanischen Kolonisten über die indianischen Arbeitskräfte einzuschränken versuchte; 1546 konnte er sogar widerrechtlich die Herrschaft in Peru an sich reißen. Am 10. April 1548 wurde er jedoch nach Beendigung des Bürgerkriegs in Peru enthauptet.

Die erste Durchquerung des Kontinents auf dem Amazonas

Während Gonzalo Pizarro wartete bzw. den Rückmarsch seiner Expedition befahl, die gar nicht einmal so weit ins Landesinnere vorgedrungen war, nahm Francisco de Orellana mit seinem Schiff Fahrt auf. Mit der Strömung rudernd legten er und seine Leute innerhalb der nächsten acht Tage ungefähr 150 bis 200 Seemeilen *(leguas)* zurück, ohne Proviant gefunden zu haben. Vor die Alternative gestellt, ohne Lebensmittel zu Pizarro umzukehren oder weiterzufahren in der Hoffnung, doch noch zu bewohnten Ansiedlungen zu gelangen, entschloß sich die Expedition für das Wagnis der Weiterfahrt. Auch schien es der Mannschaft angesichts der Strömung und ihrer eigenen Erschöpfung unmöglich zurückzurudern. Kurze Zeit danach, Anfang Januar 1542, traf man doch auf ein Dorf, wo sich die ausgehungerten Männer satt essen und verproviantieren konnten. Wieder stellte sich die Frage nach der Rückkehr zu den mit Gonzalo Pizarro

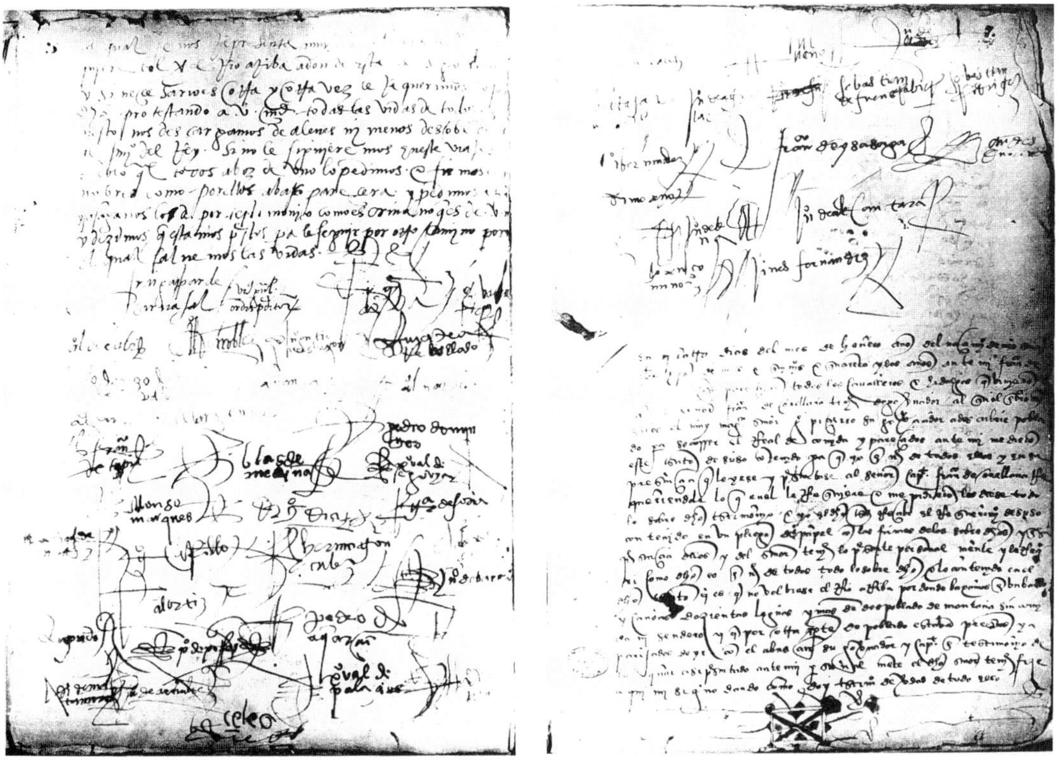

Abb. 66: Unterschriften der Teilnehmer an der Amazonasfahrt Orellanas

zurückgebliebenen Männern. Doch die Entscheidung war gefallen, ohne daß die Leute wußten, worauf sie sich einließen: Weiterfahrt zum Meer. Was von Pizarro und anderen als Fahnenflucht oder Verrat Orellanas aufgefaßt wurde, war in der konkreten Notsituation eine lebenswichtige Entscheidung, die sich Orellana nach den Worten des Dominikanerpaters Gaspar de Carvajal nicht leicht gemacht hat. Carvajal nahm an der abenteuerlichen Stromfahrt teil und schrieb später einen vielbeachteten, der Rechtfertigung Orellanas dienenden Augenzeugenbericht *(»Relacion … del nuevo descubrimiento del famoso Rio Grande que descubrió por muy gran ventura el Capitán Francisco de Orellana …«)*, durch den wichtige Einzelheiten der Fahrt in bezug auf die handelnden Personen, Land und Leute bekannt geworden sind. Zudem existiert ein Dokument, das Carvajals Version bestätigt und zugleich einen Eindruck davon gibt, wie stark damals das spanische Rechtsempfinden ausgeprägt war und wie sehr die Akteure trotz allen Abenteurertums auf die spanischen Autoritäten fixiert waren. Mitten im tropischen Regenwald, fernab vom Zugriff spanischer Behörden, vollzog sich folgender – wahrscheinlich von Orellana initiierter – Rechtsakt, der zugleich den Wunsch

Abb. 67: Der »Vergoldete«, Kaiser aus Guayana (Kupferstich von De Bry, 1599)

nach rechtlicher Absicherung, aber auch die Hoffnung auf Heimkehr widerspiegelt: Am 4. Januar 1542 richteten die 49 noch lebenden Teilnehmer der Expedition eine notariell beglaubigte und von allen unterschriebene schriftliche Aufforderung an Orellana, von einer undurchführbaren Rückkehr zu Pizarro Abstand zu nehmen (Abb. 66). Dieser stimmte der Forderung unter der Bedingung zu, noch zwei oder drei Monate auf die Ankunft Pizarros zu warten und während dieser Zeit ein neues Schiff zu bauen, das eventuell Pizarro oder sie selbst benutzen könnten.

Nun begannen die Spanier mit dem Bau eines neuen Schiffes, einer seetüchtigen zweimastigen Brigantine, nachdem sie weiter stromabwärts in der Siedlung Aparia, in der Gegend des heutigen Leticia an der Grenze zwischen Kolumbien und Brasilien, einen geeigneten Hafen gefunden hatten und sich die Indios als friedlich und kooperativ erwiesen. Während der Bauzeit hatten sie Gelegenheit, an Land zu gehen und die Indios der näheren und weiteren Umgebung kennenzulernen. Die übliche Form der Inbesitznahme und die Verkündung des *Requerimiento* stießen auf keinen nennenswerten Widerstand, zweifellos auch deswegen, weil sich die Spanier angesichts ihrer Notlage zurückhaltender als sonst üblich verhalten mußten. Auf ausdrückliche Weisung Orellanas sollten sie ihre Begehrlichkeit nach Goldschmuck und Juwelen, die sie bei den Indios sahen, unterdrücken, um keine Auseinandersetzungen zu provozieren. Von den Einheimischen erhielten die Spanier dann auch erste Hinweise auf die Existenz eines reichen Königs, der viel Gold besäße. Ebenso interessant waren die Informationen über kriegerische Frauen, die weiter stromabwärts lebten. Zu Ostern 1542 war die Brigantine endlich fertiggestellt, und am Sonntag danach setzte die kleine Flotte von zwei Schiffen und einigen Kanus ihre Fahrt fort. Die Spanier erlebten, wie der Strom durch zahlreiche Zuflüsse gespeist wurde, wie sich er immer mehr verbreiterte. An den Ufern sahen sie ansehnliche Siedlungen, konnten sogar kulturelle Beziehungen zum Gebiet der Anden feststellen und hörten immer wieder, besonders in der Gegend am Zufluß des Putumayo, von einem reichen König. Die Legende vom *Dorado* schien sich doch zu bewahrheiten. Bis an das Ende des 16. Jahrhunderts lebte diese Legende fort; eine der Gegenden, in denen man das Reich des »Vergoldeten« lokalisierte, blieb der Raum des Amazonas und Guayanas. So glaubte auch der englische Entdecker Sir Walter Raleigh an diese Legende und machte sich 1594/95 bei seiner Expedition nach Guayana auf die Suche nach dem sagenhaften Goldland. Sein Bericht über die angebliche Sitte des Kaisers von Guayana, seine Gäste bei Trinkgelagen mit einer klebrigen Masse zu beschmieren und dann mit Goldstaub anblasen zu lassen, veranlaßte den Kupferstecher De Bry zur Illustration des »Vergoldeten« (Abb. 67).

Weiter flußabwärts waren die Begegnungen mit den Indios nicht mehr so friedlich. Ende Juni, ungefähr in der Gegend, wo der heutige Rio Madeira zufließt, gelangte die Flotte dann in den Herrschaftsbereich weiblicher Herrscher und Anführer, die Carvajal als Amazonen bezeichnete. Es kam zu kriegerischen Auseinandersetzungen, in denen große, kräftige, bogenbewehrte Frauen mit heller Haut und lang wallendem Haar den Widerstand der Flußbewohner gegen die spanischen Eindringlinge anführten. Bei der Beschreibung dieser Frauen ist Carvajal eindeutig von alten europäischen Vorstellungen von den Amazonen beeinflußt. Seine Darstellung ist ein weiterer Beleg dafür, wie die Europäer in die unbekannten Regionen antike und mittelalterliche mythische Vorstellungen projizierten. Die Entdecker erwarteten geradezu alte mythische Gestalten und Fabelwesen wie Monster, Kopflose und Amazonen; so verwundert es nicht, daß sie oft das gesehen zu haben vorgaben, was sie sehen wollten

Die Fünffte

Kurtze Wunderbare Beschreibung/

Deß Goldreichen König-
reichs Guianæ in America oder newen Welt/
vnter der linea Æquinoctiali gelegen: So neulich Anno
1594. 1595. vnd 1596. von dem Wolgebornen Herrn/ Herrn Wal-
thero Ralegh einem Engelischen Ritter/ besucht worden: Erstlich auß
Befehl seiner Gnaden in zweyen Büchlein beschrieben/ darauß Jodocus Hondius,
eine schöne Landt Tafel/ mit einer Niderländischen Erklärung gemacht.
Jetzt aber ins Hochteutsch gebracht/ vnd auß vnterschiedlichen
Authoribus erkläret.

Gedruckt zu Franckfurt am Mayn/ bey Erasmo Kempffern/
In Verlegung Leuini Hulsij Wittibe.

Im Jahr 1612.

Abb. 68: Amazonen und Kopflose
(Kupferstich aus Walter Raleighs Reisebericht, 1599)

oder erwarteten. Hier am großen Strom schienen die Spanier den schon mehrfach in Amerika vermuteten Amazonen tatsächlich begegnet zu sein. Ein neuer Mythos in alter Gestalt war geboren. Carvajals Bericht und der anderer Augenzeugen über die indianischen Amazonen und ihr reiches Herrschaftsgebiet erregte großes Aufsehen in Europa und belebte die Phantasie europäischer Autoren und Illustratoren. Auch in späteren Reiseberichten tauchten die kriegerischen Frauen auf, bisweilen sogar in Verbindung mit den sogenannten »Kopflosen«, von denen ebenfalls in alten Mythen die Rede ist, und prägten das Bild Amerikas (Abb. 68). Mit der Region Amerikas zwischen dem großen Strom und dem Orinoco verband sich zukünftig die Vorstellung vom Reich der indianischen Amazonen, so daß sich der Name Amazonas für das ganze Flußsystem einbürgerte, nachdem es anfangs nach seinem Entdecker und ersten Befahrer in west-östlicher Richtung Rio Orellana benannt worden war.

Im August 1542, fast zur gleichen Zeit, als Gonzalo Pizarro nach Quito zurückkehrte, erreichte Orellanas Flußexpedition nach einer Fahrt von ungefähr 3 500 Kilometer und einer Fahrtdauer von acht Monaten schließlich das Mündungsgebiet des Amazonas. Die beiden notdürftig mit Segeln ausgestatteten Schiffe segelten in nördlicher Richtung an der Küste Guayanas entlang, umfuhren die Insel Trinidad und gelangten endlich am 11. September 1542 zu der kleinen Insel Cubagua, der Nachbarinsel von Margarita. Von dort begab sich Orellana nach Santo Domingo, wo er Anfang November mit dem Chronisten Gonzalo Fernández de Oviedo, dem derzeitigen Kommandanten von Santo Domingo, zusammentraf, der auf diese Weise von Orellana und von seinen Gefährten über die Entdeckung informiert wurde und entsprechendes Material für sein Geschichtswerk erhielt. In seiner *»Historia General«* (Buch L, Kap. XXIV) geht er auf die Entdeckung ein und gibt auch Carvajals Bericht wieder. Oviedo behandelt in diesem Teil seines 50. Buches eigentlich die Unglücksfahrten und Schiffbrüche *(Infortunios y naufragios)*, die sich in *Las Indias* ereignet hatten, hob jedoch den Zug ins Zimtland mit der anschließenden ersten Flußfahrt quer durch den Kontinent ausdrücklich aus den sonstigen Unglücksfahrten heraus: Aus dem anfänglichen Scheitern sei eine wunderbare Entdeckung geworden. Tatsächlich bedeutete die unfreiwillige Flußfahrt Orellanas eine Erweiterung der Kenntnisse über den Kontinent. Während Pater Carvajal nach Peru zurückkehrte – er übernahm dort verschiedene Ämter in seinem Orden und starb 1584 in Lima –, begab sich Orellana im Bewußtsein seiner Leistung nach Spanien, um dort eine Zuweisung der entdeckten Gebiete als eigenständiges Gouvernement zu erwirken. Im Februar 1544 erhielt er die Ernennung zum Statthalter über das Gebiet, das von der Mündung des Flusses 200 *leguas* landeinwärts reichte. Im Mai 1545 segelte er mit vierhundert Mann von Spanien los, um seine Herrschaft anzutreten und zu siedeln. Doch schon kurz nach der Einfahrt in den Fluß – nun von der Atlantikseite her – starben er und die meisten seiner Leute; eine Besiedlung dieser Region Amerikas unterblieb. Erst fast ein Jahrhundert später begannen die Portugiesen, dieses Gebiet erneut zu erforschen und zu durchdringen.

1992 – Ein Grund zum Feiern?

Um die Mitte des 16. Jahrhunderts hatten die Spanier die Antillen, Mittelamerika, das nördliche Südamerika und die Westseite des Kontinents entdeckt und weitgehend erobert. Diese Gebiete bildeten für die nächsten dreihundert Jahre das spanische Kolonialreich in Amerika. Die östliche Seite des Kontinents wurde zwar in verschiedenen Entdeckungszügen in Besitz genommen, blieb aber für lange Zeit unerschlossen, da sie wirtschaftlich noch nicht interessant war. So wie schon bei den ersten Entdeckungsfahrten die wirtschaftlichen Interessen der portugiesischen und kastilischen Krone die entscheidenden Antriebskräfte gewesen waren, bestimmte das Streben nach größtmöglicher wirtschaftlicher Nutzung der entdeckten und eroberten Gebiete auch für die Folgezeit die Politik und die Maßnahmen der beiden iberischen Kolonialmächte, die mit finanziellen Gewinnen ihre Staatshaushalte zu sichern hofften und im Falle Spaniens ihre europäische Politik finanzierten. Deshalb bildeten in Spanisch-Amerika Edelmetalle das Hauptprodukt; es wurde eingetauscht, geraubt oder geschürft. Bis etwa 1560 war es vorwiegend Gold, das auf den Antillen auch als Flußgold gewaschen wurde; danach gewann Silber große Bedeutung, das in den Gebieten der andinen Hochkulturen und Mexikos in großen Mengen lagerte, von den Indios schon verarbeitet worden war, nun aber von den Spaniern, die entsprechende Konzessionen von der spanischen Krone erhalten hatten, in großem Stil in Bergwerken abgebaut wurde. Die Krone erhielt vom gewonnenen Silber den sogenannten *Quinto*, d.h. den Fünften, später nur noch den Zehnten. In Mexiko und Hochperu (dem heutigen Bolivien) entstanden große Bergbauzentren, so beispielsweise um den berühmten Silberberg von Potosí. Der Abbau dort erwies sich für die Spanier unter anderem auch deshalb als günstig, weil genügend indianische Arbeitskräfte vorhanden waren, die trotz der Indianerschutzpolitik zur Zwangsarbeit im Bergbau herangezogen wurden.

Ist Spanien, ist Europa seinem kulturellen Anspruch, dem Ziel, die in der Neuen Welt angetroffenen Völker zu europäisieren, sie in ein nach europäischen Vorstellungen und Werten geprägtes Ordnungsgefüge einzubeziehen und sie auf die europäisch-spanisch-katholische Zivilisation hin umzuerziehen, gerecht geworden? Sind die materiellen Grundlagen geschaffen worden, die eine Angleichung oder Überwindung der »Abweichung« von der europäischen Zivilisation hätten bewirken können?

Eines der zentralen Probleme der spanischen Politik in Amerika war die Frage, wie die Arbeitskraft der Indios ausgenutzt werden konnte und diese gleichzeitig nach europäischen Vorstellungen erzogen und christianisiert werden konnten. Was in der Theorie der Indianerschutzpolitik als Einheit gedacht war, erwies sich in der Praxis als unaufhebbarer Widerspruch. Sobald sich zeigte, daß die ursprüngliche Form der Zuteilung und Anvertrauung von zur Arbeit verpflichteten Indios an Conquistadoren und Kolonisten entsprechend dem System von *Repartimiento/Encomienda* und der erzieherische Auftrag, wie er in dem ersten größeren Dokument der Indianerschutzgesetzgebung, den Gesetzen von Burgos, 1512 formuliert worden war, eher zur Vernichtung der Indios als zu ihrer Umerziehung führte, bemühte sich die Krone um eine Umwandlung des *Encomienda*-Systems. Seit den »Neuen Gesetzen« *(Leyes Nuevas)* von 1542/43 wurde die Institution der *Encomienda* dahingehend geändert, daß die »anvertrauten Indios« dem direkten Zugriff der *Encomenderos*, d.h. der direkten Ausbeutung durch sie entzogen wurden; als Ausgleich für entgangene Arbeitsleistungen übertrug die Krone den *Encomenderos* den eigentlich an die Krone zu zahlenden Indianertribut. Nicht überall konnte sie diese Regelung durchsetzen; in Peru provozierte sie geradezu einen Bürgerkrieg der Kolonisten gegen die Krone und mußte modifiziert werden.

Dennoch war die neue Richtung angezeigt. Noch wichtiger aber für die weitere Entwicklung der Gesellschaft allgemein und die der indianischen Bevölkerung im besonderen wurde der Umstand, daß die Krone seit dieser Zeit die ursprüngliche Methode, die Europäisierung der Indios durch ihr Zusammenleben mit den Spaniern zu erreichen, aufgab und zu einer Politik der räumlichen Trennung von Indios und Weißen überging, um so die Indios vor dem Zugriff der spanischen Kolonisten zu schützen. Wie schon Geistliche und Missionare vorgeschlagen hatten, sollten Erziehung und Christianisierung nun wieder ausschließlich in den Händen von Missionaren, Priestern und staatlichen Beamten liegen. Seit dieser Zeit organisierte die spanische Krone die Erziehung der überlebenden indianischen Bevölkerung über den Weg der Absonderung; sie ordnete an, die eingeborene Bevölkerung, die in den Eroberungs- und Siedlungsgebieten um 90 Prozent dezimiert worden war, in eigenen Gemeinwesen zu konzentrieren. Es entstanden zahlreiche Indianerdörfer, *Pueb-*

los de Indios, Comunidades de Indios und *Resguardos de Indios,* die zu Munizipaldistrikten zusammengefaßt und nach spanischem Vorbild in kommunaler Selbstverwaltung *(Cabildo de Indios)* unter der Aufsicht von *Corregidores de Indios* verwaltet wurden. Zur Sicherung ihrer wirtschaftlichen Existenz erhielten die Indianerdörfer auch eigenen Grund und Boden, den sie anknüpfend an vorspanische, indianische kollektive Formen und Strukturen auch gemeinschaftlich bearbeiteten, wie überhaupt die Großfamilie und das Dorf, d.h. die Gemeinschaft und nicht das Individuum im Vordergrund dieser Siedlungen standen. Da die Missionare, Priester oder Beamten angehalten waren, die jeweiligen Indianersprachen zu erlernen, um so als Erzieher und Lehrer besser wirken zu können, konnten auch die Sprachen der Eingeborenen fortleben.

Eine besondere Form dieser Gemeinwesen stellten die Missionsreservate oder -reduktionen dar, die oft in abgelegenen Regionen angesiedelt waren. Zu den bekanntesten gehören die Jesuiten-Reduktionen in Paraguay, die der indianischen Bevölkerung unter anderem auch Schutz vor den Übergriffen von Sklavenjägern aus dem portugiesischen Brasilien boten, wo es keine ausgesprochene Indianerschutzgesetzgebung gab. Die räumliche Trennung wurde durch Aufenthaltsverbote bzw. -bestimmungen für Nicht-Indianer – das waren Spanier, Neger, Mestizen – ergänzt; selbst den *Encomenderos* war es nicht gestattet, unter »ihren« Indios zu leben. Vor allem war es Nicht-Indianer verboten, Land in den Indianergemeinden zu besitzen; den Indios ihrerseits war es nicht gestattet, ihren Landbesitz zu veräußern. Diese räumliche Trennung bedeutete jedoch nicht, daß die Indios ihre vollständige Unabhängigkeit erhielten, noch daß sie vor Arbeitsverpflichtungen geschützt waren. Zum einen unterstanden die indianischen Munizipalbezirke den spanischen Beamten, und andere besondere Beamte, die *Protectores de Indios,* vertraten die als nicht rechtsfähig geltenden Indios in rechtlichen Angelegenheiten; zum anderen mußten die *Cabildos de Indios* für das Stellen von Arbeitskräften im Rahmen verschiedener Arbeitssysteme sorgen, z.B. für das Zwangsarbeitsystem der *Mita* in Peru, das die turnusmäßige Entsendung von Arbeitskräften in die Bergbaugebiete vorsah. Dort starben Tausende von Indios an den Arbeitsbelastungen.

So schuf die spanisch-koloniale Indianerpolitik mit der Trennung in Indios und Nicht-Indios eine Gesellschaft, in der sich Weiße und Indios, Europäer und Nicht-Europäer, weiterhin als Eroberer und Eroberte gegenüberstanden. De jure waren zwar beide Gruppen freie Vasallen des spanischen Königs, d.h. auch die Indios waren frei, zumindest frei von offener Sklaverei; im täglichen Leben aber wurden sie nach wie vor wie schutzbedürftige Minderjährige und Unmündige behandelt, die erst durch Umerziehung in den Stand versetzt werden sollten, ihren Status als Vasallen auch auszufüllen. Die Umerziehungspolitik der spanischen Krone mittels Segregation bedeutete zweifellos den Schutz der indianischen Bevölkerung und verhinderte ihre vollständige physische Vernichtung. Sie begünstigte sogar ungewollt die Erhaltung altindianischer Sitten und Gebräuche, der indianischen Sprachen und kollektiven Sozialstrukturen. Die Umerziehung der Indios und ihre Anpassung an europäische Lebensformen blieb aber meist im materiellen Bereich stecken, d.h. in der Übernahme europäischer Nutzpflanzen, Haustiere und Gerätschaften. Die geistigen Elementen der spanisch-europäischen Kultur wurden auch aufgrund der unzulänglichen Bildungseinrichtungen nur teilweise übernommen, so daß am Ende der Kolonialzeit die Indios immer noch als inferiore Wesen – im besten Fall als Unmündige – galten. Trotz der formalen Rechte, trotz der paternalistisch gedachten Politik der Krone, trotz aller Ermahnungen von Geistlichen an die Kolonisten als Christen sah sich der Indio – oft fernab von der Kontrolle der Behörden – den Forderungen und der Willkür der spanischen Kolonisten ausgeliefert, wie es Poma de Ayala in einer Illustration verdeutlicht hat (Abb. 69).

Die Begegnung – oder eher der Zusammenprall – zwischen Alter und Neuer Welt gestaltete sich nur bedingt zu einem interkulturellen Austausch. Selbst wenn man den Austausch von Pflanzen und agrarischen Produkten berücksichtigt – von wechselseitiger Akkulturation zwischen den Kontinenten kann man wohl schwerlich sprechen. Zu Beginn der Kolonisation bedeutete die Entdeckung *(Descubrimiento)* eher die Zudeckung *(Encubrimiento)* der indianischen Kulturen durch die Europäer. Erst allmählich beginnen die lateinamerikanischen Gesellschaften sich ihres indianischen Erbes zu besinnen.

»Das größte Ereignis nach der Erschaffung der Welt ist – abgesehen von der Menschwerdung und vom Tod ihres Schöpfers – die Entdeckung Indiens (Amerikas)«. Diese Worte schrieb 1552 der spanische Chronist Francisco López de Gómara in der Karl V. dedizierten Widmung seiner »*Historia de las Indias*«. 1892, als zum ersten Mal in verschiedenen Ländern – den USA, Spanien, Deutschland – große Gedenkfeiern anläßlich der 400. Wiederkehr der Entdeckungsfahrt des Kolumbus stattfanden, wurde in Leipzig die Entdeckung als eine »zweite Weltschöpfung« (Rudolf Cronau) gefeiert. Heute sieht man das einst positiv gefeierte Ereignis 1492 anders, differenzierter und in all seiner Ambivalenz. Die ursprünglich aus der Sicht der Sieger als Helden gefeierten Entdecker und Eroberer, die angeblichen Bringer europäischer Zivilisation sind auf die Anklagebank der Geschichte geraten. Diese neue Bewertung ergibt sich nicht nur aus der Kenntnisnahme von Darstellungen und Dokumenten aus der

Sicht der Verlierer, sondern auch aus der berechtigten Frage nach den Folgen der Entdeckungen und Eroberungen für die amerikanischen Völker. Vor allem die Tatsache, daß in Lateinamerika und in den USA heute noch die Nachkommen der eingeborenen Bevölkerung zu den marginalisierten und sozial unterprivilegierten Gruppen gehören, provoziert diese Fragen. Allerdings wird dabei häufig unstatthafterweise eine direkte Kausalität zwischen dem Ablauf der Entdeckungen und Eroberungen und der jetztigen Situation hergestellt, so als ob die heutige Unterentwicklung eine direkte Folge der Ereignisse vor fünfhundert Jahren sei. Eine derartige Sicht ist jedoch vereinfachend und unhistorisch. Denn die heutige Situation in Lateinamerika, die Unterentwicklung und die soziale Ungerechtigkeit, ist eben nicht bloß das Ergebnis der iberischen Eroberung und Kolonisation Amerikas. Die Probleme, mit denen sich Lateinamerika heute auseinandersetzen muß, sind nicht nur auf die Fehler und Unterlassungen der dreihundert Jahre währenden Kolonialherrschaft der Spanier und Portugiesen zurückzuführen, sondern auch auf Fehlentwicklungen seit der Unabhängigkeit der lateinamerikanischen Staaten im 19. Jahrhundert.

Abb. 69: Wie der Indio unter den Spaniern leidet:
Mit dieser Zeichnung, die Poma de Ayala im Text näher erläutert, werden die spanischen Kolonialherren gekennzeichnet, denen der Indio ausgeliefert ist und denen er mehr an Steuern oder Arbeitsleistungen geben muß, als gesetzlich vorgeschrieben war. Für den Indio sind sie wie wilde Tiere: Der Corregidor (oben links) – ein für die Indianergemeinden zuständiger Verwaltungsbeamter – ist wie ein Drache, weil er das Leben der Menschen, ihre Einkünfte und ihr Vermögen auffrißt. Die reisenden Spanier, die in den Tambos einkehren (oben rechts), sind wie wilde Tiger, weil sie auf Kosten der Indios leben. Der Encomendero (Mitte links) ist wie ein Löwe, weil er nur Beute macht, nicht einmal die Armen verschont und undankbar ist. Der Geistliche (Mitte rechts) ist wie ein Fuchs, wenn es um das Rauben von Vermögen und Frauen geht. Der Kazike (unten links), der lokale Häuptling, der mit den Spaniern kooperiert, ist wie eine Ratte. Der Schreiber (unten rechts) ist wie eine jagende Katze, weil er den Indios nachstellt und ihnen ihr Vermögen entreißt.
(Federzeichnung des Guamán Poma de Ayala, um 1600)

POBRE DE LOS YÑS

DE SEIS ANIMALES Q̃ CO

me q̃ temen men. los pobres delos yñs en este rreyno

Zeittafel

1271–1292	Marco Polo reist nach Asien und lebt am Hof des Groß-Khans Kublai. Sein Reisebericht – 1299 durch Rusticello da Pisa aufgezeichnet – findet in Europa große Resonanz.
1341	Die Portugiesen erobern die westlichen Kanaren: Gran Canaria, Teneriffa und Gomera.
1402	Besetzung der Kanaren durch die Spanier (Kastilier).
1415	Eroberung der nordafrikanischen Stadt Ceuta durch die Portugiesen.
Ab 1415	Förderung der portugiesischen Expeditionen entlang der afrikanischen Westküste durch Heinrich den Seefahrer (1394–1460).
1418–1420	Besiedlung der Madeira-Gruppe durch die Portugiesen.
1429	Entdeckung der Azoren durch die Portugiesen.
1434	Umsegelung des berüchtigten Kap Bojador an der afrikanischen Westküste durch Gil Eanes.
1441	Nuño Tristão erreicht das Kap Blanco.
Seit 1441	Handel der Portugiesen mit afrikanischen Sklaven.
1444	Dinis Dias erreicht das Kap Verde.
1446	Die Portugiesen erreichen die Gambiamündung.
1451	Christoph Kolumbus wird in Genua geboren.
1452–1456	Die Päpste Nikolaus V. und Kalixtus III. autorisieren in verschiedenen Bullen den portugiesischen König Alfons V. zur Entdeckung und Eroberung Afrikas.
1453	Eroberung Konstantinopels durch die Osmanen.
1456	Die Italiener Alvise Cadamosto und Antoniotto Usodimare entdecken die östlichen Kapverdischen Inseln.
1469	Mit der Vermählung von Isabella von Kastilien und Ferdinand von Aragón beginnt die politische Einigung Spaniens unter Führung Kastiliens.
1471	Francisco Pizarro wird in Trujillo in der Estremadura geboren.
1474	Der Florentiner Arzt und Kosmograph Paolo del Pozzo Toscanelli informiert den Lissaboner Kanonikus Fernão Martins de Roriz über eine mögliche westliche Seeroute nach Indien.
1479	Im Vertrag von Alcáçovas–Toledo legen Portugal und Spanien ihre Rivalitäten in der atlantischen Expansion bei; Portugal erhält die Gebiete südlich einer auf der Höhe des Kap Bojador in Ost-West-Richtung verlaufenden Linie – die Inseln im Atlantik und Afrika –, Spanien erhält die nördlich gelegenen Gebiete – die Kanarischen Inseln.
	Kolumbus heiratet in Lissabon die Portugiesin Felipa de Perestrella und übersiedelt auf die Insel Porto Santo bei Madeira.
1481	Nach dem Tod seiner Frau kehrt Kolumbus nach Lissabon zurück, nimmt an einer oder mehreren Afrikafahrten nach Guinea teil und entwickelt erste Pläne für eine Westfahrt nach Indien.
1482	Gründung der portugiesischen Festung São Jorge da Mina (El Mina) an der Guineaküste.
1483	Diogo Cão erreicht die Kongomündung.
1484	Kolumbus verläßt nach Ablehnung seiner Pläne durch den portugiesischen König Johann II. Portugal und bietet seine Dienste den Königen von Kastilien an.

1485	Hernán Cortés wird in Medellín in der Estremadura geboren.
1488	Bartolomeu Dias umschifft die Südspitze Afrikas; der östliche Seeweg nach Indien ist damit offen.
1492	Anfang Januar Eroberung Granadas durch die spanischen Könige; Abschluß der spanischen Reconquista. Im April Vereinbarungen *(Capitulaciones)* zwischen Kolumbus und den spanischen Königen über eine Entdeckungsfahrt in Richtung Indien. Kolumbus landet im Oktober auf der Suche nach einem westlichen Seeweg nach Indien auf der kleinen Insel Guanahani in der Bahama-Gruppe, der heutigen Watlingsinsel. Ende Dezember läßt Kolumbus Fort Navidad auf Hispaniola/Haiti, die erste europäische Siedlung in der neuen Welt, bauen.
1493	Im April und Mai Veröffentlichung des sogenannten Kolumbus-Briefs über die 1. Entdeckungsfahrt. Papst Alexander VI. bestätigt im Mai den Königen von Kastilien und León die Besitzrechte über die entdeckten und noch zu entdeckenden Länder. Teilung der spanischen und portugiesischen Interessensgebiete entlang des 38. Grads westlicher Länge.
1493–1496	Zweite Fahrt des Kolumbus; Entdeckung und Erkundung von Kuba und Jamaika.
1493–1527	Unter der Herrschaft des Inka Huayna Capac erreicht das Inkareich seine größte Ausdehnung.
1494	Im Vertrag von Tordesillas einigen sich Spanien und Portugal auf den 46. Grad westlicher Länge, 370 Meilen westlich der Azoren, als neue Trennnungslinie ihrer überseeischen Interessensgebiete. Portugal erhält, ohne es zu wissen, Anteil am amerikanischen Kontinent: das heutige Brasilien.
1496	Gründung der Stadt Santo Domingo auf Haiti.
1498	Eine portugiesische Flotte unter Vasco da Gama erreicht im Mai/Juni zum ersten Mal Indien.
1498–1500	Dritte Fahrt des Kolumbus.
1498	Auf der Suche nach dem asiatischen Festland berührt Kolumbus im August in der Region des Orinoco als erster Europäer das amerikanische Festland, ohne sich dessen bewußt zu sein.
1499	Alonso de Hojeda, Juan de la Cosa und Amerigo Vespucci erkunden auf den Spuren von Kolumbus die Küstengebiete des heutigen Venezuela (»Klein-Venedig«), das seinen Namen nach den dort angetroffenen, auf Pfählen im Wasser errichteten Häusern erhält.
1500	Vicente Yáñez Pinzón stößt im Januar als erster Europäer auf Brasilien und auf die Mündung des Amazonas. Pedro Alvarez de Cabral berührt im April während der zweiten portugiesischen Ostindienfahrt Brasilien und nimmt es für Portugal in Besitz.
1501	Die Katholischen Könige ernennen an Stelle von Kolumbus Nicolás de Ovando zum Gouverneur von Haiti.
1501–1502	Rodrigo de Bastidas entdeckt die Festlandsküste des heutigen Kolumbien bis zur Landenge von Panamá/Darién.
1501–1502	Amerigo Vespucci nimmt an einer portugiesischen Brasilienexpedition teil und berichtet im September über seine Eindrücke.
1502–1504	Vierte und letzte Fahrt des Kolumbus. Kolumbus sucht vergeblich nach einer Durchfahrt in Richtung Westen nach Indien, entdeckt dabei Mittelamerika und erkennt es als Isthmus zwischen zwei Meeren.

1502–1520	Regierungszeit des Aztekenherrschers Moctezuma II.
1502	Bartolomé de las Casas kommt nach Haiti und erlebt das Vorgehen der Spanier.
1503	Erste Veröffentlichung des Vespucci-Berichts *Mundus Novus*. Gründung der *Casa de la Contratación*, des staatlichen Handelshauses, einer für den Schiffs-, Waren- und Personenverkehrs mit Amerika zuständigen Kontrollbehörde. Die spanische Krone errichtet im Dezember zur Lösung des Arbeitskräfteproblems und der Christianisierung das System des *Repartimiento* (Zuteilung) bzw. der *Encomienda* (Anvertrauung).
1504	Hernán Cortés begibt sich nach Haiti. Königin Isabella stirbt im Dezember.
1505	Auf Veranlassung von Ovando werden die ersten Negersklaven nach Haiti verschifft.
1506	Kolumbus stirbt unbeachtet im Mai in Valladolid.
1507	Die beiden Geographen Martin Waldseemüller und Matthias Ringmann geben in ihrer *Cosmographiae Introductio* der als eigener Kontinent erkannten Landmasse nach Amerigo Vespucci den Namen »Amerika«.
1508–1509	Vicente Yáñez Pinzón und Juan Díaz de Solís suchen im mittelamerikanischen Raum vergeblich nach einer Durchfahrt nach Westen.
1509	Nach der Anerkennung seiner vom Vater ererbten Ansprüche wird Diego Colón zum Vizekönig und Gouverneur der bisher entdeckten Inseln ernannt.
1510	Erste Siedlungen an der Nordküste des heutigen Kolumbien und am Golf von Urabá, diese werden zu Ausgangspunkten für die weitere Durchdringung des Isthmus von Panamá.
Ab 1511	Unter dem Gouverneur Diego Velázquez wird Kuba endgültig unterworfen.
1511	Errichtung einer *Audiencia*, einer obersten Verwaltungs- und Appellationsbehörde in Santo Domingo als Gegengewicht der Krone gegen die Partikularinteressen der Familie Colón. In der sogenannten Adventspredigt in Santo Domingo klagt der Dominikanerpater Antonio de Montesinos das ausbeuterische Verhalten der Spanier in der neuen Welt an.
1512–1513	Die spanische Krone erläßt als Antwort die »Gesetze von Burgos« als erste umfassende Maßnahmen zum Schutz der Indios, in denen die Aufgaben der Encomenderos festgesetzt werden.
1513	Juan Ponce de León entdeckt im April Florida. Der Kronjurist Juan López de Palacios Rubios verfaßt das *Requerimiento*, ein Dokument, das sich zur Klärung der Rechtslage spanischer Eroberung und Herrschaft in Amerika auf die päpstliche »Schenkung« und dessen »Missionsauftrag« bezieht.
1513	Vasco Nuñez de Balboa durchquert im September den Isthmus von Panamá und entdeckt das »andere« Meer, den Pazifik, den die Spanier das »Südmeer« nennen.
1513–1515	Friedliche Missionsversuche der Dominikaner an der venezolanischen Küste scheitern.
1514	Erste Anwendungen des *Requerimiento* durch Pedrarias Dávila bei der Eroberung des Isthmus von Panamá.
1516	Der spanische Chefpilot Juan Díaz de Solís erreicht auf der Suche nach einer Durchfahrt durch den Kontinent im Süden das Mündungsgebiet des Rio de la Plata.

1516–1556	Regierungszeit Karls I. von Spanien, ab 1519 römisch-deutscher Kaiser Karl V.
1516	Bartolomé de las Casas wird zum Indianerprotektor ernannt.
1517	Francisco Fernández de Córdoba entdeckt Yucatán.
1518	Juan de Grijalva setzt die Erkundung Yucatáns und der Küstenregionen des Golfs von Mexiko fort.
1519	Pedrarias Dávila gründet die Stadt Panamá an der Westküste des mittelamerikanischen Isthmus.
	Hernán Cortés landet im April an der mexikanischen Küste und bricht ab August ins Hochland auf, um das Aztekenreich zu erobern.
	Cortés zieht im November in Tenochtitlán ein und trifft mit Moctezuma zusammen.
1520	Cortés verläßt Mitte Mai Tenochtitlán, um Pánfilo de Narváez zurückzuschlagen.
	Pedro de Alvarado provoziert in Tenochtitlán durch ein Blutbad während einer aztekischen Festlichkeit einen Aufstand der Azteken.
	Moctezuma erliegt am 27. Juni seinen Verletzungen, die er sich bei Vermittlungsversuchen zugezogen hatte.
	Nach einer furchtbaren Niederlage müssen sich die Spanier am 30. Juni, der sogenannten *noche triste*, aus Tenochtitlán zurückziehen.
	Fernando de Magellan entdeckt im Oktober/November die nach ihm benannte Meeresstraße an der Südspitze, Amerikas.
1520–1521	Bartolomé de las Casas' friedliches Kolonisationsmodell an der Küste Venezuelas scheitert.
1521	Ab Mai belagert Cortés die aztekische Hauptstadt.
	Am 13. August erobert und zerstört Cortés die Stadt Tenochtitlán. Er beginnt mit dem Bau einer neuen Hauptstadt – Mexico – auf den Ruinen der aztekischen Stadt und unternimmt weitere Eroberungszüge.
1523–1524	Pedro de Alvarado erobert Guatemala und El Salvador.
1524	In Madrid wird der oberste Indienrat, der *Consejo Real y Supremo de Indias*, eingerichtet, die höchste für die außereuropäischen Gebiete zuständige Verwaltungs- und Rechtsprechungsinstanz.
1524–1526	Cortés erkundet Yucatán und erobert Honduras.
1524–1525	Francisco Pizarro und Diego de Almagro unternehmen von Panamá aus auf der Suche nach dem Goldland Peru eine erste Erkundungsfahrt an der Westküste Kolumbiens.
1526–1527	Pizarro gelangt auf seiner zweiten Expedition, auf der er Abschnitte der ecuadorianischen Küste erkundet, bis nach Tumbes. Der Inka Huayna Capac erfährt von der Ankunft der Spanier.
1527	Errichtung der *Audiencia* von Mexico.
Um 1527	Während einer Pockenepidemie im nördlichen Inkareich stirbt Huayna Capac.
1527–1532	Bruderkrieg zwischen den rivalisierenden Inkasöhnen Huascar in Cuzco und Atahualpa in Quito.
1528	Die Welser erhalten von Karl V. Venezuela als Siedlungs- und Nutzungsgebiet.
1528–1529	Pizarro erhält in Spanien königliche Privilegien und einen Vertrag zur Entdeckung und Eroberung Perus.
1528–1530	Cortés begibt sich nach Spanien und berichtet über seine Erfolge. Karl V. verleiht ihm den Titel eines Marqués del Valle de Oaxaca.

Ab 1529	Expeditionen ins Landesinnere der *Tierra Firme* (Venezuela und Kolumbien) durch Angehörige des Handelshauses der Welser: Alfinger, Federmann, Hohermuth und Hutten.
1530	Pizarro kehrt mit seinen Brüdern Hernando, Gonzalo, Juan und Francisco Martín sowie seinem Vetter Pedro Pizarro, dem späteren Chronisten, nach Panamá zurück.
1530–1531	Nikolaus Federmann unternimmt eine Expedition ins Landesinnere von Venezuela, um den *Dorado* zu finden.
1531–1533	Francisco Pizarro erobert das Inkareich.
1531	Nach erfolglosen Eroberungsversuchen an der ecuadorianischen Küste und langwierigen Märschen entlang der Küste bis zum Golf von Guayaquil gründet Pizarro in Nordperu die Stadt San Miguel de Piura.
1532	Pizarro stößt ab September ins Landesinnere vor. Er gelangt am 15. November nach Cajamarca und nimmt am 16. November den Inka Atahualpa, den Sieger im Bruderzwist, gefangen.
1533	Diego de Almagro trifft im April mit Verstärkung aus Panamá in Peru ein. Hernando Pizarro überbringt Karl V. das königliche Fünftel aus dem Lösegeld Atahualpas. Atahualpa wird trotz der Zahlung eines enormen Lösegeldes in einem Scheinprozeß verurteilt und Ende August durch die Garrotte erwürgt. Sebastian de Benalcázar erobert ab Oktober den nördlichen Teil des Inkareichs mit der Hauptstadt Quito. Im November ziehen die Spanier in die Hauptstadt Cuzco ein und werden von dem neuen Inca Manco empfangen. Plünderung der Stadt.
1534	Pizarro gründet im März das spanische Cuzco. Pedro de Alvarado aus Guatemala landet mit einem großen Heer an der ecuadorianischen Küste, um an der Aufteilung Perus teilzuhaben, wird aber von Benalcázar und Almagro abgeschoben.
1535	Pizarro gründet im Januar die *Ciudad de los Reyes* (das heutige Lima) als neue Hauptstadt Perus. Errichtung des Vizekönigreichs Neu-Spanien mit Sitz in Mexico.
1535–1537	Diego de Almagro unternimmt eine Expedition, die ihn bis nach Chile führt.
1535–38	Hohermuth gelangt auf seiner Expedition bis ins Gebiet des Orinoco.
1535–1539	Sebastian de Benalcázar verläßt Quito auf der Suche nach dem *Dorado* im Goldland der Chibcha.
1536–1538	Angesichts der spanischen Willkür entfesselt der Inka Manco einen Aufstand gegen die Spanier und belagert Cuzco.
1536–1539	Gonzalo Jiménez de Quesada erobert von Santa Marta ausgehend das Chibcha-Reich.
1537–1539	Federmann erreicht auf der Suche nach dem *Dorado* das Chibcha-Reich im Hochland von Kolumbien, trifft dort mit Jiménez de Quesada und Sebastian de Benalcázar zusammen. Alle drei gründen die Stadt Santa Fé de Bogotá.
1537	Francisco de Orellana gründet endgültig Guayaquil. Almagro befreit das belagerte Cuzco.
1538	Der »Bürgerkrieg« zwischen Almagristen und Pizarristen endet mit dem Sieg der Pizarristen bei Salinas (April) und der Hinrichtung Almagros (Juli) in Cuzco.

1538–1572	Der Inka Manco zieht sich nach letzten vereinzelten Treffen mit den Spaniern in das Gebiet von Vilcabamba zurück, wo sich bis zum Tod des Inka Túpac Amaru ein selbständiger Inkastaat etabliert.
1540	Cortés kehrt endgültig nach Spanien zurück.
1540–1543	Pedro de Valdivia erobert Chile.
1541–1542	Gonzalo Pizarro unternimmt von Quito aus eine erfolglose Expedition ins Tiefland östlich der Andenketten auf der Suche nach dem Zimtland und dem *Dorado*.
1541	Francisco Pizarro wird am 26. Juni in Lima von Anhängern des Almagro ermordet.
1542	Francisco de Orellana, Teilnehmer der Expedition des Gonzalo Pizarro, durchquert mit einer Gruppe von 50 Gefährten als erster Europäer den Kontinent auf dem Flußsystem, das nach den angeblich dort angetroffenen Amazonen »Amazonas« genannt wird. Karl V. erläßt im November die »Neuen Gesetze«, *Leyes Nuevas*, zum Schutz der Indios, in denen die Verfügungsgewalt der *Encomenderos* über die zugeteilten Indios eingeschränkt wird.
1543	Errichtung des Vizekönigreichs Peru und einer *Audiencia* mit Sitz in Lima.
1544–1548	Bürgerkrieg in Peru. Aufstand der *Encomenderos* unter Führung von Gonzalo Pizarro gegen die Krone. Nach wechselvollen Schlachten ergibt sich Gonzalo Pizarro und wird im April enthauptet.
1547	Cortés stirbt im Dezember in der Nähe von Sevilla.

Bibliographische Hinweise

Die folgenden Angaben enthalten eine Auswahl der wichtigsten Quellen und Darstellungen zu den in diesem Buch angesprochenen historischen Ereignissen und Problemen. Sie sollen dem interessierten Leser die Möglichkeit zu weiterführender und vertiefender Lektüre geben. Die bibliographischen Hinweise folgen nicht der Kapitelgliederung, sie sind vielmehr nach Sachproblemen geordnet.

Im Text zitierte Quellenpassagen
Die Zitate von Kolumbus stützen sich auf Cristóbal Colón, Textos y documentos completos. Prólogo y notas de Consuelo Varela, Madrid 1982. Außerdem Cristóbal Colón. Diario de a bordo. Introducción, apéndice y notas de Vicente Muñoz Puelles, Madrid 1985. *Für Vespucci* diente die Ausgabe Amerigo Vespucci, El Nuevo Mundo. Cartas relativas a sus viajes y descubrimientos. Textos en Italiano, Español e Ingles. Estudio preliminar de R. Levellier, Buenos Aires 1951; und Amerigo Vespucci, Von der neu gefunden Region die wol ein welt genent mag werden, durch den Cristenlichen künig von portigal wunderbarlich erfunden, Basel 1505. *Zum Namen »Amerika«:* Die Cosmographiae Introductio des Martin Waldseemüller in Faksimiledruck, hrsg. mit einer Einleitung von Fr. R. v. Wieser, Straßburg 1907, S. 30. *Die Zitate von Hernán Cortés* stammen aus Hernán Cortés, Cartas de relación. Nota preliminar de M. Alcalá, México 1983; als deutsche Übersetzung Die Eroberung Mexikos. Drei Berichte von Hernán Cortés an Kaiser Karl V.. Übersetzungen von Mario Spiro und C.W. Koppe. Herausgegeben von C. Litterscheid, Frankfurt am Main 1980. *Die Worte Dürers* über die Geschenke Moctezumas sind entnommen dem Tagebuch der Reise in die Niederlande in: Hans Rupprich (Hrsg.), Dürer. Schriftlicher Nachlaß, Bd. 1, Berlin 1956, S. 155. *Für die Belege der Eroberung Mexikos durch Bernal Díaz del Castillo,* einem weiteren spanischen Agenzeugen, diente die Ausgabe Bernal Díaz del Castillo, Wahrhafte Geschichte der Entdeckung und Eroberung von Mexiko. Herausgegeben und bearbeitet von Georg A. Narciß mit einem Nachwort von Tzvetan Todorov, Frankfurt am Main 1981. *Die Texte zur Verdeutlichung der aztekischen Sicht der Eroberung* sind enthalten in Fr. Bernardino de Sahagún, Historia General de las Cosas de Nueva España. Ausgabe von Angel María Garibay K., 4 Bde., México [4]1981 (Biblioteca Porrua 8–11). Wichtig ist der Bd. 4, Buch XII. Auszüge daraus hat E. Seler übersetzt in: Aus der Welt der Azteken. Die Chronik des Fray Bernardino de Sahagún. Mit einem Vorwort von Juan Rulfo. Übersetzungen von Leonhard Schultze-Jena, Eduard Seler und Sabine Dedenbach-Salazár-Sáenz. Ausgewählt und mit einem Nachwort versehen von Claus Litterscheid, Frankfurt am Main 1989. Auszüge aus Sahagún und andere aztekische Texte finden sich bei Miguel León-Portilla (Hrsg.), Visión de los vencidos. Relaciones indígenas de la Conquista, México [10]1984; als deutsche Ausgabe Miguel León-Portilla und Renate Heuer (Hrsg.), Rückkehr der Götter. Die Aufzeichnungen der Azteken über den Untergang ihres Reiches, Köln/Opladen 1965. *Das von Alvarado provozierte Blutbad* ist beschrieben in: Geschichte der Azteken. Codex Aubin und verwandte Dokumente. Aztekischer Text übersetzt und erläutert von Walter Lehmann und Gerdt Kutscher. Abgeschlossen und eingeleitet von Günter Vollmer, Berlin 1981 (Quellenwerke zur Alten Geschichte Amerikas, Bd. XIII). *Die Sicht aztekischer Vornehmer nach der Eroberung* ist enthalten in: Sterbende Götter und Christliche Heilsbotschaft. Wechselreden indianischer Vornehmer und spanischer Glaubensapostel in Mexiko 1524. Spanischer und mexikanischer Text mit deutscher

Übersetzung von Walter Lehmann. Aus dem Nachlaß herausgegeben von Gerdt Kutscher, Stuttgart 1949 (Quellenwerke zur Alten Geschichte Amerikas, Bd. III). *Die Sichtweise der spanischen Chronisten* vertreten Gonzalo Fernández de Oviedo, Historia General y Natural de las Indias. Edición y Estudio prelimar de Juan Pérez de Tudela Bueso, 5 Bde., Madrid 1959 (Biblioteca Autores Españoles 117–121). Die von Liselotte Engl übersetzte Passage aus Buch XXIX, Kap. III über die Inbesitznahme des Südmeers durch Vasco Nuñez de Balboa in: E. Schmitt (Hrsg.), Dokumente zur Geschichte der europäischen Expansion, Bd. 2: Die großen Entdeckungen, hrsg. von M. Meyn u.a., München 1984, S. 377–380; ferner Francisco López de Gómara, Historia General de Las Indias y Vida de Hernán Cortés. Prólogo y Cronología de Jorge Gurria Lacroix, Caracas 1979 (Biblioteca Ayacucho 64); ders., Historia de la Conquista de México. Prólogo y Cronología de Jorge Gurria Lacroix, Caracas 1979 (Biblioteca Ayacucho 65). Ähnlich argumentiert Pedro Mártir de Anglería, De rebus oceanis et Orbe Novo Decades tres, Alcalá de Henares 1516. – De orbe novo decades, Alcalá de Henares 1530, Faksimileausgabe Graz 1966. *Die kritische Einschätzung der Eroberung von spanischer Seite* enthält Bartolomé de las Casas, Historia de las Indias. Edición de Agustín Millares Carlo y estudio preliminar de Lewis Hanke. 3 Bde.. Primera reimpresión de la segunda edición, México 1981 (1965). *Hinsichtlich der Eroberung Perus sind spanische Quellen (Pedro Pizarro, Francisco de Xerez, Miguel de Estete, Bernabé Cobo) auszugsweise übersetzt* in: Die Eroberung Perus in Augenzeugenberichten. Herausgegeben und eingeleitet von Liselotte und Theodor Engl, München 1975; jetzt unter dem Titel: Lust an der Geschichte. Die Eroberung Perus, München 1991. Wichtig ist auch Pedro Cieza de León, La Crónica del Peru, Sevilla 1553, Neuausgabe von Manuel Ballesteros, Madrid 1984 (Crónicas de América 4); Descubrimiento y conquista del Peru. Edición de Carmelo Sáenz de Santa María, Madrid 1986 (Crónicas de América 17). *Die Sichtweise der Inka* spiegelt sich in den Texten in Miguel León-Portilla, El Reverso de la Conquista. Tercera reimpresión de la septima edición, México 1984, wie im Bericht des Titu Cusi Yupanqui, der Tragödie auf den Tod Atahualpas und der Elegie über den Tod Atahualpas. Die Übersetzung der Tragödie durch Maralde Meyer-Minnemann in: Emir Rodriguez Monegal (Hrsg.), Die Neue Welt. Chroniken Lateinamerikas von Kolumbus bis zu den Unabhängigkeitskriegen, Frankfurt am Main 1982, S. 232–241. Wichtig ist vor allem Felipe Guamán Poma de Ayala, Nueva Corónica y Buen Gobierno. Transcripción, Prólogo, Notas y Cronología de Franklin Pease. 2 Bde., Caracas 1980 (Biblioteca Ayacucho 75 und 76). Auszüge aus Guamán Poma zur Begegnung Atahualpas mit Pizarro finden sich in deutscher Übersetzung von Wilfried Böhringer in Monegal (Hrsg.), Die Neue Welt, S. 215–231. Ebenfalls wichtig: Inca Garcilaso de la Vega, Comentarios Reales de los Incas. Obras Completas, Madrid 1960.

Weitere Quellen und Quellensammlungen
Marco Polos Bericht über China lautet Il Milione. Die Wunder der Welt. Übersetzung aus altfranzösischen und lateinischen Quellen und Nachwort von Elise Guignard, Zürich 1983. – *Zum fiktiven Reisebericht von Mandeville:* Die Reisen des Ritters John Mandeville durch das gelobte Land, Indien und China, Stuttgart 1966. – *Die wichtigsten Quellensammlungen zur spanischen Entdeckung, Eroberung und Kolonisierung Amerikas* sind Colección de documentos inéditos relativos al descubrimiento, conquista y organización de las antiguas posesiones españolas de América y Oceanía, Madrid 1864, 1892 (D.I.A.) und Colección de documentos inéditos relativos al descubrimiento, conquista y organización de las antiguas posesiones españolas de Ultramar, Madrid 1894 (D.I.U.). – *Zum Kolumbus-Brief* La Carta de Colón sobre el descubrimiento. Edición y Estudio del Dr. D. Ramos, Valladolid 1983. – *Deutsche Übersetzungen von Kolumbus:* Christoph Columbus.

Dokumente seines Lebens und seiner Reisen. 2 Bde., auf der Grundlage der Ausgabe von E. G. Jacob (1956) erweitert, neu herausgegeben und eingeleitet von F. Berger, Leipzig 1991; Christoph Kolumbus, Bordbuch. Mit einem Nachwort von F. Gewecke, Frankfurt am Main 1981; *zum Kolumbus-Brief* K. Häbler (Hrsg.), Der deutsche Kolumbus-Brief, Straßburg 1900; E. Well (Hrsg.), De Insulis inventis; Ein schön hübsch lesen. Faksimile der lateinischen und deutschen Ausgabe, München 1922. – *Die Briefe des Cortés* sind in verschiedenen Ausgaben erschienen, im deutschsprachigen Raum: Praeclara Ferdinandi Cortesii de Nova maris Oceani Hyspania Narratio Sacratissimo ac Invistissimo Carolo Romanorum Imperatori semper Augusto, Hyspanorum et regi, Anno Domini M.D.XX. transmissa..., Nürnberg 1524; Tertia Ferdinandi Cortesii in nova maris Oceani Hyspania generalis praefecti preclara Narratio..., Nürnberg 1524. Weitere Ausgaben in Latein erschienen 1532 in Köln und 1555 in Basel; eine deutsche Übersetzung der Briefe von 1520 und 1522 erschien in Augsburg 1550: Ferdinandi Cortesii. Von dem Newen Hispanien so im Meer gegem Nidergang. Zwo gantz lustige vnnd fruchtreiche Historien an den großmächtigisten vnüberwindtlichisten Herren Carolum V.... Erstlich in Hispanischer Sprach von Cortesio selbst beschriben. Nachmals von Doctor Peter Sauorgnan auß Friaul in Lateinische sprach transferiert..., Entlich aber in Hochteütsche sprach... von Xysto Betuleio vnd Andrea Diethero von Augspurg... Getruckt... durch Philipp Vlhart, Augsburg 1550. – *Pedro de Alvarados Bericht über die Eroberung Guatemalas:* An Account of the Conquest of Guatemala in 1524 by Pedro de Alvarado. Edited by Sedley J. Mackie with a facsimile of the Spanish original, 1525, New York 1924. – *Die Dekaden des Pedro Mártir de Anglería* sind auch in einer deutschen Übersetzung zugänglich: Peter Martyr von Anghiera, Acht Dekaden über die Neue Welt, übersetzt, eingeführt und mit Anmerkungen versehen von H. Klingelhöfer, 2 Bde., Darmstadt 1972/73. – Die berühmten Darstellungen von Las Casas über die Grausamkeiten der Spanier sind oft veröffentlicht worden, u.a.: Bartolomé de las Casas, Brevisima Relación de la destrucción de las Indias occidentalis, Sevilla 1552; Newe Welt, Wahrhafftige Anzeigung der Hispanier grewlichen, abschewlichen und unmenschlichen Tyranney, von jhnen inn den Indianischen Ländern so gegen Nidergang der Sonnen gelegen, und die Newe Welt genennet wird, begangen. Erstlich Castialianisch, durch Bischoff Bartholomeum delas Casas oder Casuas... beschrieben und im Jahr 1552 in... Sevilla gedruckt: Hernacher in die Frantzösische Sprache... gebracht; Jetzt aber erst ins Hochteutsch, durch einen Liebhaber dess Vatterlands... ubergesetzt. Im Jahr 1597. Es gibt weitere Ausgaben mit ähnlichem Titel: Frankfurt 1597, 1599, 1613; eine neuere deutsche Ausgabe ist Bartolomé de las Casas, Bericht von der Verwüstung der Westindischen Länder. Herausgegeben von Hans Magnus Enzensberger, Frankfurt am Main 1966. – Wichtige Quellen über die zeitgenössische Rezeption von Entdeckung und Eroberung sind im deutschsprachigen Raum die sogenannten *»Newen Zeytungen«*; zu den wichtigsten gehören: Copia der Newen Zeytung aus Presilg Landt, Augsburg o.J.; Copia der Newen Zeytung aus Presillg Landt. Augsburg o.J. (ca. 1508–1515); Ein Auszug ettlicher Sendbrieff dem aller durchleüchtigsten grossmechtigisten Fürsten und Herren Herren Carl römischen und hyspanischen König etc. vnserm gnedigen Hern durch ire verordent Hauptleut, von wegen einer newgefundenen Inseln, der selben Gelegenheit vnd Jnwoner Sitten vnd Gewonheiten inhaltend vor kurtzverschinen Tagen zugesandt, Nuremberg 17 März 1520 (über die Erkundungsfahrten von Francisco Fernández de Cordoba, Juan de Grijalva nach Yucatán); Newe zeittung. von dem lande. das die Sponier funden haben ym 1521. iare genant Jucatan. Newe zeittung vo Prußla, vo Kay: Ma: hofe 18 Martze. 1522; Newe zceyt von des Turcken halben von Offen geschrieben. o.O. o.J. (ca. 1522); Ein Schöne Newe zeytung so Kayserlich Mayestat auß India yetz nemlich zukommen seind. Gar hüpsch von den Newen ynseln vnd von yrem sitten gar kurtzweylig züleesen (Untertitel: Etlych newe zeytung. So Kayserlich Mayestat auß India yetzund nemlych zu kommen seind), o.O.o.J. (ca. 1522); Newe Zeytung aus Hispanien und Italien, Mense Februario 1534; Copey etlicher brieff so auss Hispania kumme seindt / an zaygent die eygenschafft des Newen Lands so newlich von Kay. May. Armadi auff dem newen Mör gefunden ist worden durch die Hispanier. M.D. XXXV. o.O. (Beide enthalten Nachrichten über die Eroberung Perus durch Pizarro). – *Die erste Durchquerung des Kontinents durch Orellana* ist beschrieben in Relación que escribió Fr. Gaspar de Carvajal… del nuevo descubrimiento del famoso rio grande que descubrió por muy gran ventura el Capitán Francisco de Orellana desde su nacimiento hasta salir al mar…, in: La aventura del Amazonas. Edición de Rafael Díaz, Madrid 1986 (Crónicas de América 19), S. 37–98; eine deutsche Übersetzung in Siegfried Huber, Pizarro. Gold, Blut und Visionen, Olten/Freiburg 1978. – *Nikolaus Federmann* hat über seine erste Expedition berichtet in N. Federmanns und H. Stadens Reisen in Südamerika, 1529–1555, hrsg. von K. Klüpfel, Amsterdam 1969 (photomechan. Nachdruck der Ausgabe Stuttgart 1859); Nicolaus Federmann, Indianische Historia. Mit einer Einführung von Juan Friede, München 1965. – *Die für den aztekischen Bereich wichtigste Geschichte* neben Sahagún stammt von Durán: Historia de las Indias de Nueva España e Islas de la Tierra Firme. Escrita por Fray Diego Durán, Domínico, en el siglo XVI. La prepara y da a luz Angel María Garibay K., con 116 Laminas en Facsimil, 2 Bde., México [2]1984. – *Weitere Darstellungen der Eroberung aus aztekischer bzw. tlaxcaltekischer Sicht:* Diego Muñoz Camargo, Historia de Tlaxcala, edición de Alfredo Chavero (mit Laminas aus dem Lienzo de Tlaxcala), México 1982. Relaciones Geográficas del Siglo XVI. Bd.1: Tlaxcala. Edición de René Acuña, México 1984. – Einen informativen Zugang zu zeitgenössischen Quellen unter literarischem und historischem Aspekt bieten verschiedene *Quellensammlungen* wie Emir Rodríguez Monegal (Hrsg.), Chroniken Lateinamerikas von Kolumbus bis zu den Unabhängigkeitskriegen, Frankfurt am Main 1982; D. Janik und W. Lustig (Hrsg.), Die spanische Eroberung Amerikas. Akteure, Autoren, Texte. Eine kommentierte Anthologie von Originalzeugnissen, Frankfurt am Main 1989; Ch. Strosetzki (Hrsg.), Der Griff nach der Neuen Welt. Der Untergang der indianischen Kulturen im Spiegel zeitgenössischer Texte, Frankfurt am Main 1991. – Die wichtigste *Quellensammlung zur kolonialen Sozialgeschichte* ist immer noch R. Konetzke (Hrsg.), Colección de documentos para la historia de la formación social de Hispanoamérica, 1493–1810, 3 Bde. in 5 Tln., Madrid 1958–63. – *Eine umfassendere Darstellung von Quellentexten und Kommentaren* liefern U. Bitterli, Die Entdeckung und Eroberung der Welt. Dokumente und Berichte, 2 Bde., München 1980/81; sowie vor allem die umfangreiche, von E. Schmitt herausgegebene Edition: Dokumente zur Geschichte der europäischen Expansion, München 1984 ff.; durch die Verbindung von historischer Einführung, Quellentexten, Kommentierung und Literaturangaben ist diese Edition besonders hilfreich und kann als eine Gesamtdarstellung dienen; bisher erschienen sind: Bd. 1: Die mittelalterlichen Ursprünge der europäischen Expansion, hrsg. von Ch. Verlinden und E. Schmitt, München 1986; Bd. 2: Die großen Entdeckungen, hrsg. von M. Meyn u.a., München 1984; Bd. 3 : Der Aufbau der Kolonialreiche, hrsg. von M. Meyn u.a., München 1986; Bd. 4: Wirtschaft und Handel der Kolonialreiche, hrsg. von Piet C. Emmer u.a., München 1988.

Die altamerikanischen Kulturen

Allgemeine Überblicke und Gesamtdarstellungen: Grundlegend ist das Handbook of Middle American Indians, 16 Bde., Austin 1964–1976; Handbook of South American Indians, 7 Bde., 1944–1957, Nachdruck New York 1963. Ferner G.A. Collier (Hrsg.), The Inca and Aztec States, 1400–1800. Anthropology and History, New York 1982; H. D. Disselhoff, Geschichte der Altamerikanischen Kulturen, Wiesbaden 1979; W. Haberland, Amerikanische Archäologie, Darmstadt 1991; F. Katz, Vorkolumbische Kulturen. Die großen Reiche des alten Amerika, Essen [2]1975; W. Krikeberg, Altamerikanische Kulturen. Berlin 1956; H. J. Prem, Geschichte Altamerikas, München 1989 (Grundriß der Geschichte 23), der weiterführende Literaturhinweise enthält; L. Séjourné, Altamerikanische Kulturen, Frankfurt 1971; H. Trimborn, Das Alte Amerika, Stuttgart 1959; ders., Die indianischen Hochkulturen des alten Amerika, Berlin 1963. – *Zu Mexiko und den Azteken* H. J. Prem und U. Dyckerhoff (Hrsg.), Das Alte Mexiko. Geschichte und Kultur der Völker Mesoamerikas, München 1986; Glanz und Untergang des Alten Mexiko, hrsg. von A. Eggebrecht, Hildesheim/Mainz 1986; A. Ch. Eschmann, Das religiöse Geschichtsbild der Azteken, Berlin 1976; E. Hinz, Analyse aztekischer Gedankensysteme, Wiesbaden 1978; J. Soustelle, So lebten die Azteken am Vorabend der spanischen Eroberung, Stuttgart 1956; ders., Die Olmeken. Ursprünge der mexikanischen Hochkulturen, Zürich/Freiburg 1980. – *Zu den Azteken unter den Spaniern* Ch. Gibson, The Azteks under Spanish Rule, Stanford 1964. – *Zu Peru und den Inka* L. und Th. Engl, Glanz und Untergang des Inkareiches, München [2]1982; A. Müller-Dango, Sozialpolitik im Inka-Staat. Ein Problem innerhalb der altperuanischen Wirtschafts- und Sozialordnung, Dortmund 1968; J. V. Murra, The Economic Organization of the Inca State, Chicago 1980.

Entdeckung, Eroberung, Kolonisation

Zu den *Motiven* siehe vor allem Dokumente zur Geschichte der europäischen Expansion, Bd. 1: Die mittelalterlichen Ursprünge der europäischen Expansion, hrsg. von Ch. Verlinden und E. Schmitt, München 1986; sowie die informative Gesamtdarstellung von W. Reinhard, Geschichte der europäischen Expansion, Bd. 1: Die Alte Welt bis 1818, Bd. 2: Die Neue Welt, Stuttgart/Berlin/Köln/Mainz 1983, 1985. Ferner wichtig P. Chaunu, L'expansion européenne du XIIIe au XVe siècle, Paris 1969 und öfter; F. Mauro, Die europäische Expansion, Stuttgart 1984; J. H. Parry, Das Zeitalter der Entdeckungen, München 1978. – *Zu einzelnen Entdeckern* D. Henze, Enzyklopädie der Entdecker und Erforscher der Erde, Graz 1978ff (bisher erschienen die Buchstaben A–M). – *Den portugiesischen Ausgriff* beschreiben L. de Albuquerque, Os descobrimentos portugueses, Lissabon 1983; C. R. Boxer, The Portuguese Seaborne Empire, 1415–1825, London 1969; G. G. Kinzel, Die rechtliche Begründung der frühen portugiesischen Landnahmen an der westafrikanischen Küste zur Zeit Heinrichs des Seefahrers, Göppingen 1976. – *Den Hintergrund der spanischen Entwicklung* beschreiben R. B. Merriman, The rise of the Spanish Empire in the Old World and the New, 4 Bde., New York 1918–1934, Nachdruck 1962; ferner A. Domínguez Ortiz, The Golden Age of Spain, 1516–1659, London 1971; J. H. Elliott, Imperial Spain, 1469–1716, London 1963; sowie J. Lynch, Spain under the Habsburgs, 2 Bde., Oxford [2]1981. – *Einen guten Überblick über die spanischen Unternehmungen* geben für den deutschsprachigen Raum immer noch G. Friederici, Der Charakter der Entdeckung und Eroberung Amerikas durch die Europäer. 3 Bde., 1925–1936, Nachdruck Osnabrück 1969; sowie R. Konetzke, Das Spanische Weltreich. Grundlagen und Entstehung, München 1943; ders., Entdecker und Eroberer Amerikas. Von Christoph Kolumbus bis Hernán Cortés, Frankfurt am Mai 1963; ders.: Der weltgeschichtliche Moment der Entdeckung Amerikas, in: Historische Zeitschrift 182 (1956), S. 267–289. – Ferner Ch. Gibson, Spain in America, New York 1966; F. Morales Padron, Historia general de América, Madrid [2]1975; J. H. Parry, The Spanish Seaborn Empire, London 1966; Immer noch nützlich William H. Prescott, History of the conquest of Mexico, 3 Bde., New York 1843; und ders., History of the conquest of Peru, 2 Bde., London 1847. – *Über die Eroberungsphase in der Karibik* C. O. Sauer, The early Spanish Main, Berkeley/Los Angeles/Cambridge. – *Über das amerikanische Festland* J. Friede, Los Welser en la conquista de venezuela, Caracas/Madrid

1961. – *Zur rechtlichen Grundlage der Eroberung und der öffentlichen Diskussion über die Indianerpolitik* siehe A. García Gallo, Las bulas de Alejandro VI y el ordenamiento jurídico de la expansión portuguesa y castellana en Africa e Indias, Madrid 1957/58 (Anuario de Historia del derecho español, XXVII y XXVIII); J. Fisch, Die europäische Expansion und das Völkerrecht. Die Auseinandersetzung um den Status der überseeischen Gebiete seit dem 15. Jahrhundert bis zur Gegenwart, Stuttgart 1984; L. Hanke, The Spanish Struggle for Justice in the Conquest of America. Boston [7]1965; ders., Aristotle and the American Indian. A Study in the Race Prejudice in the Modern World, Bloomington/London 1959, Nachdruck 1975; J. Höffner, Kolonialismus und Evangelium. Spanische Kolonialethik im Goldenen Zeitalter, 3. verbesserte Auflage, Trier 1972; S. Zavala, La filosofía política en la Conquista de América, Tercera edición, corregida y aumentada, México 1977; E. Straub, Das bellum iustum des Hernán Cortés in Mexiko, Wien/Köln 1976; Tzvetan Todorov, Die Eroberung Amerikas. Das Problem des Anderen, Frankfurt am Main 1985 (Franz. Originalausgabe 1982). – *Zur Christianisierung* R. Ricard, La Conquista espiritual de México. Ensayo sobre el Apostolado y los Métodos misioneros des las Ordenes Mendicantes en la Nueva España de 1523/24 a 1572, México 1947; J. L. Phelan, The Millennial Kingdom of the Franciscans in the New World, Berkeley 1956; E. E. Sylvest Jr., Motifs of Franciscan Mission Theory in Sixteenth Century New Spain, Province of the Holy Gospel, Washington 1975; J. Friede und B. Keen (Hrsg.), Bartolomé de las Casas in History. Toward an Understanding of the Man and His World, DeKalb 1971; M. Giménez Fernández, Bartolomé de las Casas, 2 Bde., Sevilla 1953–1960; B. M. Biermann OP., Las Casas und seine Sendung. Das Evangelium und die Rechte des Menschen, Mainz 1968; F. Becker, Indianermission und Entwicklungsgedanke unter spanischer Kolonialherrschaft, in: I. Buisson und M. Mols (Hrsg.), Entwicklungsstrategien in Lateinamerika in Vergangenheit und Gegenwart, Paderborn/München/Wien/Zürich 1983, S. 45–66. – *Einen guten Einblick in die Grundzüge der frühen staatlichen Organisation und Institutionen in Amerika* vermitteln S. A. Zavala, La encomienda indiana, Madrid 1935, Segunda edición rev. y aumentada, México 1973; C. H. Haring, The Spanish Empire in America, New York 1947; R. Konetzke, Süd- und Mittelamerika I, Die Indianerkulturen Altamerikas und die spanisch-portugiesische Kolonialherrschaft, Frankfurt am Main 1965 (Fischer Weltgeschichte 22); J. H. Elliott, The Old World and the New, 1492–1650, Cambridge 1970; M. Góngora, Studies in the colonial history of Spanish America, Cambridge 1975; J. A. und J. Villamarin, Indian Labor in Mainland Colonial Spanish America, Newark 1975; H. Pietschmann, Staat und staatliche Entwicklung am Beginn der spanischen Kolonisation Amerikas, Münster 1980 (Spanische Forschungen der Görresgesellschaft. Zweite Reihe, Bd. 19); ders., Die staatliche Organisation des kolonialen Iberoamerika, Stuttgart 1980. – *Zu den Problemen des Kulturkontakts, der Begegnung zwischen unterschiedlichen Kulturen und der Rezeption der Entdeckung und Eroberung Amerikas in Europa* siehe E. O'Gorman, The Invention of America, Bloomington 1961; W. E. Washburn, The Meaning of »Discovery« in the Fifteenth and Sixteenth Centuries, in: Hispanic American Historical Review 68 (1962), S. 1–21; F. Chiappelli (Hrsg.), First Images of America, 2 Bde., Berkeley/Los Angeles/London 1976; U. Bitterli, Die ›Wilden‹ und die ›Zivilisierten‹. Grundzüge einer Geistes- und Kulturgeschichte der europäisch-überseeischen Begegnung, München 1976; ders., Alte Welt – Neue Welt. Formen des europäisch-überseeischen Kulturkontakts vom 15. bis zum 18. Jahrhundert, München 1986; K.-H. Kohl (Hrsg.), Mythen der Neuen Welt. Zur Entdeckungsgeschichte Lateinamerikas, Berlin 1982; T. Todorov, Die Eroberung Amerikas. Das Problem des Anderen, Frankfurt am Main 1985; F. Gewecke, Wie die neue Welt in die alte kam, Stuttgart 1986. Siehe auch den von U. Knefelkamp und H.-J. König besorgten Ausstellungskatalog Die Neuen Welten in alten Büchern. Entdeckung und Eroberung in frühen deutschen Schrift- und Bildzeugnissen, Bamberg 1988; H.-J. König, Barbar oder Symbol der Freiheit? Unmündiger oder Staatsbürger? Indiobild und Indianerpolitik in Hispanoamerika, in: Der europäische Beobachter außereuropäischer Kulturen. Zur Problematik der Wirklichkeitswahrnehmung, hrsg. von H.-J. König, W. Reinhard und R. Wendt, Berlin 1989 (Zeitschrift für Historische Forschung, Beiheft 7), S. 97–118; ders., Verständnislosigkeit und Verstehen, Sicherheit und Zweifel: Das Indiobild spanischer Chronisten im 16. Jahrhundert, in: U. Bitterli und E. Schmitt (Hrsg.), Die Kenntnis beider »Indien« im frühneuzeitlichen Europa, München 1991, S. 37–62; W. Neuber, Fremde Welt im europäischen Horizont: Zur Topik der deutschen Amerika-Reiseberichte der Frühen Neuzeit, Berlin 1991. – *Zur indianischen Verarbeitung der Eroberung* N. Wachtel, La Vision des vaincus. Les Indiens du Pérou devant la conquète espagnole, 1530–1570, Paris 1971.

Verzeichnis der Übersetzungen

Die Passage aus Gonzalo Fernández de Oviedo, Historia general y natural de las Indias (übersetzt von Liselotte Engl) aus: Dokumente zur Geschichte der europäischen Expansion, 7 Bände, hrsg. von Eberhard Schmitt; Band 2: Die großen Entdeckungen, hrsg. v. Matthias Meyn, Manfred Mimler, Annelie Partenheimer-Bein und Eberhard Schmitt, © C. H. Beck'sche Verlagsbuchhandlung München 1984, S. 375-380.

Die Passagen aus Bernal Díaz del Castillo (übersetzt von Georg A. Narciß) aus: Geschichte der Eroberung von Mexiko, hg. und bearbeitet von Georg A. Narciß und mit einem Nachwort von Tzvetan Todorov, © Insel Verlag Frankfurt am Main 1982, S. 78-80, 88, 186, 199, 201, 220, 297-300.

Die Passagen aus der Crónica Mexicana und dem Azt. Codex Fiorentino (übersetzt von Renate Heuer) aus: Rückkehr der Götter. Die Aufzeichnungen der Azteken über den Untergang ihres Reiches. Herausgegeben von Miguel León-Portilla und Renate Heuer. © Friedrich Middelhauve Verlag, Köln und Opladen 1962, S. 23, S. 55/56, S. 57-61, 102/103, 109/110.

Die Passagen aus der Historia von Bernardino de Sahagún (übersetzt von Eduard Seler) aus: Aus der Welt der Azteken. Die Chronik des Fray Bernardino de Sahagún. Mit einem Vorwort von Juan Rolfo. Übersetzungen von Leonhard Schultze-Jena, Eduard Seler und Sabine Dedenbach-Salazar-Sáenz. Ausgewählt und mit einem Nachwort versehen von Claus Litterscheid. © Insel Verlag Frankfurt am Main 1989, S. 246-248, 251/252, 253/254, 257, 264.

Die Passage aus den Coloquios aus: Sterbende Götter und christliche Heilsbotschaft. Wechselreden indianischer Vornehmer und spanischer Glaubensapostel in Mexiko 1524. Spanischer und mexikanischer Text mit deutscher Übersetzung von Walter Lehmann. Aus dem Nachlaß herausgegeben von Gerdt Kutscher. (Quellenwerke zur Alten Geschichte Amerikas, Band 3). Stuttgart (Kohlhammer) 1949, © Ibero-Amerikanisches Institut, Stiftung Preußischer Kulturbesitz, Berlin 1949.

Die Passagen aus den Werken verschiedener spanischer Chronisten (Pedro Pizarro, Francisco de Xerez, Miguel de Estete, Bernabé Cobo) (übersetzt von Liselotte und Theodor Engl) aus: Lust an der Geschichte: Die Eroberung Perus. Ein Lesebuch. Herausgegeben von Liselotte und Theodor Engl. © R. Piper GmbH & Co.KG, München 1991.

Die Passagen aus Guamán Poma de Ayala (übersetzt von Wilfried Böhringer) sowie aus dem Ende Atahualpas (übersetzt von Maralde Meyer-Minnemann) aus: Die Neue Welt. Chroniken Lateinamerikas von Kolumbus bis zu den Unabhängigkeitskriegen. Herausgegeben und mit einer Einleitung versehen von Emir Rodríguez Monegal. st 811. © Suhrkamp Verlag Frankfurt am Main 1982, S. 219-221 bzw. S. 232-241.

Der Verlag Ploetz und der Autor danken den genannten Verlagen und Instituten für die freundlicherweise erteilten Abdruckgenehmigungen. Eventuelle Rechteinhaber, die nicht ermittelt werden konnten, wenden sich bitte an den Verlag.

Verzeichnis der Abbildungen

Namens- und Ortsregister

Die Reihe BildGeschichte im Verlag Ploetz

»Der Florenz-Freund begegnet der Geschichte und Kunst der Renaissance-Zeit in einer gelungenen Kombination, in der er über beide Aspekte zuverlässig informiert wird und zudem in den Genuß einer gut formulierten Darstellung kommt.« *(Damals)*

Bilder erzählen Geschichten – das ist der Grundgedanke der Reihe »BildGeschichte«. Ein Beispiel, das sich anbietet, ist das Florenz der Renaissance: ein überschaubarer Raum, eine ereignisreiche Zeit, die ungewöhnlich viele, bedeutende Künstler hervorgebracht haben. Die Fresken von Ghirlandaio und Masaccio, die Statuen Donatellos und Michelangelos, die Gemälde Botticellis, die Paläste, Kirchen und Klöster der Stadt – sie alle und viele mehr werden als Zeugen dieser Zeit befragt. Der spannend erzählte und durchgehend vierfarbig illustrierte Band nimmt den Leser auf eine Reise in die Blütezeit der Stadtrepublik mit und eröffnet ihm einen neuen, im wahrsten Sinne des Wortes »anschaulichen« Zugang zur Geschichte einer faszinierenden Epoche.

Volker Reinhardt
Florenz zur Zeit der Renaissance. Die Kunst der Macht und die Botschaft der Bilder. Gebunden. 285 Seiten mit 58 Farbabbildungen.
ISBN 3-87640-360-X

Die Reihe BildGeschichte im Verlag Ploetz

Rom, die »Ewige Stadt« – ein Spiegel überirdischer Herrlichkeit auf Erden.

Dies sollte nach der Vorstellung von Papst Nikolaus V. aus Rom werden, einer Stadt, die im Mittelalter fast zur Bedeutungslosigkeit herabgesunken war. Über nahezu 200 Jahre vollzog sich der Auf- und Ausbau Roms. Maler, Baumeister und Bildhauer wie Botticelli, Perugino, Michelangelo, Raffael, Caravaggio, Bramante und Bernini haben dazu beigetragen, daß aus Rom das wurde, was es nach dem Willen seiner Stadtherren werden sollte: ein Spiegel der wiedergewonnenen Größe der Stadt und des Papsttums. Auf drei Spaziergängen führt der Autor die Leser durch das Rom dieser Jahre. In der Betrachtung der Bilder und Bauten werden 200 Jahre römische Geschichte wieder lebendig.

Volker Reinhardt
Rom – Kunst und Geschichte 1480–1650. Gebunden. 285 Seiten mit 80 überwiegend farbigen Abbildungen im Text. ISBN 3-876**40-363**-4